高等院校公共基础课系列教材

教师职业道德与教育政策法规
（微课版）

付世秋　石育澄　编著

清华大学出版社
北　京

内 容 简 介

本书由"教师职业道德"和"教育政策法规"两部分构成,全书分为上、下两篇,上篇主要介绍了教师职业道德相关内容,论述了新时代教师职业道德的具体要求,有助于引导学生在未来的教育实践中自觉践行教师职业道德,进而提高教师职业道德修养。下篇通过介绍教育政策、法规的基础知识和基本理论,解读现行教育政策、法规,为学生未来依法从事教育教学活动、提升教师的依法执教能力打下坚实基础。

本书既深入分析了教师职业道德的具体表现和要求,又讲授了教育政策法规等理论知识,内容丰富,知识体系完整。本书还配有案例、课后习题及微课等数字资源,理论与实践紧密结合,进一步帮助读者加深对教师职业道德与教育政策法规的理解。

本书配套的电子课件和习题答案可以到 http://www.tupwk.com.cn/downpage 网站下载,也可以扫描前言中的二维码获取。扫描前言中的视频二维码可以直接观看教学视频。

本书封面贴有清华大学出版社防伪标签,无标签者不得销售。
版权所有,侵权必究。举报: 010-62782989, beiqinquan@tup.tsinghua.edu.cn。

图书在版编目(CIP)数据

教师职业道德与教育政策法规:微课版 / 付世秋,石育澄编著. -- 北京:清华大学出版社,2024.7.
(高等院校公共基础课系列教材). -- ISBN 978-7-302-66524-3

Ⅰ. G451.6; D922.16
中国国家版本馆 CIP 数据核字第 2024J496J6 号

责任编辑: 胡辰浩
封面设计: 周晓亮
版式设计: 芃博文化
责任校对: 马遥遥
责任印制: 刘　菲

出版发行: 清华大学出版社
　　　　网　　址: https://www.tup.com.cn, https://www.wqxuetang.com
　　　　地　　址: 北京清华大学学研大厦 A 座　　邮　　编: 100084
　　　　社 总 机: 010-83470000　　　　　　　　邮　　购: 010-62786544
　　　　投稿与读者服务: 010-62776969, c-service@tup.tsinghua.edu.cn
　　　　质 量 反 馈: 010-62772015, zhiliang@tup.tsinghua.edu.cn
印 装 者: 三河市铭诚印务有限公司
经　　销: 全国新华书店
开　　本: 185mm×260mm　　　**印　张:** 13　　　**字　数:** 293 千字
版　　次: 2024 年 7 月第 1 版　　**印　次:** 2024 年 7 月第 1 次印刷
定　　价: 59.00 元

产品编号: 105564-01

PREFACE 前言

教师是人类灵魂的工程师，教师的品质及法律素养水平，将直接影响学生思想道德品格的形成和发展，进而影响教育事业根本价值目标的实现。党的二十大报告提出，以中国式现代化全面推进中华民族伟大复兴，并做出"加强师德师风建设，培养高素质教师队伍，弘扬尊师重教社会风尚"的战略部署。在我国经济社会发展过程中，"四有好老师""四个引路人""大先生"等重要论述为新时代师德师风建设提供了精神指引。根据教育事业发展的实际需要，我国先后制定的一系列教育政策法规为推动新时代高素质教师队伍建设奠定了良好基础。

教师具有高尚的师德情操和较高的教育政策法规水平，才能更好地担负起学生健康成长指导者和引路人的时代责任。希望教育类各专业学生可以通过本书增强教师职业道德意识，掌握教师职业道德的基本规范，陶冶道德情操，养成教师职业道德习惯；同时树立法律观念，掌握与教师职业活动密切相关的法律知识，提升教育政策法律水平，从而更好地承担起新时代教师立德树人、教书育人的神圣社会职责。

本书可以作为高等院校教师教育类专业本科或专科教材，也可以用作参加教师资格证考试的辅导用书，还可作为中小学教师和幼儿园教师继续教育的培训资料。教师可根据教学对象和授课学时的不同，灵活选择相关内容进行重点学习。

本书在编写过程中，参考了很多同类教材、著作和期刊等，限于篇幅，恕不一一列出，特此说明并致谢。由于受资料、编者水平及其他条件限制，书中难免存在一些不足之处，恳请同行专家及读者指正。我们的电话是010-62796045，邮箱是992116@qq.com。

本书配套的电子课件和习题答案可以到http://www.tupwk.com.cn/downpage网站下载，也可以扫描下方左侧的二维码获取。扫描下方右侧的二维码可以直接观看教学视频。

配套资源

教学视频

编　者
2024年3月

CONTENTS 目 录

上篇
教师职业道德

第一章　教师职业道德的基本原则 ·· 2

　第一节　确立教师职业道德基本原则的依据 ·· 2
　　　一、历史依据 ··· 2
　　　二、现实依据 ··· 4
　　　三、国外借鉴 ··· 5
　第二节　教师职业道德的基本原则 ·· 6
　　　一、教书育人原则 ··· 6
　　　二、为人师表原则 ··· 8
　　　三、依法从教原则 ··· 10
　　　四、教育人道主义原则 ··· 13
　第三节　遵循当代教师职业道德基本原则的要求 ····························· 17
　　　一、深化当代教师职业道德的育人性 ··· 17
　　　二、强化当代教师职业道德的专业性 ··· 18
　　　三、彰显当代教师职业道德的先进性 ··· 19
　　　四、凸显当代教师职业道德的公平性 ··· 20

第二章　教师职业道德规范 ··· 23

　第一节　爱国守法、爱岗敬业 ·· 24
　　　一、爱国守法 ··· 24
　　　二、爱岗敬业 ··· 26
　第二节　关爱学生、尊重家长 ·· 29
　　　一、关爱学生 ··· 29
　　　二、尊重家长 ··· 32
　第三节　教书育人、为人师表 ·· 34
　　　一、教书育人 ··· 34
　　　二、为人师表 ··· 38

第四节	乐教敬业、严谨笃学	40
	一、乐教敬业	40
	二、严谨笃学	43
第五节	关心集体、团结协作	46
	一、关心集体	46
	二、团结协作	47
第六节	淡泊名利、自尊自律	48
	一、淡泊名利	48
	二、自尊自律	49

第三章 教师职业道德范畴 ... 53

第一节	教师职业理想	53
	一、教师职业理想的含义	53
	二、教师职业理想的作用	54
	三、做一个有职业理想的教师	54
第二节	教师义务	55
	一、教师义务的含义	55
	二、教师义务确立的社会基础	56
	三、教师义务的作用	57
	四、教师义务感的培养	58
第三节	教师职业良心	59
	一、教师职业良心的含义	59
	二、教师职业良心的特点	60
	三、教师职业良心的意义	61
	四、如何做一名有良心的教师	61
第四节	教师职业公正	62
	一、教师职业公正的含义	62
	二、教师职业公正的特性	63
	三、教师职业公正的意义	64
	四、如何做一名公正的教师	65
第五节	教师职业幸福	66
	一、教师职业幸福的含义	66
	二、教师的幸福及其特征	68
	三、如何做一名幸福的教师	69

第四章 具体情境中的教师职业道德要求 ... 72

第一节	教学活动中的职业道德要求	72
	一、教学活动的道德意义	72

　　　　二、教学工作中的具体道德要求 ·· 73
　第二节　学术研究中的职业道德要求 ·· 75
　　　　一、追求真理，献身科学 ··· 75
　　　　二、勇于探索，严谨求实 ··· 76
　　　　三、端正学风，科研诚信 ··· 76
　　　　四、谦虚谨慎，大胆创新 ··· 77
　第三节　师生关系中的职业道德要求 ·· 77
　　　　一、师生关系在教育中的意义 ··· 77
　　　　二、师生关系中的主要道德要求 ··· 78
　第四节　家校关系中的职业道德要求 ·· 80
　　　　一、家校沟通与合作的基础 ··· 80
　　　　二、家校关系的道德调适 ··· 81
　第五节　教师集体中的职业道德要求 ·· 84
　　　　一、教师集体在教育中的意义 ··· 85
　　　　二、教师集体关系的道德调节 ··· 86
　第六节　学校行政管理工作中的职业道德要求 ·· 87
　　　　一、学校行政管理工作对师生发展的意义 ··· 88
　　　　二、学校行政管理伦理化的实现路径 ··· 89

下篇
教育政策法规

第五章　我国教育的基本政策与法规 ·· 96
　第一节　新时期我国教育基本政策的变革与创新 ·· 96
　　　　一、新时期教育发展的新指针 ··· 96
　　　　二、新时期我国教育发展的新规划 ··· 98
　第二节　《中华人民共和国教育法》概述 ·· 99
　　　　一、《教育法》的立法宗旨和适用范围 ·· 100
　　　　二、《教育法》的立法特点和重要地位 ·· 100
　　　　三、《教育法》的基本内容 ·· 101
　第三节　《中华人民共和国教师法》概述 ··· 106
　　　　一、教师的权利和义务 ·· 106
　　　　二、教师资格制度 ·· 107
　　　　三、教师的聘任、考核与待遇 ·· 110
　　　　四、违反《教师法》的法律责任 ·· 111

第六章　我国基础教育的政策与法规 ·· 113
　第一节　《中华人民共和国义务教育法》概述 ··· 113

　　　　一、立法宗旨 ··· 113
　　　　二、义务教育的概念和特征 ·· 115
　　　　三、实施素质教育 ·· 116
　　　　四、义务教育法的实施 ·· 117
　　第二节　学前教育政策法规 ··· 119
　　　　一、幼儿园的开办与管理 ··· 119
　　　　二、幼儿权利保护 ·· 133
　　　　三、幼儿园教师权益保护 ··· 144
　　第三节　小学教育政策法规 ··· 163
　　　　一、小学的权利和责任 ·· 163
　　　　二、小学生的权益及保护 ··· 176
　　　　三、小学教师的权益及保护 ·· 184

第七章　其他教育法律法规 ··· 191

　　第一节　《中华人民共和国未成年人保护法》概述 ································· 191
　　　　一、未成年人保护工作应当遵循的原则 ······································· 192
　　　　二、家庭保护 ·· 192
　　　　三、学校保护 ·· 193
　　　　四、社会保护 ·· 194
　　　　五、网络保护 ·· 195
　　　　六、政府保护 ·· 195
　　　　七、司法保护 ·· 196
　　第二节　《中华人民共和国家庭教育促进法》概述 ································· 196
　　　　一、立法宗旨 ·· 197
　　　　二、《家庭教育促进法》的基本内容 ·· 197

参考文献 ··· 200

上篇

教师职业道德

第一章
教师职业道德的基本原则 2

第二章
教师职业道德规范 23

第三章
教师职业道德范畴 53

第四章
具体情境中的教师职业道德要求 72

第一章 教师职业道德的基本原则

• 案例导入 •

人格的力量——张伯苓先生以身作则戒烟

我国著名教育家张伯苓1919年之后相继创办南开大学、南开女中、南开小学，他十分注意对学生进行文明礼貌教育，并且身体力行。有一次，他发现一名学生手指被烟熏黄了，便严肃地劝告该学生："烟对身体有害，要戒掉它。"没想到该学生有点不服气，俏皮地说："那您吸烟就对身体没有害处吗？"张伯苓面对学生的质问，歉意地笑了笑，立即唤同事将自己所有的烟全部取来，当众销毁，还折断了自己用了多年的心爱的烟袋杆，并诚恳地说："从此以后，我与诸同学共同戒烟。"果然，从此以后，张伯苓再也不吸烟了。

第一节 确立教师职业道德基本原则的依据

当代教师职业道德基本原则不是随意确立的，而是凭借深刻的历史依据、现实依据，借鉴国外先进经验，根据党和国家古今中外长期教育教学活动基本经验及教育理论归纳出来的。

一、历史依据

当代教师职业道德基本原则，是中国传统道德尤其是传统师德发展的结果。中国历史上的教育家、思想家，重视教育，重视师德，形成了颇具特色的师德规范和原则，经过成百上千年的教育实践及理论积淀，影响了世世代代的中国人。

（一）教师必须育人为先

《礼记·文王世子》认为，"师也者，教之以事而喻诸德者也"，意思是说，教师不仅要教人学习技能，更要培育学生立世的品德。孔子认为，教育可以"博学于文，约之以礼，亦可以弗畔矣夫"，即人们通过广泛学习，以礼约束自己，就不会离经叛道了。教育、教师、师德，古已有之。"古之王者，建国君民，教学为先。"孔子从教四十年，教育弟子三千，其中贤人七十二，故被后世尊称为"至圣先师"，其中包含了后世对其从教、育人的肯定与敬仰。孟子说："得天下英才而教育之，三乐也。"荀子认为教育能教化育人，可以补救刑与法的不足。范仲淹指出办教育及培养人的重要性，"当太平之朝，不能教育，俟何时而教育哉？乃于选用之际，患才之难，亦由不务耕而求获矣"。及至近代，孙中山先生也认为"教之有道，则人才济济，风俗丕丕，而国以强，否则反此"。教书育人是教师的首要责任，教书育人必须以德育为先，这是从古至今人们普遍认同的价值理念。钱穆先生指出，中国之知识教育以德性教育为基本，亦以德性教育为归宿。

(二) 教师应当注重术业专攻

教师应当不断加强自身品德修养，提高学问水平，这样才能修己安人。教师给学生传道、授业、解惑的前提是教师自身必须具备深厚的专业造诣，因为这样才能以真才实学和真知灼见传授知识。孔子十分好学，"十室之邑，必有忠信如丘者焉，不如丘之好学也"。他追求学问"发愤忘食，乐以忘忧，不知老之将至云尔"，从中体会学习的乐趣，并感受获得知识的愉悦，这也是他能够成为老师的重要原因。韩愈在《进学解》中指出"业精于勤，荒于嬉，行成于思，毁于随"。学业要有成就，就要做到勤学勤思，否则就会荒废毁弃。朱熹说："博学，谓天地万物之理，修己治人之方，皆所当学。"清代章学诚认为，"学必求其心得，业必贵于专精"。同时，古人还强调学习要积极实践，做到知行合一。荀子认为，"不登高山，不知天之高也；不临深溪，不知地之厚也"。

(三) 教师应当率先示范

才智卓越、知识渊博、品行高尚的人才能为人师。俗话说，"学高为师，身正为范"。西汉韩婴也说："智如泉源，行可以为表仪者，人师也。"德行高尚、才学兼备是为师的先决条件。教师之所以为师，必定是他在德行、知识或技能等方面有过人之处，能做到正人先正己，率先垂范、身体力行。孔子以高尚的德行、深邃的思想和渊博的学问为师，学生颜渊评价孔子道："仰之弥高，钻之弥坚。瞻之在前，忽焉在后。"意思是，老师的学问和仁德高深莫测，坚不可破，似乎在前面，忽然又觉得在后面。教师应当为人师表，率先垂范，言传身教。"其身正，不令而行；其身不正，虽令不从。""古者言之不出，耻躬之不逮也。"汉代扬雄说："师者，人之模范也。"西汉董仲舒说："善为师者，既美其道，又慎其行。"明代李贽认为："动人以言者，其感不深；动人以行者，其应必速。"陶行知先生主张教师"一言、一行、一举、一动，都要修养到不愧为人之师的地步"。教师的示范作用，会影响整个教育过程及学生的成长成才。好的示范作用，才能促使学生热爱学习，完善人格，具有社会责任感与担当意识，成为国家和社会需要的栋梁之材。

(四) 教师应当兼顾公平

教师心系天下并致力于实现教育公平。孔子首倡并践行平民化的教育理念，他对前来求教的弟子都很热情，凡"自行束脩以上，吾未尝无诲焉"，不论年龄、出身、个性都倾心教之，如从监狱中释放出来的公冶长。孔子还非常注意因材施教。在《论语·先进》篇中，他将弟子按其特长分为德行、言语、政事、文学四类。教师不论学生资质如何，都应当用心去教。教师应做到诲人不倦，循循善诱。宋朝朱熹认为，教师要尊重学生，不应盲目惩罚学生，以避免压制他们的创新能力与积极性。教师只有关心学生作为人的尊严感，才能使学生通过学习而受到教育。教师应当在教育中关注学生的尊严感，不应过分强调教师的威严与惩戒，不应歧视学生，应当在公平的教育环境中，让学生快乐学习，接受教育，收获成长。中国历史上的这些师德规范和原则，一方面成为确立当代教师职业道德基本原则的历史依据，另一方面对于提高新时期人民教师的道德修养有十分重大的意义。

二、现实依据

伴随经济发展、政治进步、文化繁荣和社会转型，在多元价值观和道德观的冲击下，教师在职业道德方面受到了极大的挑战，存在一些有悖于职业道德的现象，一些违背职业道德的事件时有披露，给教师这个神圣的职业和社会的风气带来不良影响。这些现状成为确立当代教师职业道德基本原则的现实依据。

(一) 确立当代教师职业道德基本原则，克服不良师风

个别教师"重教书，轻育人"，严重影响职业道德建设。教育大计，教师为本。在人类社会发展的历史进程中，教师是人类灿烂文化的传递者，发挥着理论创新、知识传承、教化民众的重大作用。教师在享有赞誉的同时，也被赋予了神圣的使命，教书育人是教师肩负着的重大责任。然而，个别教师认为教师的职责是上好课即可，育人不是分内职责。这就造成了个别教师缺乏教书育人的爱心、真心，平时与学生沟通较少，对学生不够了解，对学生的关心关爱不多，不能针对学生的个体差异进行教育引导，不能把育人放在教育教学工作中。

(二) 完善教师职业道德规范体系刻不容缓

改革开放以来，特别是近十余年来，教师职业道德规范建设取得了显著的成绩，但同时也应该看到，教师职业道德规范依然不够完备，这与教师职业道德的基本原则的确立有很大关系。2008年，教育部修订了《中小学教师职业道德规范》，部分省份教育主管部门也陆续制定出台了贴近教师情况、贴近学校实际、贴近社会要求的高等学校、职业院校教师职业道德规范等。但是，比较而言，这些教师职业道德规范还没有形成体系，它和相关法律法规还没有形成辩证统一的关系，致使个别教师不能很好地处理职业道德规范与法律规定的关系。因此，制定和完善翔实具体、操作性强、便于考核和评定教师职业道德的具

体规范，健全和完善一套完整、科学、有效、与时俱进的教师职业道德评价体系，对于教师发挥教书育人、强化专业、彰显先进、凸显公平作用，以及不断推进师德建设具有重大意义。

为深入贯彻习近平新时代中国特色社会主义思想和党的二十大精神，深入贯彻落实全国教育大会精神，扎实推进《中共中央 国务院关于全面深化新时代教师队伍建设改革的意见》的实施，进一步加强师德师风建设，教育部于2018年研究制定了《新时代高校教师职业行为十项准则》《新时代中小学教师职业行为十项准则》《新时代幼儿园教师职业行为十项准则》。

2018年，教育部还制定了《幼儿园教师违反职业道德行为处理办法》，对2014年印发的《中小学教师违反职业道德行为处理办法》进行了修订，出台了《教育部关于高校教师师德失范行为处理的指导意见》。

三、国外借鉴

国外在确立教师职业道德方面积累了许多先进经验，这对我们也是很有借鉴价值的。国外教师的职业道德建设经验，为我们确立当代教师职业道德的基本原则提供了借鉴。

(一) 国外教师职业道德建设规范

1896年，美国佐治亚州教师协会颁布了教师专业伦理规范。接着，美国全国教育协会于1929年又正式通过了全国性的《教学专业伦理规范》，1963年修订时该规范改名为《教育专业伦理规范》，1975年再次进行重大修改，1986年又一次全面修订，使之更加完善。该规范是美国乃至全世界教育界最具影响力的教师师德规范。除此之外，美国还通过了《美国教授职业伦理声明》等教育伦理规范。日本也于1952年通过了《教师伦理纲领》。1954年在莫斯科通过的《国际教师团体协商委员会教师宪章》和1966年联合国教科文组织和国际教师团体协商委员会通过的《关于教师地位的建议书》等国际性教师职业道德建设文件，明确提出了教师道德理想、原则和要求。各国教师职业道德规范具有自身的鲜明特色，教师职业道德具有共性。国外教师师德建设中成功的经验、规范的要求和系统的理论等，都是值得借鉴的。

欧美发达国家以实现学生的主体地位为基础，育人的前提是教师充分尊重学生。其育人的重点在于培养学生成为独立自主、有社会责任感、能探索创新的人，而不以传授知识为唯一目的。西方的教育家认为，教师是引路人和指导者，应不断鼓励、引导、启发学生进行探究性学习和自主学习，培养学生使之具有学习能力、创新能力和探索能力。在美国，教学中广泛应用"苏格拉底方法"，要求教师应该谦虚"无知"。教师不是知识的占有者和炫耀者，也不是学生的训导者，教师是与学生一样的知识探索者，教师的作用主要是促使学生学习，也就是我们常说的"授人以鱼不如授人以渔"。

德、日、英、美等国家的教师职业道德规范要求教师有爱心，要公正平等地对待学生。学生作为个体应得到公平的对待，可以通过个人或学校内的代表性组织表达自己的意见和看法，如有违反纪律的问题，应被事先警告通知。西方国家在教师职业道德规范中明确要求教师尊重学生的个性和人格，关注学生的人身安全和身心健康，禁止言语、肢体上的侵害和惩罚，保护学生的隐私和保密信息。西方许多教育家还强调，教师在教学中应当对公正和正义有所追求，以便通过自己的人格魅力影响学生，使学生成为一个有正义感的人。

(二) 国外教师职业道德的层次性

发达国家教师职业道德规范分为教师职业道德理想、教师职业道德原则、教师职业道德规则三个结构层次。其中，教师职业道德理想是教师道德的最高境界，是理想状态下的教师道德水准，是教师应该努力的方向。美国提出的教师职业道德理想是：相信每一个人的价值和尊严，追求真理，力争卓越，培养民主信念。日本则规定，教师是为全体人类工作的奉献者，因此他们应自觉地认识自己的使命，为自己所肩负的职业责任而不断努力。教师职业道德原则是对教师职业道德的中级要求，是行为的一般原则。教师职业道德规则是教师具体的行为准则，是教师遵循的最低要求，在美国《教育专业伦理规范》中，教师职业道德规则所占比重较大，也是教师职业道德规范的核心部分。

第二节　教师职业道德的基本原则

教师在教育实践活动中，必须遵循一定的道德原则，以调整教育实践过程中的各种关系，保证教育实践活动的正常进行。教师职业道德原则作为对教师行为的基本要求和评价标准，在教师职业道德体系中居于主导地位。在教育实践活动过程中，教师要注重遵循教书育人、为人师表、依法从教和教育人道主义原则。

一、教书育人原则

教书育人是教师的天职。教师必须遵循教育规律，实施素质教育；循循善诱，诲人不倦，因材施教；培养学生良好品行，激发学生创新精神，促进学生全面发展。

(一) 教书育人原则的确立依据

1. 教书育人是教师的基本职责

任何时代，教育的根本任务都是培养特定社会、特定时代所需要的人才。尽管对人才的要求，在不同社会、不同时代有许多不同之处，但也有共同的内容。一般说来，不论在哪个社会、哪个时代，对人才的培养都具有两方面的要求：一是要有德，二是要有才。要有德，就是要具备所处社会和时代所要求的思想意识与道德品质，要有对社会负责、对他人负责的态度，既要有个人的奋斗精神、奉献精神和牺牲精神，又要有集体意识、整体意识和团队精神。要有才，就是要具备所处社会和时代所需要的才能，既包括自然科学知识，又包括社会科学知识；既包括劳动能力、一般的操作技能，又包括管理能力；既包括知识的运用能力，又包括创新能力。教育的目的和任务规定了教师既要教书，又要育人，教书育人是教师的基本职责。教师职业活动的这一特点决定了应把教书育人作为教师职业道德的原则。

2. 教书育人是遵循教学规律的要求

教书育人原则是依据教学过程的客观规律确立的。首先，教学的过程就是育人的过程。教师的主要任务是教学，教学过程是教书和育人紧密结合的过程，教书和育人两者不可分割。任何知识的教学过程都必然渗透思想道德教育的因素，只不过有的课程多一些或明显一些，有的课程少一些或隐蔽一些，有的教师做得较为自觉，有的教师不够自觉。当然，不同的社会、不同的时代、不同的课程、不同的教师，在不同的条件下，存在用什么样的思想观点和道德原则育人的区别，存在用什么样的具体方式育人的区别，存在育人结果的差别。教师应当自觉地把教书和育人结合起来，应注意知识传授和思想道德教育两者的有机结合，应注意探索符合实际的、有效的、具体的结合方式。

其次，教好书要求育好人，育好人是教好书的保证。教学过程是学生的认识过程，一方面，要求教师运用适宜的教学方式、方法和手段，依据认识规律，提高教学效果，帮助学生掌握知识；另一方面，要求学生发挥主观能动性，充分挖掘自己的潜力。学生具备崇高的理想、良好的品德和正确的方法，有利于潜力的发挥，有助于学习效果的提高。良好的思想道德素质和个性心理品质作为非智力因素，对一个人潜能的发挥和成才影响重大。热爱祖国、热爱人民，有强烈的责任感和进取心，有坚强的意志，诚实、守信、自信，吃苦耐劳，可以增强学生的心理调节能力、行为控制能力、生活自理能力、社会协调能力和挫折承受能力。这些能力不仅可以保证学生在校期间的学习，而且有利于学生一生的发展。因此，教师应自觉地在教学过程中结合知识传授对学生进行思想品德教育，进行人生观和价值观教育。

3. 教书育人是培养中国特色社会主义人才的要求

为了推进中国特色社会主义事业的发展，学校教育必须培养成千上万有社会主义思想觉悟、有社会主义道德品质的各类人才。教师的职业活动必须围绕这一目的，既教书，又育人，在向学生传授科学文化知识的同时，自觉地对学生进行理想教育、品德教育，帮助学生掌握和运用马克思主义的立场、观点和方法。如果教师只教书，不育人，只管传授知识，不问学生的思想政治方向，不注意学生道德品质的修养，不按建设中国特色社会主义的需要进行教育活动，那就是失职。

(二) 贯彻教书育人原则的要求

1. 坚持全面培养的教育理念

根据社会主义的教育目的，教师不仅要向学生传授知识，开发其智力，培养其多方面的能力，还要注意组织学生开展有益的文化娱乐活动和体育活动，活跃气氛，锻炼身体，提高身心健康水平。教师更要注意帮助学生提高思想觉悟水平，形成正确的世界观和人生观，培养良好的道德品质，养成良好的行为习惯，从而促进学生的全面发展。

2. 遵循教书育人的科学规律

学生的成长是有其自身规律的，要教好书、育好人，就必须遵循教育规律。现实生活中大量的事实证明，教育方法极为重要，如果方法不当，其结果往往事倍功半，甚至事与愿违。正确的方法、好的方法就是符合规律的方法。教育规律是由诸多规律构成的规律体系，教育活动应遵循多种规律，如学生的生理运动规律、心理运动规律、思维运动规律，以及各门学科的学习规律。要遵循规律就要认识规律，就要积极探索、努力学习。不同地区、不同学校、不同专业、不同年龄、不同生活阅历的学生有着不同的特点，每个学生都有自己的个性特征。要遵循规律，就要从学生的实际出发，运用适宜的方法，促进学生健康成长。

3. 提高教师自身素质

教师自身的素质直接影响教书育人的效果。教师应当努力学习，不断提高自己的综合素质，以适应教书育人的需要。教师要努力学习科学文化知识，要拓宽知识面，要深入研究问题，这是教好书的知识保证；教师要努力提高思想政治觉悟，形成良好的道德品质，这是育好人的政治思想理论和道德品质保证；教师要努力学习和研究教育理论，掌握教育教学规律，这是教好书、育好人的方法保证。教师要努力学习教育学、心理学和教学法等基本理论知识，要注意研究学生的生理、心理特征和思想、学习状况，要注意分析各种环境因素对学生成长的影响，探索教育教学规律。在当前改革深化，开放扩大，科学技术迅猛发展，社会经济关系、社会观念快速变化，不同价值观念冲撞，社会矛盾极为复杂的情况下，学生遇到的问题、存在的困惑多样而复杂。学生的困惑往往也是教师的困惑，教师更需注重自身的学习和研究。

二、为人师表原则

为人师表是指教师用自己的言行做出榜样，成为学生效仿的楷模。

(一) 为人师表原则的确立依据

1. 为人师表是完成教育根本任务的要求

为人师表作为教师职业道德原则，是由教育的根本任务决定的。教育的根本任务是教书育人。教师可以通过多种教学手段传授知识，但主要通过语言进行传授。育人虽然必须通过多种手段进行，但其主要方式是教师通过自己的言行影响学生。道德品质的养成是一个长期的、复杂的实践过程，教师的言行会对学生产生经常性的、直接性的、长期的、潜移默化的影响。学生在校学习，除进行书本学习外，主要是向教师学习，不仅学习教师传授的知识，学习教师运用的学习方法、研究方法和表述方法，还学习教师的思想品德、行为举止等。虽然青少年学生思想品质和个性心理品质已初步成形，具有一定的稳定性和行为判断能力，但还具有较强的可塑性，他们的判断能力和选择能力还不够强，周围环境对他们的影响还很大。教师和学生的接触较为频繁、密切，其行为举止仍对学生有较大的影响。

2. 为人师表是教师职业劳动特点的要求

教师的职业劳动需要教师在学生中享有较高的威信，具有较高的威信是教师成功进行教育教学活动的必要条件。一般说来，教师的威信越高，其教育教学的效果就越好。教师的威信是建立在多方面条件之上的，最基本的要求是具有高尚的道德品质和精湛的业务能力。如果教师的业务水平不高，难以得到学生的佩服和尊敬，学生的专业学习就难以取得很好的效果。而一个缺乏道德修养的教师，则根本不可能得到学生的敬佩，这不仅影响教书的效果，还影响育人的效果。每个教师都必须严格要求自己，处处以身作则，以正确的思想、高尚的道德、良好的品格感染学生、熏陶学生、影响学生。教师威信的高低对教育活动能否成功地进行影响极大，而威信又来源于教师的以身作则。因此，古今中外的教育家都把为人师表作为教师职业的基本要求来加以倡导。

3. 为人师表是整个社会对教师的要求

青少年学生是国家、民族和社会主义事业的希望所在。教师职业活动的任务就是教书育人，就是培养年轻一代。培养年轻一代的工作是一个全社会性的、庞大且复杂的系统工程，学校教育工程则是这个庞大系统工程中的核心工程，而教师则是学校教育工程中的劳动者主体。这就决定了教师工作的重要性，也决定了整个社会对教师工作的关注。为人师表是完成教育根本任务的要求，是教师职业劳动特点的要求，也是整个社会对教师的要求。

(二) 贯彻为人师表原则的要求

1. 坚持对自己高标准、严要求

对自己高标准、严要求是为人师表的基础。教师在教育实践中，为了做好学生的表率，必须在各方面以较高的标准要求自己，必须严于律己，严格遵守各种法规及各方面的道德规范。教师如果只是满足于不求有功，但求无过，只求过得去，不求过得硬，那就有可能误人子弟，造成不良后果。教师严格要求自己，必须从小事做起，从大处着眼，从小处着手，积小德成大德。要严格要求自己，教师就必须虚心听取别人的意见，特别是听取学生的意见，对自己可能存在的缺点和错误有则改之，无则加勉；应该在教育实践中向先进教师多取经学习，在书本中汲取教育理论的科学营养，在与学生的交流中寻求教学相长，对自己高标准、严要求，以期获得为人师表的资本。

2. 坚持以身作则、身教重于言教

坚持以身作则，就是要求教师以自身的行为对学生起榜样示范作用。人们常说，榜样的力量是无穷的。教师的榜样示范作用，是教育的重要方法，是培养学生成长的重要途径。教育实践证明，如果教师善于以身作则，用自己的好思想、好品格、好作风为学生树立学习的榜样，就能对学生产生巨大的积极影响；如果教师不能以身作则，则会对学生产生巨大的消极影响。

要坚持身教重于言教，就必然要求教师把身教置于特别重要的位置。无声的身教胜于有声的言教，这是长期教育实践得出的结论。学生从教师的行为举止中可以直接获得实实在在的感受，获得对言教的印证，从而增加教育的说服力和感染力，增强教育的效果。

3. 坚持言行一致、表里如一

言行一致、表里如一是一种光明磊落的作风，是一种美德。教师要通过自己的人格感动学生。教师只有言行一致、表里如一，才能对学生产生潜移默化的良好影响，产生积极的作用。如果教师言行不一、表里不一，说的是一套，做的是另一套，当面是一套，背后又是一套，那么只会给学生带来负面影响，结果必然是"其身虽存则其教已废"。

4. 坚持以身立教、德识统一

教师的社会角色要求教师必须坚持以身立教、德识统一。教师既要教书，又要育人，两者不可偏废。一方面，教师教学生做人做事，首先自己应会做人做事；教师教学生为人之道，首先自己应行为人之道。另一方面，教师要以真才实学传授知识、传授真理。教师应具备扎实的基础知识、精深的专业知识和广博的边缘学科知识。教师还应懂得教育规律，具有良好的教学方法和技能。为此，教师必须刻苦钻研业务，严谨治学。而这些又向学生展示了教师认真负责的工作态度和严谨治学的品格，使教师成为学生学习的榜样。从这个意义上说，教书本身就是育人。遵循为人师表原则，应贯穿教育教学的各过程之中。

三、依法从教原则

依法从教的内涵为热爱祖国，热爱人民，拥护中国共产党领导，拥护社会主义；全面贯彻国家教育方针，自觉遵守教育法律法规，依法履行教师职责权利；不得有违背党和国家方针政策的言行。

(一) 依法从教原则的确立依据

1. 依法从教是在教育领域贯彻依法治国原则的要求

依法治国是中国共产党领导人民治理国家的基本方略。依法治国，就是广大人民群众在中国共产党的领导下依照法律规定，通过各种途径和形式管理国家事务，管理经济、文化事业，管理社会事务，保证国家各项工作都依法进行。依法治国是发展社会主义市场经济的客观需要，是社会主义民主制度的基本保证，是社会主义文明的重要标志，是维护社会稳定、构建和谐社会、国家长治久安的重要保证。教育既是国家的文化事业，又对其他国家事务、社会事务及各项事业的发展具有极大的影响。依法治教、依法从教既是依法治国基本方略在教育领域中的贯彻，又是落实依法治国基本方略的必要保障。一方面，依法治国包含依法治教，对于教师来说，依法从教是依法治国的题中之义，是依法治国方略在教育教学过程中的展开。另一方面，依法治国要通过人来贯彻。只有依法治教、依法从教，才能培养出具有较高知法、懂法、守法和执法素质的公民。依法治教、依法从教是依法治国的必然要求。

2. 依法从教是教师职业道德原则的重要内容和贯彻保证

教育的任务是培养人才。在现代社会，人才应具有一定的法律知识，应具有较强的法治观念，应能自觉地遵纪守法。法律是社会道德的底线，是社会和谐的基本保证。教师要为人师表，就要做遵纪守法的榜样。教育公正要靠依法治教、依法从教来维护，法律公正是教育公正的基准之一，以法律法规为准绳是教育公正原则贯彻的基本保证。教师要用法律法规来规范自己的从教行为。教师在教育教学活动中，要尊重和维护法律赋予学生的权利。

3 依法从教是正确处理教育领域各种社会关系的要求

在教育教学活动过程中，教师既要处理好师生之间的关系、教师之间的关系、教师与学校管理部门或其他部门工作人员之间的关系、教师与学生家长之间的关系，又要处理好教师与其他相关人员的关系。教师不仅要处理好教育教学过程中的各种人际关系，还要处理好与教育教学活动有间接联系的复杂多样的人际关系。要处理好这些关系，一定要依法办事，特别是在涉及对学生问题的处理时，任何处理方式、任何处理手段都必须在法律允许的范围内。随着科学技术的进步，社会生产力水平的提高，经济社会的全面发展，特别是伴随着经济和政治体制改革而来的整个社会的急速变化，人们所面临的社会关系日益复杂多样，人们的道德价值观念也日趋复杂多样，价值标准多样化、多层次化。教育领域也是这样。因此，按照传统的标准，运用传统的方式，采取传统的手段，不仅很难处理好各种关系，而且稍有不慎就会导致矛盾的激化，甚至酿成严重的后果。

4. 依法从教具有极为重要的现实意义

依法从教原则的现实意义主要表现在以下几方面。

(1) 依法从教是完善社会主义市场经济的需要。市场经济的运行要规范有序，就要有法律的保障。这不仅要求制定较为完善的和市场经济相适应的法律体系，还需要有各市场主体对法律法规较为普遍的自觉遵守。不论是培养专业法律人才，还是培养具有较高法律素质的非法律专业人才，教育教学活动都起着重要的作用。

(2) 依法从教是构建和谐社会，促进经济、社会全面发展的需要。和谐社会必然是规范有序的社会，需要有法律的保障。现实社会是一个多元化社会，社会阶层在增加和变动，不同阶层之间存在复杂的利益矛盾和利益冲突。现实社会中的每个人，都有其各自的特殊利益，往往具有多重角色，不同的角色具有不同的行为准则。不同人之间有利益冲突，同一个人的行为中也会有角色冲突。这些矛盾的缓和或解决单靠一般意义上的道德协调是不行的，还要借助于法律的规范。这就要求学校(特别是高校)在法律的制定、法律人才的培养、学生法律素质的普遍提高和法律知识的宣传方面做出更大的贡献，发挥更大的作用。

(3) 依法从教具有特别重要的意义。新型的社会应是法治社会，应当具有较为健全、合理的法律体系。新型社会的公民应当普遍具有较高的法律素质。因此，教育部门、教师负有特别重要的普法责任。教育观念和教育管理制度正在发生巨大的变革。依法从教既是变革的重要内容，又是变革稳定有序进行的保证。教师应探索依法治教、依法从教的途径，积极推动这一进程。

(二) 贯彻依法从教原则的要求

1. 教师要做遵规守法的模范，为学生做好榜样

作为一个公民，教师在各个场合都必须把自己的行为约束在宪法和法律法规限定的范围内。一方面，教师享有法律赋予的权利，应积极地维护自己的权利；另一方面，教师又必须履行应尽的法律义务。教师在处理或协调各方面关系时必须遵守法律法规。当某些问题的处理面临不同价值判断和不同道德标准的矛盾时，教师必须以法律法规为问题的处理标准。教师与学生、同事、管理人员、教辅人员、学生家长及其他人员之间，都可能发生矛盾，对矛盾如何解决往往各持己见。在这种情况下，如果不以法律法规为共同的标准，矛盾是无法解决的。教师应在教育教学过程和社会生活中，用自己的行为影响学生。作为一名教师，必须严格遵守《中华人民共和国教师法》(以下简称《教师法》)中要求的遵守宪法、法律和职业道德，为人师表，贯彻国家的教育方针，遵守规章制度，执行学校的教学计划，履行教师聘约，完成教育教学工作任务。

2. 教师应当尊重和维护法律赋予学生的各项权利

教师特别要注意维护学生受教育的权利，以及教育教学过程中所涉及的学生的各项权利。教师应当不断提高思想政治觉悟和教育教学业务水平，以保证学生能获得较好的教育，贯彻国家的教育方针，完成教育教学工作任务。教师要关心、爱护全体学生，尊重学生人格，促进学生在品德、智力、体质等方面全面发展。教师要特别注意在学生管理过程中对学生权利的尊重和维护。一方面，教师要改变在长期家长制社会传统中形成的狭隘的师道尊严观念，特别是要改变要求学生对教师绝对服从的意识。教师要尊重学生的人格，尤其要尊重学生的隐私。另一方面，管理学生又是教师的法律义务。教师必须制止有害于学生的行为或者其他侵犯学生合法权益的行为，批评和抵制有害于学生健康成长的现象。对学生的管理绝不能放松，更不能放弃，而应坚持、改进或改善。教师应从实际出发，从理论或实践上对学生管理工作做较为深入的探索。教师要转变管理观念，要适应新的管理体制，要运用新的管理方式和手段。新观念、新体制、新方式和新手段正处在探索和形成的过程之中，教师要以积极的态度投入这个过程，这是教师应尽的义务。

3. 教师要积极参与法治社会建设

建立法治社会，要有公正的、便于操作的法律法规，要有配套的、健全的法律法规体系。作为教师，必须关注社会现实问题，深入分析其原因，探寻解决问题的方法，探讨法律手段的合理运用，积极参与法律法规的制定和修改。在我国社会急速转型的过程中，原有法律法规体系已不适应新的社会条件，需要大量修改。由于社会关系发生了巨大的变化，故而更需要有新的法律法规来加以调节，如没有较为健全的和现实社会关系相适应的法律法规体系，改革的深化和社会各项事业的全面发展就会受到严重阻碍。以上都需要教师的积极参与。

四、教育人道主义原则

　　教育人道主义最初兴起于文艺复兴时期，是人文主义者对中世纪教育的反抗和变革。维多旦诺、拉伯雷、伊拉斯谟、莫尔等人文主义者以人性反对神性，揭露封建教育的罪恶，实践人文主义的教育理想，重视发展人的智慧和才能，追求个性解放，形成了最初的教育人道主义形态。夸美纽斯在《大教学论》中，比较系统地表达了人文主义者的教育信念。18世纪，启蒙思想家们对封建教育发起了彻底的挑战，这是教育人道主义的第二大发展形态。卢梭强烈谴责"为了不可靠的将来而牺牲现在"的教育，称其为"野蛮的教育"，它使得儿童"欢乐的岁月是在哭泣、惩罚、恐吓和奴役中度过的"。卢梭要求凸显儿童的真实生活，还儿童以自由，实施自然教育，即"在教育方法上要排除人为的、专横的压制和灌输，强调自主、自发的学习生活"。裴斯泰洛齐把全部精力和爱心都献给孤儿院的孩子，教育他们成人。他说："我自己生活得像乞丐，为的是教乞丐们生活得像一个人。"19世纪末20世纪初，欧洲出现了"新学校"运动，美国出现了"进步教育"运动，它们都突出了学生的主体地位，强调教育内部的民主，重视儿童的真实生活，丰富了教育人道主义思想。国际新教育协会1942年提出了一个"儿童宪章"，主张所有儿童都拥有基本的和最低程度的权利。这是对教育人道主义的具体化，有重大意义。第二次世界大战之后，西方一方面以人权为核心来实施教育人道主义原则，另一方面发展了"人本主义"教育思想，强调开发人的潜能、提高人的价值、丰富人的精神世界，等等。可以说，在整个资本主义教育发展史上，都凸显出教育人道主义的思想传统。但是，把教育人道主义归属为资本主义教育是错误的，是在歪曲历史。作为"教育领域的社会主义者"，欧文"从人道主义的立场出发，对改善工场的劳动条件以及工人及其子女的教育，倾注了异常的热情，并取得了辉煌的成果"。马克思、恩格斯谴责资本主义教育"对绝大多数人来说不过是把人训练成机器罢了"，饱含对人的深切关切！在苏联，马卡连柯、苏霍姆林斯基等都提出了深刻的教育人道主义思想，并较为成功地实践了这一理想。在我国，斯霞的"母爱教育"生动地体现了教育人道主义精神。近几年，"愉快教育"在我国迅速兴起并推广，它强调还儿童以快乐的童年，让每个儿童全面发展，同样饱含教育人道主义精神。这一切都是客观事实，不容篡改或抹杀。

　　在讨论教育人道主义时，人们还有一种顾忌，提倡教育人道主义是否与马克思主义相悖？事实上，人道主义有资本主义人道主义和社会主义人道主义两大类型。资本主义人道主义经历了不同的发展阶段，有不同形态，但具有一些共同性的东西：以人性论为理论基础，以自由、平等、博爱为基本原则，以个人主义为核心。社会主义人道主义或无产阶级人道主义则从社会发展客观规律出发，主张消灭剥削、消灭私有制，促进一切社会成员自由发展。马克思主义反对资本主义人道主义从人出发来说明历史和从抽象人性论来讨论人的解放，但并不一概地反对人道主义，并不否认人道主义所追求的人的解放的理想。马克思主义主张无产阶级人道主义，是对资本主义人道主义的超越，即从社会客观规律和社会实践(变革)来讨论人的解放，追求、实践全体社会成员的自由发展。把人道主义和马克思主义对立起来的观点，既没有看到人道主义有资本主义人道主义和社会主义人道主义之分，也没有看到马克思主义对资本主义人道主义是超越而不是简单否定,更否定了无产阶级人道主义是马克思主义的重要方面,因而是错误的。

1. 教育人道主义原则的基本内容

1) 现代教育应体现尊重人权的精神

人权原则是资产阶级革命的产物。18世纪的启蒙运动,"以人性论为基础,以自然法为根据,以天赋权利为中心,把自由、平等看作人的价值之所在,把追求个人的利益和财富看作幸福"。启蒙运动提出的"天赋人权"观念,在美国《独立宣言》和法国《人和公民权利宣言》中得到了集中的表达。这是资产阶级古典人权观。自20世纪20年代以后,特别是第二次世界大战以来,人权得到了大多数国家、地区的公认,形成了现代人权观。有的学者认为,现代人权观主要是指以马克思主义为指导的科学社会主义人权观作为主流,与现代国际人权相关文献中的进步人权观相结合,而形成的反映现时代特点,并为大多数国家和人民所接受的人权理论、原则之总和。现代人权涉及人身权利、人格权利、经济权利、社会权利、文化权利、政治权利等各种基本权利,较近代人权更为丰富和深化。

人权原则的确立对现代教育产生了重要影响。随着现代人权观的形成和广泛传播,人权观念正成为人们解决教育问题的一个重要原则。教育应体现尊重人权的精神,这是现代教育的基本信念之一。

具体来说,教育尊重人权,一是要保障受教育者的教育权利;二是要尊重和保护一般的人权。

什么是个人的教育权呢?由N.塔罗(N. Tarrow)主编的《人权与教育》一书在把教育作为一种人权来讨论时,涉及以下方面:①入学与机会均等的权利;②在教育中免遭歧视的权利;③有关特殊资赋(天才与残疾)的教育权利;④文化学习权利;⑤为多元文化发展而教育的权利;⑥为就业和流动而教育的权利;⑦终身教育的权利;⑧政治教育的权利;⑨家长与学生及教师的权利。以上项目,除②和⑨外,都属于教育权。我们可以发现,教育权这一概念具有不断丰富的内涵,是多方面、多层次的。

教育尊重人权的另一层含义是尊重和保护师生的一般权利。现代人权观确认每个人都有生存、发展的多种权利,诸如人身权利、人格权利、政治权利、经济权利,等等。在教育中,师生的一般人权也得到法律保证。教育是否尊重和保护师生的一般人权,是教育文明与否的重要标志。教育尊重和保护教育者的一般人权,随着人权得到法律的确认,在原则上已得到认同。至于对学生的一般人权的尊重,进展相对较慢。直到20世纪,儿童的权利才得到广泛的承认。陶行知十分关心儿童的人权问题,强调:"我们应该承认儿童的人权……我们要解决儿童痛苦、增进儿童福利,首先要尊重儿童的人权。"第14届联合国大会通过的《儿童权利宣言》可以视为一个新的里程碑,它规定了儿童的各种权利,包括游戏、娱乐的权利,强调儿童应享有特别保护。

2) 现代教育应努力促进个人全面发展

除应体现尊重人权(教育权、一般人权)的精神外,教育人道主义原则的另一现实内容是教育应坚持个人全面发展的价值取向,努力促进个人全面发展。教育人道主义的各种探索多突出个人、个性的全面发展，这有其必然性和进步性。现代人的发展，虽有依赖物的一面，但也有其独立性、主体性。现代教育提高人的价值、促进人的解放，主要是提高人的主体性和独立性，凸显个人发展。

总之，现代教育应追求并努力促进个人全面发展，这是教育人道主义原则的一个重要现实要求。它要求现代教育尊重个人发展的内在需要和客观规律，尊重人的个性和自主性，尊重人的整体性和真实性，从而生动、活泼、有效地满足个人身心发展的整体要求，促进个人全面提高素质，形成完整的个性。

2. 教育人道主义确立的客观依据

1) 教育人道主义是社会主义人道主义在教育领域、教育过程中的贯彻

社会主义人道主义要求尊重每个人，关心每个人，当然要求在教育领域和教育过程中，人们互相尊重、互相关心。从逻辑上说，社会主义人道主义是调节社会主义社会人与人之间关系的一条基本道德原则，是社会主义人道主义原则的一般表现；教育人道主义是调节教育领域、教育过程中人与人之间关系的一项基本道德原则，是人道主义原则在教育领域、教育过程中的特殊表现。坚持教育人道主义原则，是社会主义人道主义原则在教育领域、教育过程中的贯彻、表现和具体化。

2) 教育人道主义是处理教育活动过程中特殊人际关系的要求

在教育活动的过程中，作为教育主体的教师处于主导者的地位。在教师和学生的关系中，以及教师和其他教育活动参与者的关系中，仅以一般的道德原则和道德规范来加以调节还不够，还必须加上适合教师特殊角色身份的一些道德规范。教育人道主义原则就是教师完成教育任务、实现教育目标必须遵守的职业道德原则。从教育实践看，一方面，教师作为知识、技能与道德品质的传播者、灌输者，在教育教学过程中，其对于学生来说往往是居高临下的；另一方面，在调节教育过程中的人际关系时，教师必须高度尊重学生的人格，教师对学生必须有强烈的平等意识。教育人道主义作为一种道德原则与道德规范，就是人道主义要求与这种教育过程特殊要求的结合。在教育活动中，教师与学生之间的关系是最重要的一种人际关系。如果教师运用教育人道主义原则来调节师生关系，就能对学生的人格与行为产生积极的影响，就可以促进师生关系的健康发展，就可以促进学生之间关系的健康发展，为完成教育任务、实现教育目标提供人际关系保证。同时，教师在教育活动过程中遵循教育人道主义原则，可以促进学生人道主义品质的养成。培养学生的社会主义人道主义品质既是学校教育的重要任务，又是整个社会道德建设的重要任务。在教育活动中，教师还必须处理好与其他教育参与者的关系。只有运用教育人道主义原则来调节，才能处理好各方面的关系，从而保证教育任务的完成和教育目标的实现。

3) 教育人道主义在教师职业道德体系中居于特殊地位

教育人道主义渗透于教育活动过程的一切道德规范中，具有广泛的约束力和普遍的导向性。教师在教育教学过程中要遵循教书育人原则，就要向学生传播社会主义人道主义思想，培养学生社会主义人道主义品格。教师在教育教学过程中要遵循以身作则原则，用自己的好思想、好品格、好作风影响学生，这就包括用社会主义人道主义思想、社会主义

人道主义品格影响学生。社会主义人道主义品格影响教师的作风，社会主义人道主义品格通过多种作风体现出来。教师在教育教学过程中要遵循教育公正原则，坚持真理、办事公道、一视同仁、尊重学生，这些都是社会主义人道主义的要求，是教师人道主义品格的表现。只有遵循教育人道主义原则，才能切实做到教育公正。教育人道主义要求尊重学生的权利，促进学生的全面发展。尊重学生的各项权利，是教育教学实践过程中学生主体地位的保证，有利于学生个性的发展，有利于创造性人才的培养，使教育教学活动更能适应或满足经济社会发展对人才的需要。教师对学生权利的尊重和维护，有利于校园和谐，有利于社会和谐，有利于学生和谐人格的养成，有利于学生的心理健康，同时，还有利于教师自己的身心和谐，维护教师自己的身心健康。教师职业道德规范作为一个庞大的体系，内容极为丰富，但无论是调节师生关系的规范、调节教师与教师之间关系的规范、调节教学过程和科研过程中人们关系的规范，还是调节社会服务过程中人们关系的规范，都渗透了教育人道主义要求。教育人道主义在教师职业道德体系中居于特别重要的地位，应当把教育人道主义确立为教师职业道德的一条基本原则。

3. 贯彻教育人道主义原则的具体要求

教育人道主义是所有教育工作者必须共同遵守的基本道德原则。教育人道主义原则对教师的要求主要表现在尊重学生。把学生视为与自己在人格上完全平等并具有自身个性特征的人来对待。不能因为学生在某些方面与自己差距较大而轻视他们，忽略其价值。教师对学生的尊重和理解要建立在平等的基础之上，没有平等也就没有尊重和理解。

此外，教师在同不尊重学生、侵犯学生正当权益的思想和行为做斗争时，要注意对有错误言行的学生、教师和其他教育活动参与者予以尊重和关心，要坚持实事求是，从实际出发，运用适宜的方式、方法和手段，通过适当的途径有效地解决问题。

> **案例**
>
> #### 一句话改变学生的命运——皮尔保罗校长"妙手回春"
>
> "我一看你修长的小拇指就知道，将来你一定会是纽约州的州长"，一句普通的话，改变了一个学生的人生。此话出自美国纽约大沙头诺必塔小学校长皮尔保罗之口，话语中的"你"是指当时一名调皮捣蛋的学生罗杰·罗尔斯。小罗尔斯出生于美国纽约声名狼藉的大沙头贫民窟，这里环境肮脏、充满暴力，是偷渡者和流浪汉的聚集地。因此，他从小就受到了不良影响，读小学时经常逃学、打架、偷窃。一天，当他又从窗台上跳下，伸着小手走向讲台时，校长皮尔保罗将他逮个正着。出乎意料的是，校长不但没有批评他，反而诚恳地说了上面的那句话并给予语重心长的引导和鼓励。当时的罗尔斯大吃一惊，因为在他不长的人生经历中只有奶奶让他振奋过一次，说他可以成为五吨重的小船的船长。他记下了校长的话并坚信这是真实的。从那天起，"纽约州州长"就像一面旗帜在他心里高高飘扬。罗尔斯的衣服不再沾满泥土，罗尔斯的语言不再肮脏难听，罗尔斯的行动不再拖沓和漫无目的。在此后的40多年间，他没有一天不按州长的身份要求自己。51岁那年，他终于成了纽约州的州长。

第三节　遵循当代教师职业道德基本原则的要求

教书育人，塑造灵魂；桃李不言，下自成蹊。加强和改进当代教师职业道德建设，应该严格遵循以上基本原则，而要遵循上述基本原则，就需要做到以下四方面。

一、深化当代教师职业道德的育人性

教育的目的不仅仅是教授科学知识，更是培育道德健全的人才。所以，遵循教师职业道德基本原则，最重要的是不断深化教师职业道德的育人性，使其向更深的阶段发展。

1. 树立人民教师教书育人的理想信念

教育事业是牵系国家社会、惠及子孙的千秋功业，是社会发展、文明进步、国富民强的奠基石，是国家保证投入、家庭倾其所有来全力保障的浩大工程。因此，人民教师的教育教学既是一种职责，更是一种事业。在当代，教师既要坚定自己的职业理想，做好本职工作，又要把教育教学工作与社会主义建设结合起来，与人民的教育事业结合起来，与祖国的前途命运结合起来，为我国的人才强国战略和科教兴国战略做贡献，为办好人民满意的教育做贡献。

2. 加强人民教师教书育人的道德修养

教师行为修养的好坏是师德高下的外在表现，是能否取得社会认可，能否让家长放心、学生信任的重要因素。教师的行为修养会直接影响所教学生人格和个性的形成与发展。要加强人民教师自身的师德修养，包括其人格魅力、知识、能力，以及教学艺术和风格等；要全面提高人民教师的人格魅力和教学综合能力，使其在教育科研、教育实践能力和教育实际技能方面展现高超的教学智慧，达到深化其育人性基本原则的要求。具体而言，教师必须要养成文明的行为习惯，要保持仪表仪态的端庄，表现出良好的精神面貌，给学生树立良好的榜样。因此，加强人民教师的道德行为修养，要求人民教师应该做到形象庄重潇洒，为人沉稳朴实，处事大方，待人热情有礼，更要对学生和蔼可亲，从而达到以修为育人。

3. 加强人民教师教书育人的严谨治学能力

教师的严谨治学能力，是人民教师遵循育人性原则的基础和保障。严谨治学是当代教师职业道德的基础，也是起码的要求。一个工作不认真、治学不严谨的教师是配不上"人民教师"这样神圣而光荣的称号的，更称不上"师德高尚"。严谨治学不仅是对学生负责，对家长负责，对教育负责，更是对社会负责，对国家和民族负责。教育要以就业为导向，培养的人才要符合市场的需要，这对教师提出了更高的要求。这就要求教师既要有扎实的理论功底，也要有很强的专业技能。因此，教师必须协调好理论与实践的关系，做到以理论指导实践，以实践升华理论。教学和科研是教师的主要任务，教师应注重科研创新能力的提高，将科研创新活动有机地融入教学过程，实现教学和科研的相互促进，共同提

高。教学工作是一门科学，也是一门艺术，只有尽心尽力、精益求精，才能把教学工作做好，才能无愧于教师的光荣称号，才能不辜负党和人民的重托。严谨治学不仅体现在人民教师认真负责、刻苦钻研的工作态度和聚精会神、精益求精的敬业精神上，而且更体现在教师教育思想和教育观念的不断更新上。严谨治学要求教师必须摆脱传统教育思想和教育观念的束缚，不断探索和创新，不断地刻苦钻研，孜孜以求，奋发图强。教师在严谨治学的过程中，体验成功的快乐，享受收获的幸福，进而提高对教育教学工作的热情，加深对教育事业的热爱，而这又会反过来促使教师更加珍惜其职业，更加认真对待其工作，更加细心地关爱和呵护其学生，实现科学育人。

4. 加强人民教师教书育人的关爱学生能力

人民教师关爱学生，是人民教师遵循育人性原则的主要标志和目的所在。"爱生如子"正是高尚师德的具体写照，是师德高尚的基本要求，也是教师职业道德之魂。要教育好学生，就离不开对学生真挚的爱护。只有给予学生真挚的爱护，让每名学生都真切地感受到、体会到这种爱护，才会使学生拥有一颗爱人之心。一个对学生态度冷漠、不够关爱的教师称不上"师德高尚"。作为教师，要学会关心、关注和关爱每名学生，关心其生活，关注其学习，关爱其情感，做到既关爱"先进生"，也关爱"后进生"。关爱一名学生就等于塑造一名学生，而厌弃一名学生无异于毁掉一名学生。教师还要循循善诱，谆谆教诲。一个没有高尚师德的教师，很难有对于学生发自肺腑的真诚关爱，也很难有废寝忘食工作的责任意识和敬业精神。教师要和学生平等相处，热爱学生是建立民主、平等、和谐的师生关系的基础。人民教师应在关爱学生的基础上严格要求学生，在严格要求学生的过程中关爱学生，做到严爱结合，严中有爱，爱中有严，爱得得体，严得有理，爱得有方，严得有度。

二、强化当代教师职业道德的专业性

加强当代教师职业道德建设，强化教师职业道德的专业性是重点。教师的专业素质会直接影响学生的素质教育，也会影响整个民族的素质。加强和提高人民教师队伍的素质，是当代教育战线重要而迫切的任务。对人民教师进行专业化的培养，不仅要深化教育改革，更要加大投入力度。增强教师职业道德的专业性，应做到以下几点。

1. 切实加强德育专业学科建设

德育专业学科目前包括哲学中的伦理学、教育学中的德育及马克思主义理论学科中的思想政治教育等。德育专业学科的建设主要应该抓好以下三方面的工作。①加强社会主义市场经济条件下教师职业道德变化的调查研究，找出影响师德变化的主要社会因素，提出对策。德育专业学科建设的理论研究和实证研究，都要形成相对稳定的研究方向。②进一步制定和完善各级各类师德规范及考核评价体系。师范生教育要强化"思想政治理论课"，尤其是"思想品德修养和法律基础"等课程的功效，必要时还要开设"教师职业道德修养"等课程；要加强师德教学改革和思想政治教育方法研究；要遵循教育教学规律，研究当代学生的成长和成才规律，用科学发展的眼光来分析和解决学生的思想困惑。③加强德育学科学位点建设，就是要做好德育专业本科生、研究生的培养工作，明确本科生和研究生培养方案的原则、目标及课程安排。在办好相关学科专业基础上，提高德育学士、硕士、博士的专业化水平。

2. 切实加强教师岗前培训

在教师上岗前，应该组织教师参加系统的专业化岗前培训，学习相关的教育教学技能及师德规范等。在培训学习中，教师应严格学习纪律，强化实践环节，养成良好的习惯。通过系统的专业化教育教学技能的培训及师德规范的学习，再经过严格而又全面的考核，考核合格者，被授予教师资格证书，方可从事教育教学工作。考核不合格者必须重新接受培训学习，经过再次培训学习仍旧不合格的，不予发放教师资格证书，不能从事教育教学工作。可以通过以上办法引导即将走上讲台的人民教师顺利完成角色的转变，正确认识教师职业的专业性、特殊性，明确师德的要求，树立教师的职业道德意识，努力提高自身的师德水平，深刻领会教书育人的真正含义。

3. 切实深化教师博学意识

教师应首先是一个终身不辍的"学"者，拥有广博的学识，这也是教师职业道德要求的一项基本内容。在越来越注重知识学习的当今社会，传统的教师角色面临巨大挑战，如果不抱有终身学习的坚定态度并付诸行动，如果不广泛涉猎、深入探究、不断更新知识储备，教师有限的知识信息量将逐渐被掏空。实践证明，知识渊博的教师往往更容易赢得学生的信赖和爱戴，因为教师丰富的知识不仅能提高学生的精神境界，而且能激发他们的求知欲。如果一名教师不能完整、全面地掌握专业知识，就不能成为一名优秀的教师。教师既要在横向上不断拓展知识面，尽可能多地了解本专业以外的知识，争取做到"博"，又要在纵向上深挖专业理论，不断探索，进而达到"渊"，这才是对教师专业发展的最好诠释。

4. 切实加强教师在岗进修

教师的素质并非全部与生俱来，而是在实践中不断培养和提高的。要切实提高教师的素质，学校应该在实践中加强对教师的在岗培训，努力提高人民教师的业务素质和教学科研水平，提高人民教师掌握运用现代化教学手段的能力和水平，培养一批既有扎实的理论知识，又有丰富的实践经验的教师。学校要根据教师专业定向和教师梯队建设的要求，制定规划和目标，在理论知识培训的基础上侧重专业技能的培训；还要制定教师脱产学习进修的奖励措施，每年都选派部分优秀骨干教师脱产攻读学位，鼓励青年教师以委培、定向形式攻读研究生学位。同时加强与有关高校的合作，共同培养师资，选派教师出国进修，并有计划地选派教师参与经营与管理、社会调查、挂职锻炼等社会实践活动。

三、彰显当代教师职业道德的先进性

为人师表不仅是教师的神圣天职，还是当代教师职业道德的重要体现。加强师德建设，要旗帜鲜明地彰显师德的先进性，应做到以下几点。

1. 提升人民教师的社会地位

随着社会的发展、时代的进步，人们对于教师的态度和要求也相应发生了巨大的变化与提升，国家、社会，乃至教育本身对教师的素质具有更高更多的要求。要提高师德层次，就要不断强化社会主义核心价值体系的教育，提升全民的社会公德、职业道德、家庭美德、个人品德的层次。要严格要求教师树立正确的师德观、教育观、人才观及成绩观，也要让全社会尊师重教，让国家、社会、学校都支持教师，关心教师，支持教育，关心教育。党和国家不仅要求在经济上保证教师的生存与发展，更要在政治上保证教师的地位。只有这样，才能真正地实现教师社会地位的提升，也只有在教师社会地位得到真正提升的前提下，才能最大限度地彰显师德的先进性。

2. 树立人民教师的示范形象

当今教师的榜样示范作用对学生的影响不可忽视，这是教师先进性的重要体现。教师要身体力行为学生树立好学善学的榜样形象，以影响学生，塑造学生的道德人格。教师的责任不仅在于传授知识给学生，而且在于教会学生做人，教师崇高的道德品质是推动学生追求高尚的重要力量，教师的道德表率是学生道德塑造的基础。由于教师这一职业活动对象的特殊性，教师必须加强个人修养，当好以身作则的示范者。学生正处于思想、情感、性格等发展尚未成熟稳固的阶段，易受外界影响，普遍乐于接受教师的指导，愿意观察和模仿教师的言行，并以教师为表率。因此，教师应该时时为人师表，处处以身作则，事事率先垂范，用美好的心灵熏陶学生，用高尚的人格影响学生，用纯洁的品行感染学生。凡是要求学生做到的，教师应该先做到，给学生树立榜样。教师在学生心目中是知识的源泉，是智慧的化身，是道德的典范，是人格的楷模，是行动的榜样，是先进思想文化的传播者，是漫漫人生征程的引路人，其一言一行、一举一动都对学生产生潜移默化的影响。教师要强化修身意识，严格要求自己，教师要有崇高的道德情操，坚定的理想信念，顽强的意志品质，并通过自己高尚的品格、言行影响学生。

3. 坚持终身学习，发扬与时俱进的创新精神

在现代社会，广大教师要崇尚科学精神，树立终身学习理念，如饥似渴地学习新知识、新技能、新技术，拓宽知识视野，更新知识结构，不断提高教学质量和教书育人本领。人民教师要不断学习，提高学识，转变观念，增长才干，同时要在遵守教育教学规律的基础上，积极改革，勇于创新，不断进取。唯有如此，才能彰显并始终保持教师师德的先进性。

四、凸显当代教师职业道德的公平性

构建社会主义和谐社会，促进教育公平，是遵循当代教师职业道德基本原则的又一要求。要促进教育公平，党和国家除了在推进社会公平的过程中要加大力度，注重解决教育不公平的各种问题，还要致力于树立教师师德的公平性。遵循师德的基本原则，凸显师德

公平性，必须做好以下几点。

1. 爱岗敬业

爱岗敬业体现了人民教师从事教育事业光荣的使命感和强烈的责任感。爱岗是一种对所从事事业的全身心投入，是一种对人生价值的不懈追求，是一种为理想而拼搏奋斗的不竭动力。教师要以正确的态度对待自己的职业，努力培养对所从事工作的幸福感、荣誉感和责任感。一个人只有热爱自己的职业和岗位，才会全身心地融入其中，在教书育人的岗位上，应刻苦钻研，潜心施教，忠诚于人民的教育事业，在平凡的岗位上做出不平凡的业绩。敬业就是热爱教育事业、献身教育事业。对人民教师来说，敬业就是满怀对党和国家教育事业和学生成长成才的历史使命感和社会责任感，对自己所从事的工作具有强烈的献身精神。事业心来源于责任感，作为人民教师，要不辞辛苦，不怕劳累，勤勤恳恳，兢兢业业。因此，要成为一名师德高尚的人民教师，就必须识大体，顾大局，不为金钱、权力、地位、名誉及其他利益所动，抵制各种外界的诱惑，工作中高标准，生活中低要求，充分践行教师师德的公平性，从而保障教育的公平性。

2. 转变教师教育理念

所谓"公平"，并不是一味无差异地对待每名学生；所谓"差异"，更不是"不公平"。学生是学习的主人，是发展的主体。人民教师应立足于学生的成长，着眼于学生的未来。学习成绩与创造力无明显的联系，学习成绩并不是衡量一名学生成功与否的标准，更不是衡量一名教师成功与否的标准。教师要把学生的个体多样性、差异性看作一种有价值的东西，在教师的眼中不应该有"差生"，有的只能是"差异"。针对学生主体的差异性，教师要因材施教，找到适合学生本人的个性化发展道路，这才是真正的教育公平、师德公平。

3. 坚定教师职业信仰

重教、爱教、专心致志地教，是作为人民教师所必须具有的坚定的职业信仰。信仰是个体精神世界的支柱，是自身行动的指南。科学的、正确的信仰能引导人们走向正确的人生道路，非科学的、错误的信仰则相反。教师只有坚定教育信仰，才能做到真正地热爱学生，真诚地关爱学生，平等对待每名学生，才能够对教育事业始终充满激情。树立科学的、正确的教师职业信仰，是教师从事教育事业所必备的职业道德素质。教育是一个系统工程，教师在教育活动中，常常会遇到许多难以想象的困难和问题，缺乏职业信仰的教师会将这些困难和问题带到自己的教育教学活动中，这样不仅影响教师的教育教学效果，而且影响师生关系，甚至影响学生的人格发展。教师只有发自内心地关爱每名学生，教育每名学生，才能真正做到既教书又育人，才能体现真正的教育公平。

4. 建立健全教师选聘机制、教育队伍工作机制、政策保障机制

(1) 建立健全教师选聘机制，根据教师队伍的优化要求，严把入口关。把师德考核放在第一位，保持这支队伍的生机，增强这支队伍的活力。

(2) 建立健全教育队伍工作机制，包括激励机制、约束机制、强化机制和竞争机制，明确各自的职责和工作目标。鼓励、奖励先进典型和宣传推广先进典型事迹，惩罚批评玩

忽职守者。

(3) 建立健全政策保障机制。采取有效措施，完善教师队伍的专业职务设置，解决好教师职务聘任问题，鼓励支持教师安心工作。组织教师参加社会实践，挂职锻炼，学习考察，不断提高教师的工作能力和业务水平。要在政治上、工作上、生活上关心教师，在政策和待遇方面给予其适当的倾斜。建立健全监督、激励和教育机制，完善相关的各项保证机制正常运行的措施，更需要坚决的执行力。一方面要建立卓有成效的师德监督体系，完善现有的教学督导制度；另一方面抓好多维度的师德教育工作，各管理部门要充分发挥作用，定期表彰优秀教师，树立榜样，建立有效的激励机制，使教师在合理的外部影响下逐渐形成内化于心的师德规范，从而使师德的内涵被广大教师认可和接受。

5. 完善师德考核评价机制

师德的考核评价机制具有导向、鉴定、激励的作用，及时有效的师德考核评价机制可以促使教师认识到自身的缺点或不足，督促教师适时积极地改正问题，调整和强化自己的教学，不断提高和完善自身的素质，监督教师公平地对待每名学生。完善师德的考核评价机制，具有如下几点要求。

(1) 要建立明确的考核评价内容和标准。对师德的考核评价不仅要注重教师的教学能力和效果，而且要把师德的考核评价作为首要尺度，实行师德一票否决制，把对教师的素质考核评价作为提高人民教师素质和确保教育公平的有效方法，使教师在评价中不断地提高和完善自身素质。

(2) 将学校考核评价、同行考核评价与学生及家长考核评价紧密结合起来。要做好对师德的考核评价不能只靠单方面的学校考核评价，这样无法真正发挥教师评价机制的作用，无法真正做到教育公平。要将学校评价、同行评价与学生及家长评价有效结合，建立全方位的评价体系，凸显师德的公平性。

(3) 注意把握考核评价的时效性。平时要注意做好对于教师的定性评价、定量评价、稳定性评价、过程性评价及发展性评价的综合考量，使师德评价真正为教育公平及师德公平服务。

·本章小结·

通过本章的学习，读者可以了解确立教师职业道德基本原则的依据；掌握教师职业道德的基本原则；理解遵循当代教师职业道德基本原则的要求。

·思考与练习·

1. 如何理解教师职业道德原则在教师职业道德中的地位？
2. 阐述教师职业道德基本原则的内容。

第二章 教师职业道德规范

· 案例导入 ·

做国家的小主人

陶行知先生是伟大的教育家、思想家。陶行知先生生活的年代，祖国正处于危难之际。有些人认为国家有难，自顾不暇，无力照料在战争中失去父母的孤儿，能给他们吃饱穿暖就不错了，很多学校毁于战火，哪里还顾得上办教育。陶行知认为，任何时候，对孩子的教育都不该放弃。孩子是国家的未来，不管是孤儿还是有家的儿童，国难当头，更要对他们进行教育。他经常为孩子们演讲。有次为战时儿童保育院的难童演讲，他拿出一张纸，上面写的是大家都认识的中国的"中"字，难童大多会读这个字，全场高声朗读："中，中！"陶行知把纸歪倒，他说："如果中国躺下睡觉了，哪还有精气神？"陶行知又拿出了"中"字说："大家永远记住：团结、联合、不睡大觉！让我们伟大的祖国永远站立在亚洲，站立在世界！你们要做国家的小主人。责任落在我们肩上，也落在你们身上。"不让"中"字躺倒在地，不让中国躺倒在地，陶行知的话深深地烙在了孩子们心上。陶行知用浅显易懂的一个"中"字，形象地告诉了孩子们要做国家的小主人。如今，虽然我们生活在和平年代，但"爱国"是每一个中华儿女都应该铭记在心的。对于青少年来说，爱国并非要做惊天动地的大事，每个人做好自己的本分就是爱国的一种表现。对于同学们来说，爱国就是要努力学习，不光学习知识，更要有生活的本领、品德品行的学习培养，做好自己现在能做的一件件小事就是爱国。

第一节　爱国守法、爱岗敬业

2008年9月1日经修订颁布的《中小学教师职业道德规范》(以下简称新《规范》)是中华人民共和国成立以来，国家正式颁布的第四个中小学教师职业道德规范。新《规范》内容为：爱国守法、爱岗敬业、关爱学生、教书育人、为人师表、终身学习。这六条基本内容，体现了教师职业特点对师德的本质要求和时代特征。"爱"和"责任"是贯穿其中的核心和灵魂。新《规范》成为新时期人民教师的行业性要求，具有广泛性、针对性和现实性。

一、爱国守法

(一) 爱国守法是教师职业的基本要求

爱国是一个公民的基本道德。一个人，不管属于哪个民族，也不管立场和宗教信仰如何，都承担热爱祖国、报效国家的责任和义务。爱国是中华民族的优良传统。中国儒家传统文化强调"舍生取义"，即为了国家利益，也为了捍卫国家主权，不惜牺牲个人生命。回顾中国历史，正是在这种真挚爱国热情的激励下，无数中华儿女不惜抛头颅、洒热血，前仆后继、英勇斗争，挽救民族于危亡之中，书写了波澜壮阔的历史画卷。现代社会中，我国各族人民在应对四川汶川特大地震、成功举办北京奥运会、抵御国际金融危机、圆满举行中华人民共和国成立70周年庆典中，表现出极大的爱国热情，民族凝聚力空前高涨。

爱国主义是全体公民最广泛、最基本的认同基础，是中华民族精神的核心，也是中国特色社会主义核心价值体系的一个重要方面。坚持以爱国主义为核心的民族精神和"以热爱祖国为荣，以背离祖国为耻"的社会主义荣辱观是社会主义核心价值体系中不可或缺的一部分。

爱国是教师的政治使命和社会责任。教师应该把自己的教育使命与国家和民族的生存发展结合起来，将爱国主义教育渗透于教育教学实践中，为国家和民族的生存与发展培养出热爱祖国、热爱中华民族，具有社会责任感和使命感的中国公民。

热爱祖国，这是一种最纯洁、最敏捷、最高尚、最强烈、最温柔、最有情、最温存、最严酷的感情。

——苏霍姆林斯基

国家是大家的，爱国是每个人的本分。我觉得凡是脚站在中国的土地，嘴吃中国五谷，身穿中国衣服的，无论男女老少，都应当爱国。

——陶行知

守法是公民的基本行为准则，也是我国实施"依法治国"方略的必然要求。要实现社会主义法治国家的目标，需要每个成员知法守法，用法律来规范自己的行为，不做法律禁止的事情。教师只有做到依法执教，才能更好地为国家培养依法治国的人才，才能迅速提高全民族的法律意识。

守法是依法执教的重要内容。依法执教的重点是各个教育部门都要按照法定的权利和义务来治理教育，依法指挥、组织、管理、实施、监督、参与教育活动。为此，教师在从教过程中要认真地学法、知法、懂法和守法，依法行使教书育人的权利，履行法定的教育义务和责任，规范执行国家的法律法规和路线、方针、政策。

(二) 爱国守法的基本内涵

爱国守法包括两方面含义，即爱国和守法。

爱国的基本要求应当包括三方面：①牢固树立中华民族和国家利益至上的意识，自觉维护祖国的独立、统一、尊严和利益；②为把中国建设成为富强、民主、文明、和谐、美丽的社会主义现代化国家做力所能及的贡献；③在教育教学中，积极实施爱国主义教育。守法不仅是法律层面的要求，还是道德层面的要求。

守法强调教师要自觉地学法、懂法，同时在教育教学中，严格遵守《中华人民共和国宪法》和教育法律法规，使自己的教育教学活动合法、规范，做到依法执教。

爱国守法包含两种角色要求：①作为中华人民共和国的每一位公民，必须自觉履行公民应尽的义务；②作为人民教师，必须认真贯彻我国的教育方针，遵守教育法律法规，依法履行教育职责和权利。

爱国守法对教师提出了两个层面的职业要求：①广泛要求，即每名教师都要自觉做到热爱祖国，热爱人民，拥护中国共产党领导，拥护社会主义，全面贯彻国家教育方针，自觉遵守国家法律法规，依法履行教师职责；②底线性要求，即教师不得有违背党和国家路线、方针、政策的言行。

(三) 爱国守法的践行要求

1. 做爱国守法的模范

爱国主义精神是中华民族的优良传统和崇高的思想境界，是道德情操的最高体现。振兴民族的希望在教育，振兴教育的希望在教师。人民教师是历史文化的传承者，是我国社会主义事业的建设者，也是未来社会主义事业接班人的培育者，这一历史责任要求教师具有强烈的爱国情感和民族责任感，严格遵守法律法规，恪守社会公德，自觉做到知法、守法、护法，不仅成为爱国守法的公民，而且要做一名具有高尚人格和良好道德的教师。同时，教师要将爱国主义情感和民主法治精神贯穿教育教学中，用自己的言行熏陶、感染和教育学生。

2. 认真学习有关法律法规，自觉做到依法执教

依法执教就是指教师要严格依据法律、法规履行教书育人的职责，即在所从事的教育教学活动中，严格遵守《中华人民共和国宪法》和其他相关法律、法规，使自己的教育教学活动法治化、规范化。具体内容有二：①教师的教育教学行为要在法律、法规所允许的范围内进行；②教师要善于利用法律手段来维护学校、自身和学生的合法权益。

首先要守法，要依法贯彻执行党和国家的路线、方针和政策，要依法贯彻落实教育教学的各项法律、法规，即严格遵守《中华人民共和国宪法》《中华人民共和国教育法》

《中华人民共和国教师法》《中华人民共和国义务教育法》《中华人民共和国未成年人保护法》《中小学教师职业道德规范》《新时代中小学教师行为十项准则》等法律、法规，树立"依法执教"的理念，尊重学生，按照法律要求来从事教书育人工作，全面提高教育教学质量。

其次要依法维护学校、教师和学生的合法权益。这是教师依法执教的重要内容之一。要维护学校的合法权益，教师必须以主人翁的态度关心学校、爱护学校，自觉维护学校的合法权益，以保证完成国家交给的教书育人、培养合格人才、提高全民素质的使命。要维护教师的合法权益，这是教师完成教书育人任务的条件和保证。如果教师的合法权益受到侵害，必然会影响教师的工作、生活和情绪，从而会直接影响对国家合格人才的培养。另外，还要维护学生的合法权益。教师不但自己不能去侵犯学生的合法权益，而且要勇敢地同各种各样侵害学生权益的行为做斗争。学校、教师和学生的合法权益得到充分保证，是实施教育工作的基础。

3. 将爱国守法融于教育活动中

(1) 在教育教学中渗透爱国主义教育，培养学生的爱国精神。在日常教学中主要应通过学科渗透、主题教育或社会事件等形式，对学生进行民族自豪感和责任感教育，让学生理解爱国是每个中国公民的神圣情感，它不是一个抽象的概念，而是有具体的要求：既表现在国家安危、民族存亡的紧要关头能够挺身而出、舍生忘死，也表现在当他人的生命财产遇到危难时能够见义勇为、扶危济困，还表现在日常生活中热爱学习、文明友善、乐于助人等。教师应引导学生把爱国之志转化为报国之行。

(2) 在教育教学中渗透法制教育，教会学生明辨是非。法制安全教育是对学生实施教育的重要内容之一，也是让青少年学生知法、守法，减少犯罪最有效的途径。教师要在日常教育教学中通过各种教育形式，使学生知法、守法并学会用法，培养和提高其法律素质，形成良好的守法、用法和护法习惯，自觉树立法律权威。同时，教师要重视对学生进行法律情感的陶冶和法律行为习惯的培养，使学生养成较强的法制观念和良好的守法、用法行为习惯。

二、爱岗敬业

(一) 爱岗敬业是教师职业的本质要求

爱岗敬业是由教师劳动的特点所决定的。与此同时，爱岗敬业是教师做好工作的感情基础。热爱是最好的老师，是人们行动的动力源泉。热爱本职工作，对做好工作感到有无穷的乐趣，这种由衷的感情能驱动人们努力做好工作。教师对职业劳动投入的多寡和收到的教育效果的好坏，直接取决于教师对职业的热爱程度。

大教育家孔子从教40年，开我国古代私人讲学之先河，他呕心沥血、以教为重的奉献精神成为历代教师的楷模。鲁迅先生这样描写他的教学生涯："在生活的路上，将血一滴一滴地滴过去，以饲别人，虽自觉渐渐瘦弱，也以为快活。"这就是"俯首甘为孺子牛"

的奉献精神的生动写照。

教育活动是一种直接与受教育者进行情感交流和心灵沟通的活动。只有对教育事业充满热爱，对学生充满感情的教师，才能与学生进行积极的互动，学生感受到教师的热切关爱，才会对教师的教育产生强烈的认同感并接受。反之，如果心猿意马，不热爱教育工作，敷衍了事，势必不能把教育工作做好，既损害了双方的利益，又损害了受教育者的权利和社会的整体利益。正因为如此，爱岗敬业、乐于奉献就成为教师道德中最基本的道德要求。

爱岗敬业还具有特殊的教育功能。①显性的教育功能，即教师在工作中做到爱岗敬业，乐于奉献，可以提升自己的教育素养，提高教育效果。②隐性的教育功能，即教师爱岗敬业的职业作风对学生具有潜移默化的影响，是学校重要的德育资源，对学生的影响更加深远持久。道德不是教来的，而是感染来的。"教育无小事，事事是教育；教师无小节，处处做楷模。"因此，教师爱岗敬业的职业精神使教师不仅做"经师"，而且为"人师"。

在教育工作中，一切都应该以教师的人格为依据。因为，教育力量只能从人格的活的源泉中产生出来，任何规章制度，任何人为的机关，无论设想得如何巧妙，都不能代替教育事业中教师人格的作用。

——乌申斯基

人民教育家陶行知认为："小学教师之好坏，简直可以影响国家的存亡和世道之治乱。"杨昌济先生称教育者有"神圣之天职"，"扶危定倾，端赖于此"。正是这种"扶危定倾"的事业，培育了我国教师敬业奉献的精神。

(二) 爱岗敬业的基本内涵

爱岗敬业是社会主义职业道德的基本规范之一。爱岗是对本职工作所产生的一种热爱情绪和高度负责的工作态度。国际21世纪教育委员会的报告《教育——财富蕴含其中》指出，人们要求教师既要有技能，更要有职业精神和奉献精神。没有爱就没有教育，没有责任就办不好教育。爱岗就是热爱教育事业，具体表现为热爱工作和热爱学生。敬业是指教师对国家教育发展和学生成长的使命感和责任感，爱岗和敬业既相互联系，又相互区别。从二者的联系来看，爱岗是敬业的前提，敬业也是爱岗的体现。从二者的区别来看，爱岗更多是一种情感体验，敬业更多是一种态度和行为体现。二者相互联系，相互促进。

爱岗敬业的要求分为三个层面：忠诚于人民教育事业，志存高远，勤恳敬业，甘为人梯，乐于奉献，是教师应具有的精神状态，是教师爱岗敬业的前提和基础；对工作高度负责，认真备课上课，认真批改作业，认真辅导学生，是对教师工作所涉及内容的具体要求；不敷衍塞责是教师在教育工作中必备的工作态度。

(三) 爱岗敬业的践行要求

作为教师，要真正在教育劳动中自觉遵从爱岗敬业的职业道德规范，应在以下方面加以努力。

(1) 要忠诚人民教育事业，志存高远。教师如何看待自己所从事的职业，是否认同和追求岗位的社会价值，是职业道德观念的核心。如果一个教育工作者对自己从事的职业不认同，就不会有热爱和忠实于职业的敬业精神。忠诚于人民教育事业，就意味着教师要捧出一颗热爱祖国、热爱人民之心，心中牢记祖国和人民的嘱托，并要明确教师所肩负的重任。它要求教师对教育事业有一种强烈的使命感和责任感，兢兢业业、恪尽职守、心无旁骛、专心致志地把教书育人的工作做好，以积极的态度从事教育劳动。志存高远就是要追求远大的理想，追求卓越，获得教师职业上的成功。教师职业上的成功包括两方面：①成就学生，让学生成才，让学生成人；②成就自己，在成就学生的过程中，提高自己的教育教学水平，著书立说，成名成家。教师的责任大如天，使命重如山，一个肩膀挑着学生的现在，一个肩膀挑着祖国的未来。没有对教育的忠诚之心，缺乏高远的教育理想就承担不了这份沉甸甸的责任。

(2) 要有甘为人梯、自觉提升的精神境界。教育工作只有在深刻理解教育事业地位和作用的基础上，才会产生对教育工作的真挚、深厚的感情，才会满腔热情地投身于教育事业。教师只有不断超越个人私利，提升精神境界，把教育事业视为为人民谋利益的事业，才能有甘为人梯的胸怀，把学生的成长发展和进步视为自己人生价值的体现。

广大人民教师辛勤工作在教育事业的园地，不图名，不图利，不图回报，默默无闻地教书育人，兢兢业业地培育人才。而成才、获得发展的学生，则是踩在老师的肩膀上，以老师为人梯向上攀登到人生的高峰。世界上获得诺贝尔奖的科学家、取得成就的文学家和艺术家们在谈到成功的诀窍时，无不认为老师的教育是成功的首要条件和因素。湖北大学的朱祖延教授在《教师述怀》中写道："不辞辛苦做人梯，在有生之年把自己全部知识和经验传授给学生。"这种无怨无悔、不求回报、甘为人梯的自我牺牲、无私奉献精神，应成为每一位教师的共同追求。

(3) 要勤业与精业，高度负责。教师的勤业与精业是教师对其职业价值的追求和具备崇高职业道德精神的重要表现。勤业表现为忠于职守，认真负责，执行规范，坚持不懈，积极进取，是实现教师职业功能的基本保证。教师的工作不是轰轰烈烈的大事，但教育无小事，事事是教育。教师要认真负责地对待日常教育教学中的每个环节，必须对自己的本职工作抱有高度的责任感，一丝不苟，尽职尽责。精业表现为业务熟练，精益求精，不断改进，这是实现职业劳动最高效益的价值追求。勤业与精业是相辅相成的辩证统一。勤业是精业的前提，精业是勤业的必然，韩愈说："业精于勤，荒于嬉；行成于思，毁于随。"每位教师，不论个人学历如何，也不论天赋如何，只要肯花时间，勤钻研，善于拜师求教，总结经验教训，积累方法技巧，就有可能使自己的工作达到精益求精的境界，以精益求精的工作完成国家赋予的人才培养重托，这是一名教师对国家、对家庭、对学生高度负责的表现。

(4) 要勇于奉献，杜绝敷衍塞责。这是教师必备的工作态度，是对教师职业的道德规范的底线性要求，因为教师的敷衍塞责将对整个教育事业和学生的终身发展造成巨大的损失，有的损失甚至无法弥补。教师的敷衍塞责包括：①教学上的敷衍塞责，比如个别教师出工不出力，备课的时候只备教材，不备学生，没有尊重学生的主体性，不能体现新课改的精神。对学生的作业主要看其答案的对与错，追求答案的标准性，忽视学生的创新观念，还有个别老师一本教案用几十年。②在育人上的敷衍塞责，具体表现就是事不关己高高挂起，多一事不如少一事，个别教师认为管理学生是班主任、学生处的事情，与自己无关；个别教师不愿意当班主任，担心当班主任的工作任务太重、压力太大，不愿意承担育人的职责；个别教师只关注自己的小家庭，不关心学校及学生的发展，甚至不追求自己的专业发展，当一天和尚撞一天钟等。

　　一个具有积极工作态度的教师，应表现出对教育对象的热爱、尊重和关怀，对各项规章制度的充分理解和认真遵守，对教育劳动的积极投入和忘我奉献。教师爱岗敬业，尽职尽责，不敷衍塞责，就意味着付出得更多、更辛苦，但无数事实说明，这样的教师因问心无愧、胸怀坦荡而体验到的内心快乐和幸福，是常人难以体会到的。只有爱岗敬业的教师，才能在自己的平凡岗位上找寻到人生价值的依托和教育幸福的源泉。

第二节　关爱学生、尊重家长

　　教育是培养人的事业，教师是培养人的专门劳动者。如何对待所培养的对象，是教师这一行业一直探讨的话题。千百年来，对这一问题的思考和探索，衍生出一种崇高的教师职业道德，这就是关爱学生。随着社会的发展，这一道德要求已被视为当代教师应具备的职业品质。正如苏联教育家赞科夫所说："当教师必不可少的，甚至几乎是最主要的品质就是热爱儿童。"同时，随着社会的发展，人们对家庭教育越来越重视，如何发挥家庭教育的作用，也直接决定着教育的成功与否。所以，关爱学生、尊重家长是新时期教师职业道德的基本规范之一。

一、关爱学生

　　关爱学生是师德的灵魂。亲其师，信其道。没有爱，就没有教育。教师必须关心、爱护全体学生，尊重学生人格，平等、公正地对待学生，对学生严慈相济，做学生的良师益友，保护学生安全，关心学生健康，维护学生权益。

(一) 关爱学生的重要意义

　　从根本上说，师生关系是人与人之间的关系，即教育者和受教育者之间的关系。教师的职责是教好学生。在教书育人的过程中，教师言传身教固然重要，更重要的是师生双方在态度和情感方面的相互影响。只有"亲其师"，才能"信其道"。教师以爱对待学生，学生则对教师产生好感，这就是"爱的回流"，师生之间的互爱，形成了爱的"对流"。可见，关爱学生既是教育者高尚品德的自我表现和师生情感升华的体现，又是实现教育任务的重要手段和力量。

　　教师对学生的爱即师爱，表现为教师对学生的关心、给予、尊重、赏识和责任等，这种爱不仅是一种情感、一种态度，更是一种能力。

首先，师爱是教育的灵魂。爱在教育中处于核心地位，被视为教育的灵魂和本质。我国近代教育家夏丏尊先生说："教育之没有情感，没有爱，如同池塘没有水一样。没有水，就不能称其池塘，没有爱就没有教育。"教育是一门艺术，而且是一门非常特殊的艺术，因为它的对象是人，教育的有效方法之一就是关爱。古代大教育家孔子主张对学生施以仁爱，要做到"诲人不倦"。法国自然主义教育家卢梭指出："热心可以弥补才能不足，而才能不能弥补热心。"关爱学生，是每位教师在日常教学中努力工作的原动力，也是保证教育工作顺利开展的根本条件。

其次，师爱是学生健康成长的需要。学生是有思想、有感情、有理想的活生生的人，渴望得到教师的爱护、关心和尊重是普遍而正常的心理。在学生的世界中，情感的需要占有特殊的重要地位。"感人心者，莫先乎于情"，教师要实现教书育人的光荣使命，就必须心中有爱。师爱对学生来说犹如阳光雨露，有利于学生在情感和心理上获得满足，真切体会到人与人之间的温情和友谊，养成健康向上的乐观性格。

热爱学生的老师最受欢迎。这是中国社会调查所在一项教育专项调查报告中得出的结论。这项调查发现，学生渴望的不仅仅是从老师那里获得知识，更重要的是渴望得到老师的关爱。喜欢渊博知识型老师的学生占30%，而喜欢具有师爱型的学生达到53%。他们希望自己的老师温和、可亲，具有爱心。在学生们心目中，一个富有爱心的班主任远比一个知识渊博的班主任更具教师的魅力。学生表示，对于有爱心的老师，他们会自觉尊重老师的劳动，十分愿意接近老师，希望与老师合作，把老师看作父母般的亲人。他们愿意向老师吐露内心世界，分享自己的喜怒哀乐。由此可见，师爱不仅是教育的需要，更是学生的需要。老师在教育过程中，无私地奉献这种师爱，是教育成功的关键。

最后，师爱是构建新型师生关系的基础。在学校人际关系中，师生关系是重要的组成部分，和谐师生关系的营造也是和谐校园建设的重要组成部分。现代教育倡导构建民主、平等、互动、合作型的师生关系，而师爱便是构建新型师生关系的情感基础。在师爱的基础上，教师在与学生交往互动、合作交流中，以及在与学生心灵碰撞、情感交融中，健全学生人格，完善学生个性。从哲学意义上讲，差异就是矛盾。师生间客观上存在的种种差异，必然造成师生间矛盾关系的形成，而师爱恰恰是解决或缓和这些矛盾的"良方"，是密切师生关系的重要纽带。在师爱的基础上，教师应注意倾听学生的感受，理解学生的想法，宽容学生的错误，而后引领学生的精神发展。

(二) 关爱学生的具体要求

关爱学生是教育的基础，没有对学生的爱就没有教育，这是每个教师应有的信念。关爱学生是教师的天职，那么教师应如何关爱学生呢？

(1) 关爱和了解学生。关爱学生首先意味着关心。教师之爱不仅是一种征服人的热情，一种打动人的高尚情感，更是一种外显的主动性，即为教育事业尽心尽力，使学生健康成长。缺乏这种主动的关心，就不是爱，而有了这种爱的教师，必然会为学生的点滴进步而欣喜，为学生的失败而难过。他们会积极投身教育教学中，毫无保留地贡献出自己的精力、才能，总是力求找到最好的教学方法，进行创造性的教学。

关爱学生还需要了解学生。教师要了解每个学生的过去和现在，了解学生成长的家庭环境和经常接触的各种人和事，了解学生的优缺点及学生的内心世界。苏联教育学家赞科夫说过，了解儿童，了解他们的爱好和才能，了解他们的精神世界，了解他们的欢乐和忧愁，恐怕没有比这一点更重要的事了。每个学生都是有思想、有情感、有个性的活生生的人，一个教师如果对每个学生的实际情况心中不明，缺乏深入、全面的了解，那么，他不但不能从每个学生的实际情况出发，在思想上、学习上、生活上全面关心学生、爱护学生，而且不能真正做好教育和教学工作。教师只有全面地了解学生，在教育学生的过程中努力挖掘、仔细发现学生的长处和闪光点，才能找到适合的教育切入点和启动点，充分调动学生的学习积极性。

因此，关爱学生必须关心和了解学生，时刻把学生放在心上，经常主动与学生沟通交流，洞察学生的内心世界，全面地了解学生的学习、生活、思想、健康等情况，与学生建立起和谐、友爱的师生关系。一个热爱学生的老师，只有想方设法了解学生的一切，才能打开学生心灵的大门，找到适合学生个性特点的教育途径、方法，使师爱发挥出更大的作用，也只有真正地关心和了解学生，才能从实际出发，有的放矢地教育学生，取得良好的教育效果。

(2) 尊重和信任学生。教师之爱意味着尊重。著名教育家苏霍姆林斯基讲过："教育成功的秘密在于尊重学生。"没有尊重，爱就很容易沦为控制与占有。尊重包括尊重学生的人格，不讽刺、挖苦学生，也包括尊重学生的自主发展。尊重不是惧怕和敬畏，不是放纵和溺爱，它意味着要按照爱的对象的本来面目看待他，使之按其本性成长和发展，成就他的独特个性。每个学生都是独立的人，拥有独立的思维。因此，教师必须努力让自己的教育和教学适合学生的思想认识与规律，绝不能把自己的意志强加给学生，要尊重学生的人格、自尊心和正当的兴趣爱好，对学生多一些鼓励，少一些训斥；多一份肯定，少一份否定；多一点表扬，少一点批评。尊重学生就是最好的教育手段，一个懂得尊重学生的老师，才是一个合格的老师。

关爱学生也需要信任学生。教师应充分理解学生、信任学生、欣赏学生，呵护学生的创造潜能，切勿伤害学生的自尊心和自信心。有尊重才有理解，有理解才有信任，有了信任，教师才可能深入学生的内心世界，准确把握学生的心理状态，才能与学生进行心灵的沟通，才能收到良好的教育教学效果。尊重和信任学生，与学生建立起一种平等、民主与合作的关系，真诚地与学生交往，给学生以真诚的理解和帮助，这样才能成为学生心目中的良师益友。

(3) 严格要求学生。爱而不严不是真正的爱，严格要求也是师爱的一种重要表现。严格要求学生是指对学生认真地管理和教育，它是使学生的智慧和思想品德沿着正确的方向发展，成为合格的接班人的必备条件。没有要求就没有教育，没有教育也就没有要求。严格要求学生，就是要求教师按照现行教育方针和教学大纲的要求，严格训练和教导每名学生。可见，严是有标准的严，是在一定范围内的严，是符合教育规律的严，是有利于学生德、智、体、美、劳等方面全面发展的严，不是摧残学生身心健康的严。严格要求不是惩罚学生，而是严中有慈、严中有爱、严中有理、严中有方、严中有度，使学生对老师敬而爱之，而不是敬而畏之。

教师教育学生，必须是爱与严相结合，对学生的严格要求是出于真诚的爱。严以爱为基础，爱以严为前提，严爱结合，爱而不纵，严而不凶。教师要掌握合理、适度的分寸，做到严慈相济、严中见爱。

(4) 公平对待学生。关爱学生就要公平对待每名学生，教师应公平、全面地关心和爱护每名学生。不论相貌、性格或性别差异，也不论学生优劣，教师都应一视同仁，不偏爱，不歧视。尤其对待后进生，对待"不守规矩"的学生，更应特别关心、爱护。

教师处事应公平合理，要杜绝成见，客观公正，以有利于学生全面发展。同时，教师一定要知道学生的差异是客观存在的，应该承认和尊重学生的差异，不能硬性地按照整齐划一的标准来评价、要求每名学生。这种差异要求教师创造适合不同学生健康成长的教育，而不是选择适合教育的学生。在教学中，教师应分层施教，帮助学生在各自的基础上取得发展，针对不同层次学生的发展水平，提出不同层次的要求，使每名学生都能获得成功的喜悦。

总之，师爱是一种激励学生个性和谐发展的无可取代的教育力量。爱是春雨，能滋生万物；爱是桥梁，能沟通师生的心灵。有了爱，师生之间就能以诚相见、心心相印；没有爱，就没有真正的教育。关爱学生是教师道德规范的基本要求，是每个教师必备的，也是教师献身教育事业、做好教育工作的原动力。

二、尊重家长

教师尊重家长即尊敬、敬重家长，这是新时期我国教师一个重要的职业道德规范。在教师的职业生涯中，最重要的人际关系对象是学生和家长，教师尊重家长，与家长团结协作，能够充分调动各种教育力量，形成强大的教育合力，共同培育社会主义现代化建设人才。

(一) 尊重家长的必要性

尊重家长的必要性体现在以下几方面。

(1) 教师尊重家长是赢得家长尊重的前提。教师与家长之间的关系如何，直接影响学校与家庭能否形成合力，关系着对学生的教育培育质量。心理学的研究表明，人们都有这样一种心理倾向，即喜欢同样喜欢自己的人，尊敬同样尊敬自己的人，而不喜欢、不尊敬讨厌、歧视、疏远自己的人。"爱人者，人恒爱之"。作为新时代的教师，要处理好与家长之间的关系，首先要满足他们的尊重需要，只有这样，才能赢得家长的尊重和信任，才能保证两者在育人上的步调一致，才能密切配合，形成合力。

(2) 教师尊重家长是实现培育目标的重要条件。首先，教师尊重家长可以弥补学校教育之缺陷。学校和家庭是学生活动、学习和生活的主要场所。学校是按照一定的教育方针与培育目标，向学生传授科学文化知识、职业技能和社会行为规范的专门机构，在学生的身心发展中起主导作用。但学校教育也有它的局限性，可通过家庭教育来弥补，家长与子女之间的天然亲缘关系，也是家长对子女产生影响的重要因素。因此，教师要尊重家长，联系家长，充分利用家庭教育优势，这样有利于准确把握学生的思想、言行和学习状况，争取家长配合，共同教育学生。

(3) 教师尊重家长有利于教师工作的顺利开展。教师是连接学校教育与家庭教育的桥梁和纽带，他们可以使学校教育与家庭教育有机地统一起来，形成强大的教育合力。而且，在教师与家长的关系中，教师处于主动地位，起主导作用。如果教师不注意尊重家长，不争取家长的配合，也就谈不上主导作用。教师尊重家长的意义如下。①有利于信息沟通。教师尊重学生家长，可以使双方关系融洽、相互联系密切、沟通渠道畅通，可以使教师和家长在相互交流信息的过程中，对学生思想、学习和生活等方面的情况进行了解，从而对学生做出客观的评价和施以有效的教育。②有利于优化环境。一个人的成长要受到家庭、学校和社会三种因素的影响，其中，社会是大气候，家庭和学校是小环境，而且家庭和学校又是十分重要的、可塑造的环境，教师尊重家长，可使双方携起手来，同心协力，共同优化育人环境。③有利于互助互补。一般来说，教师和家长在职业和生活阅历、工作经验、思想水平、知识能力等方面存在差异，这种差异决定了彼此之间的交往具有互助互补性。

(二) 尊重家长，形成教育合力

为了协调好学校教育与家庭教育的关系，形成教育合力，教师和家长双方都要做出积极努力。

(1) 主动加强联系，谋求共同立场。家长的职业不同、素养不同，对子女教育方法和重视程度也不同，这就要求教师主动与家长取得联系，启发他们关心孩子的成长。教师主动与家长取得联系，可以体现出一种积极进取、团结协作的精神。在与家长交往中，教师的主动会促进双方的情感交流和相互理解，会促使许多矛盾得到化解，会促进教育合力的形成。

(2) 及时取得联系，谋求解决方案。教师及时与家长联系，共商教育良策能有效解决学生成长过程中的困难，促进学生健康发展，还能增进教师与家长思想、情感的交流。否则，如果教师对学生成长中的困难视而不见、听而不闻，则不仅使学生感到困难重重，丧失前进的动力和信心，而且容易导致家长对教师不满，影响双方交流的顺利进行。教师及时与家长取得联系，要求教师及时发现问题，与家长一起查找问题产生的根源，探索解决办法。

(3) 征求意见和建议，谋求支持、配合。任何老师，无论其具有多么丰富的实践经验和深厚的理论修养，都不可能把复杂的教育工作做得十全十美、不出差错，而且随着人民素质的整体提高，家长的水平也在不断提高，他们的许多见解值得教师学习和借鉴。因此，教师要提高认识、博采众长，主动征求家长的意见，虚心听取他们的批评和建议，不断改进工作。这样做会拉近家长与教师的心理距离，使家长对教师由敬而远之到亲密无间，从而真心诚意地支持和配合教师工作，维护教师的威信。

（4）尊重而不迁就，待人公正平等。尽管在教师与家长关系中，教师起主导作用，但他们在人格上是完全平等的，不存在尊卑、高低之别。因此，教师必须尊重家长的人格，尊重家长教育子女的正确观点和方式、方法。但尊重家长不等于迁就，对正确的要支持，对错误的要真诚地予以纠正。教师要一视同仁，不要因为学生表现有好有坏而对待家长有恶有善。尊重别人是自尊的表现，也是得到别人尊重的前提。

（5）教育学生尊重家长，提高父母威信。一个好老师，不仅要自己身体力行地尊重家长，而且要教育学生尊重自己的父母。一方面，学生接受教师这一教导后，能提高家长在自己心中的地位，提高家长的威信，使家长发挥更大的教育作用。另一方面，当家长看到自己的孩子在教师教育下健康成长且对自己十分尊敬时，心里会衷心地感谢教师，更加信任教师。这样，形成教育合力是自然而然的。

（6）帮助家长转变观念，优化教育方法。教师有责任帮助家长明确教育目的，了解教育原则和方法，从而提高教育子女的水平，改变不适当的教育方式。教师帮助家长，首先要帮助家长更新教育观念，树立教育子女的责任心。抚养和教育好子女是每一个家长应尽的义务。家长不仅要保证孩子的生活需要，而且要有科学的教育观，主动与社会、学校密切配合，共同教育、培养孩子。其次，教师要帮助家长明确家庭教育应主要突出德育，家长应把培养孩子的高尚品格作为第一任务。再次，教师要帮助家长运用正确的教育方法，诸如教育孩子要从点滴做起，坚持正面教育和积极诱导，给孩子以理智的爱，对孩子的教育应有一定的计划及标准等。最后，教师在帮助家长时，一定要选择好机会，把握好分寸，态度要诚恳，说理要清楚且彻底，设法让家长感到教师所提的要求都是善意的、合理的、可接受的。

只有尊重家长，正确处理教师与学生家长的关系，才能赢得家长的尊重、理解与合作，使学校教育与家庭教育间建立和谐、有序的联系，从而共同实现培养学生的教育目标。

第三节　教书育人、为人师表

一、教书育人

教书育人是对教师这一特殊职业的专业要求。作为一名教师，不仅要传授文化专业知识，还要培养学生的道德品质。教师需要秉承要成才，先成人的理念，培养学生爱祖国，爱人民，爱劳动，爱科学，爱护公共财物的思想和行为，造就有理想、有道德、有纪律、有文化的一代新人。教师作为教书育人的主体，应该养成从我做起，从身边做起，从现在做起，从一点一滴做起的良好习惯，努力处理好教书与育人的关系，加强自身的修养，不断提高教书育人的能力和水平，实施素质教育，促使学生全面发展。

(一) 教书与育人的关系

1. 知识是载体，育人是根本

德国教育家赫尔巴特早就指出，教学具有教育性。他从理论上阐述了教书与育人在教学过程中的本质联系，认为不存在无教学的教育和无教育的教学。教师应将教书与育人紧密结合起来。

首先，教学总是在一定的社会环境下，受社会政治经济状况的制约，教师必然带着一定的观点对学生施加影响。其次，教师所教的各种知识、各种教材本身都蕴含了丰富的思想教育内容，能对学生产生重要影响。再次，教师是一个具有一定思想观念的人，其言谈举止无一不对学生产生潜移默化的影响。最后，教学组织形式、教学方法等在影响学生的思维方式和学习方法的同时，还对学生的思想行为产生影响，当前广泛推行的赏识教育，就不失为一种好的教育思想，在这种思想的指导下，教师所采取的教学方法、教学评价必然帮助学生树立战胜自我、超越自我的信心，形成活泼开朗、自信、争先、创新等良好的个人品质，从而适应飞速发展的信息化社会的要求。

2. 课程是桥梁，感情是纽带

美国教育家杜威认为，教师是人师，而不是教书匠，真正的知识传递包含着思想感情的传递。杜威说，道德是教育最高和最终的目的，德育过程和教育过程是统一的。在杜威看来，德育在教育中占有重要的地位，杜威极力强调道德才是推动社会前进的力量。在实施方面，杜威首先主张在教学活动中培养儿童的道德品质，其次是要求结合智育达到德育的目的，另外，他很注重教育方法的道德教育作用。

因此，教师自身的素养，教师的人格魅力，教师与学生的关系，会直接影响对学生的教育。俗话说爱屋及乌，那些不但能胜任教学工作，而且与学生关系特别好的教师，学生会特别喜欢，学生会更加努力地学习，甚至非常认真地学习他以前不感兴趣或者感觉困难的学科。这样的教师唤起了学生的学习热情，拉近了师生情感上的距离，使学生带着强烈的求知欲投入学习，在情感高涨的气氛中进行智力活动。教学活动生动活泼，师生情感交融，相互感染，彼此都体验着教学的快乐、耕耘的喜悦。思想品质形成的过程正是教育者与受教育者之间情感交融与共鸣的过程。学生在教师积极诱导下带着丰富的情感进入教育情境，就会自觉地把教育情境中的一切要求转化为自觉的要求。这样的教学过程是学生学习科学文化知识的过程，更是激发学生健康情感，形成学生健全人格，塑造学生美好心灵的过程。

(二) 教书育人的素质要求

1. 知识系统，扎实有效

教师要做好教书育人的工作，必须要有完备的知识系统。教师的知识系统，一般包括文化科学的基础知识，专业学科知识，教育科学和心理学知识。从知识形成的类型上说，有间接知识，也有直接经验。前者是从书本上学习来的知识，后者是教师在长期教学工作中不断探索而总结出的经验。

2. 遵循规律，方法得当

教书育人不是教书与育人内容的简单相加，教师必须全面贯彻教育方针，遵循教育教学规律，注重教育教学方法的选用，将学生培养成有理想、有道德、有文化、有纪律的社会主义事业接班人，教书育人遵循的基本规律如下。

1) 热爱学生与严格要求相统一的规律

教师与学生的关系是教育过程中最主要的关系，教师对学生的态度如何，教师如何处理师生之间的关系，是教师师德的重要内容。教师如果有了爱学生的道德情感、道德态度，教育中出现的许多矛盾就可以得到协调，教书育人的工作就能顺利进行。没有对学生的爱就谈不上对学生进行真正的教育。

自古以来，一切在事业上有所建树的教师都重视师生关系问题，都把热爱学生作为对教师的基本要求。我国古代著名的教育家孔子提出了"有教无类"的主张。宋代大教育家胡瑗认为"视诸生如其子弟，诸生亦信爱如其父兄"。

在当今社会主义社会里，尊师爱生是新型师生关系的体现，教师热爱学生是需要加以肯定的一条教育原理，也是人民教师应具有的职业道德。教师的爱体现了国家的要求、社会的希望、人民的期望，既着眼于社会的利益，又着眼于学生的长远利益，而无一己之私。教师的爱集中表现为诲人不倦，全面关心学生成长，力求使每个学生品德日趋高尚，知识不断丰富，更加聪明和健康，使他们造福于社会，造福于人类。

教师的教育对象是学生，教师关心爱护学生，把爱奉献给每位学生，有利于教育教学工作的顺利进行。教师关心爱护学生，首先要了解学生。学生是有理智、有情感、有个性的人。他们不仅有性别上的差异，还有家庭环境、文化背景、生活方式上的差异，有各自不同的生理心理特征和个性特点。如果教师不了解学生，就无法对他们进行关心爱护，也谈不上进行有针对性的教育。因此教师要通过与学生亲密交谈、家访及与其他老师沟通等形式，了解学生经常接触的人和事，了解学生的内心世界，帮助他们解决思想上、心理上的一些问题，使他们从烦恼和忧虑中解放出来，促使学生的个性得到充分发展。

教师要严格要求学生。"玉不琢，不成器""没有规矩，不成方圆"。什么是严？严就是始终坚持合格人才的标准。正因为教师对学生爱得深切，要求才更加严格。严格要求也是爱的具体表现。严绝非冷酷无情，对学生提出生硬过分的要求，采取简单粗暴的做法，甚至动辄打骂或随意处置。学生的成长过程是短处和长处、缺点和优点之间对立统一的矛盾运动过程，教师的严格在于坚持正确方向，不断创造条件努力促使学生向好的方面转化。青少年往往意志力薄弱、自制能力差，一切好的习惯都要在严格的训练中培养出来。如果爱而不言，是溺爱、偏爱，是放纵学生，因此要从关心爱护学生的立场出发提出对学生力所能及的严格要求，做到严而有理，严而有成，严而有度，严而有方，严而有恒。

2) 知识教育与思想教育相统一的规律

有知识教育的地方就必定有一定的思想教育。学生在校学习期间，知识教育无疑非常重要，但更应重视知识教育和思想教育的统一。这是教育教学的一条基本规律，其基本的模式就是寓思想教育于知识教育之中。在当前新课程教学的理念中，特别要重视对价值观的引导。

教师在课堂教学中重视和坚持对学生进行价值引导，既是教师职业道德的要求，也是教书育人的本质体现，价值观引导不等于喊口号，也不同于一般意义上的思想政治教育。一些课程内容，比如自然科学课程内容，不一定明显地表现为社会意识很强的价值观问题。这就需要教师一方面增强自身对价值的敏感性，真正理解和把握新课程标准中的"情感态度价值观"目标，吃透教材；另一方面教师要研究教和学的方法，不断改进教学。

教师对学生进行价值引导是教师教育机制与教师素质的综合体现。教师要根据不同的教学内容和不同的教学情境，选择贴近学生生活和实际的引导内容，完成社会外在价值要求向学生内在主体价值要求的转化。学生在教师引导的过程中，必须正视社会生活中存在的价值冲突，既不能视而不见或人为压制，也不能大惊小怪或一味夸大，而是要将学生面临的介值主体作为教育的重要资源，通过让学生主体认识社会文化的多元性，确立价值批判标准，从而选择实现和提高自我的现实途径。

3) 知识教育与能力培养相统一的规律

知识与能力是相辅相成的。获取知识以能力为条件，增强能力以知识为基础，二者循环往复，互为因果。因此，教师应重视发展学生智力，培养学生的能力，提高学生的综合素质，这就需要教师在教育教学活动中做到：①做好基础知识和基础技能的双基教学，为培养和发展学生的能力奠定坚实的基础；②教师在学科课程知识教育过程中，要积极实行多种教学方法，培养学生独立思考能力和创新意识，重视培养学生收集和处理信息的能力、获取新知识的能力、分析和解决问题的能力，以及语言文字表达能力；③鼓励学生积极参与形式多样的课外实践活动，培养学生的团队协作精神和动手能力，培养学生欣赏美和创造美的能力，加强和改进学生生产劳动和实践教育，使其接触自然，了解社会，培养学生热爱劳动的习惯、艰苦奋斗的精神和较强的社会活动能力，开展形式多样的体育卫生活动，培养学生坚持体育锻炼的习惯，使其形成良好的卫生习惯和保持身体健康。

3. 探究出新，追求卓越

21世纪，国家的综合国力和国际竞争力越来越取决于教育发展、科学技术和知识创新水平。教育在综合国力的形成中处于基础地位，劳动者的素质、各类人才的数量和质量越来越决定国力的强弱。人才的培养要依靠教育，教师队伍的素养决定着教育事业的成败，决定着现代人才的质量。因此，教师在教书育人工作中勤于进取，勇于创新，精益求精，追求卓越，既是时代和教育发展对教师的迫切要求，也是为新世纪培养高素质劳动者和各类专门人才的重要保证。

因此，教师首先要勇于开拓创新，提高创新教育能力。教师必须强化创新意识，具备创新精神，有强烈的创造动机和创新欲望，有勤奋的工作精神和顽强的毅力，有充分的自信心和革新的胆魄。其次，教师要善于总结经验，不断提高教育教学能力和水平。总结经验就是把感性认识上升到理性认识的过程。总结经验要以科学理论做指导，将总结经验的过程变为学习理论的过程，一个教师如果不想让自己停留在原有的水平上，就得重视经验的总结。教师要加强教育教学研究，争当现代教育教学专家。教育需要研究和思考，有研究的教育才能得到较好的发展，有研究的教师才可能成为出色、有成就的教师。积极参与教育科研，既是提高教师自身水平的需要，也是时代对教师提出的要求。

二、为人师表

(一) 情操高尚，知荣明耻

我们知道古往今来无数史实证明，每当社会面临重大转型时，对于一个国家和一个民族而言，精神支柱的力量是不可缺少的，正确的荣辱观就是这一精神支柱的核心部分。社会主义荣辱观是在新的历史条件下和社会形态中形成的，从性质上看，它反映了中国社会主义的基本特征和发展要求。从内容上看，继承和发扬了传统荣辱观，充分体现中华民族传统美德、优秀革命道德与时代精神的完美结合，具有中华民族传统美德的深厚根基。

伦理学的研究认为，荣辱观直接关乎人们是否具备道德自觉与法律自觉的基础。唯有树立和坚持社会主义荣辱观才能明辨是非真假、善恶丑美，形成维系社会和谐的精神纽带和道德风尚，才能使人们按照社会的发展要求，不断衡量和测定自己的行为，或坚持或改变，从而形成一种安定、有序、和谐的社会秩序。这既是形成良好社会风气的基石，也是落实科学发展观，构建和谐社会的坚实思想基础和必要条件。因此，教师应具备高尚的情操，确立社会主义荣辱观，在弘扬和践行社会主义荣辱观方面走在前面，这是教师责无旁贷的使命。教师要提高树立社会主义荣辱观重要性的认识，不仅要培养学生立大志，还要引领他们树立正确的世界观、人生观和价值观，切实担负起国家与社会赋予的使命和重任。

(二) 严于律己，以身作则

在从事各种职业的人群中，教师是最需要自尊、率先垂范的群体之一，这是由教师的职业特点决定的。教师是教育人的人，面对的是特定的学生群体。学生是祖国的下一代，而教师则被学生视为知识的拥有者，是他们获得知识的源泉。学生热爱教师、崇拜教师。在他们看来，教师的话比父母的话更有权威性。因此，教师与学生不仅是从事着教与学两种活动的人群，而且是相互依赖、情感交融的统一体。

教师作为教育者在的学识品行、言谈举止方面会对学生产生影响。因此，每个教师都要努力做到"学高为师，身正为范"。学生一方面是教师的教育对象，另一方面是教师的监督者。如果我们面对无生命的物质对象有可能放松自律意识的话，那我们面对活生生的下一代生命的时候，就应该自我警惕，自我告诫，自我鞭策，自我提高。这就是为什么教师要严于律己、以身作则的原因。

教师对学生的教育方式是多种多样的，但总体来说，包括言传和身教两种基本方式。而身教重于言传，这是古今中外教育家公认的道理。孔子强调为教者必须"身正"，韩愈主张"以身立教"。叶圣陶说"身教最为贵，知行不可分"。马卡连科也指出，自身的行为在教育上具有决定意义。

教师要对学生起标榜示范作用，必须为人师表。一个教师在学生面前，无法掩饰自己的缺点，教师所有的品质都会这样或那样地影响学生，教师应当认清自己的位置，时时处处为人师表，努力做到"言足以为人师，行足以为人范"。教育者只有用自己的行为向学生具体形象地展示高尚的道德品质，以此证明言传内容的正确性和可行性，才能使学生获得正确的道德认识，激发积极的道德情感，形成坚定的道德信念和意志，产生高尚的道德行为，这是教师威信的源泉。

(三) 语言文明，仪表端庄

语言是社会生活中最普遍的交际工具，也是人们最常用的表达工具。每个人在日常生活中都要用语言来表达他所认识的事物，表述他的思想情感，在当今的信息社会中，语言仍然是人们信息沟通的重要工具，掌握好语言这个工具，对于教师来说无疑是十分重要的。教学过程是信息传递的过程，而信息传递的主要载体则是教师的语言。教师语言素养的优劣，口头表达能力的强弱，直接影响教师教育作用的大小，以及影响教学效果的好坏，这就要求每位教师必须把加强语言修养，完善教学语言，提高语言表达艺术作为自觉的追求。为此，就要从以下方面努力。

(1) 语言要规范。教师语言规范反映在两个层次上。首先，教师语言必须符合普通话的要求。其次，教师授课要尽量使用专业术语。专业术语是一定学科范围内的共同用语，运用它进行教学有利于交流，否则不但逻辑不严密，甚至可能出现误解和错误。当然有时也要处理好通俗语言和学科术语的关系。

(2) 语言要精练。教师要用最简洁的语言表达最丰富的内容，帮助学生在繁杂的知识结构中总结出知识的主干部分，帮助学生记住关键性内容，抓住重点，突破难点。

(3) 语言要准确。教师使用语言要确切清楚，不含糊，能准确地表达教学内容，清晰地传达思想感情。教师语言的准确性直接关系到教育教学的思想性和科学性，因此，言语要有客观依据，不能凭空想象，任意发挥，信口开河，甚至张冠李戴。否则，教师不但不能很好地完成教学任务，还可能误人子弟，所以每位教师都要使自己的语言具有准确性，这是对教师教学语言的最基本要求。

(4) 语言要生动。语言生动，一方面要使语言具有美感，抑扬顿挫，富于音韵美和节奏感，朗朗上口，让人听起来舒服，能引人思考给人启迪，这样能增强学生的注意力，减少学生的疲劳感，使学生时刻处于最佳听课状态；另一方面要把抽象的概念具体化，深奥的道理形象化。教师可以借助于成语、歇后语、典故等形象的事例讲解说明，实现如临其境、如见其人、如闻其声的语境，唤起学生丰富的联想，引导学生顺利地掌握知识。要做到语言生动，教师必须要有渊博的知识和丰富的词汇。

(5) 语言要纯洁。教师的育人职责要求教师的语言文明纯洁，切忌粗鲁污秽。教师要在自己的语言中表现出自己高尚的道德品质，禁忌一切低级、庸俗、下流的污言秽语，保持语言的纯洁性。教师在教育学生时，不能用刻薄蛮横的话语对学生进行讽刺挖苦、训斥奚落，否则不仅损害了自身的形象，还会给学生的心理带来创伤，不利于学生的健康成长，教师还应切忌讲假话、大话和空话。

教师的仪表最直接反映教师的道德全貌和审美情趣，对学生具有重要的德育价值。良好的仪表能获得学生的认同和敬重，糟糕的仪表会引起学生的反感，从而给教育教学带来一些不良影响。教师的仪表具体要求如下。

(1) 仪容要自然大方。仪容在社会交流中可以表现一个人的文化层次和艺术修养。对教师而言，一是要注重视觉形象塑造，教师出现在学生面前时，应该整洁大方，精神饱满，神采焕发，成熟向上，而不能精神萎靡，愁眉苦脸。男教师不能蓄长发，留胡须。女教师不能留长长的指甲，涂厚厚的脂粉。蓬头垢面、浓妆艳抹都与教师的职业不相称。二是要注意味觉形象塑造。一个教师如果带着满口的酒味进入课堂，势必引起学生的反感，从而影响正常的教学交流。

（2）衣着要整洁美观。教师的穿着打扮要符合教师的职业特点、道德要求和审美标准。教师的穿着打扮首先要整洁得体、朴实大方。服装搭配要色彩和谐，整体协调。教师的穿着打扮其次要美观素雅。教师是知识和教养的化身，如果教师穿上过分新奇艳丽的服饰，就会显得喧宾夺主。在课堂上，学生的注意力就会从教师所传授的知识转移到对教师衣着的评头论足上，从而影响教学的效果。

（3）举止要文明得体。教师在教书育人和日常生活中要注意自己的行为举止，做到谦虚礼貌，不卑不亢。教师的举止不仅要得体，而且要体现出良好的道德文化修养。一个教师只有举止适度，行为端庄，才能受到学生的欢迎，为学生树立良好的身教形象；反之，会使学生憎恶，甚至对学生的行动起坏的引导作用。

第四节 乐教敬业、严谨笃学

乐教敬业、严谨笃学是我们社会主义师德文化体系中一个重要的内容，也是广大优秀教师在自己的职业道德塑造过程中体现出的一种优良品质。

一、乐教敬业

如果从教师个体的道德品质来看，乐教敬业主要涉及三个方面：①情感，即热爱教育事业，热爱教师这一职业；②态度，即尊重自己的职业选择，尊重职业的规范和要求，重视职业的规范和要求，重视职业的社会意义的实现；③行为，即按照职业规范或要求行事，恪尽职守，承担自己应该承担的责任和义务，完成或实现工作任务。"乐教""敬业"互相联系、互相促进，构成教师职业道德品质的主要框架，是教师道德基本的或起码的规范。

（一）乐教敬业的必要性

（1）乐教敬业是教师职业的动力源泉。乐教敬业精神是教师自觉承担社会和国家所规定的教师义务的体现，有了这种精神，教师就能把教育这种平凡而且艰苦的劳动当成光荣而充满趣味的工作对待。换句话说，乐教敬业精神是教师职业行为的巨大激励力量。

教育工作是辛苦的，教师每天都进行着大量平凡、琐碎的工作。日复一日，年复一年，备课、上课、批改作业、管理班级……重复性劳动单调而缺乏新鲜感、刺激感，而且，至少从目前来说，教师的社会地位和生活待遇相对来说还并不高。那么，是什么构成了无数教师兢兢业业、勤于奉献、淡泊名利、默默耕耘的内在动力呢？是什么使教师以苦为乐、甘于寂寞、勤勤恳恳、甘为人梯的呢？那就是教师对教育事业的热爱、乐教敬业的精神。乐教敬业的精神和思想观念使教师摒弃了庸俗的价值观，摆脱了世俗的偏见，义无反顾地投身到了教育事业之中，忠于职守，以奉献为乐趣、为幸福。教师自然不会把教育活动视为一种苦差，他会因自己的道德理想的体现或实现而感到兴奋、感到骄傲、感到幸福。也正是这样的精神和道德价值观，鼓舞着广大教师为国家、为民族培养了一批又一批人才。

教师在乐教敬业精神的推动下，会时时以教育者的标准严格要求自己，会不计较个人利益的得失，以他人利益、集体利益为重，主动、自觉、创造性地担负起教书育人的职责，全面履行教育义务。所以，师德修养的关键一环，就是培养乐教敬业的精神，它既是师德的核心和基础，又是促进教师不断改善的动力源泉。

(2) 乐教敬业是教师在岗位上有所作为的基本保障。教师在岗位上能否完成教育任务，能否取得工作成就，以及取得成就的大小，取决于诸多因素，如工作条件、工作环境（包括社会舆论的支持和工作气氛）、家长和社会的支持与配合、自己的学识修养等。而教师能否做到乐教敬业是决定其工作效绩的主要因素之一。更明确地说，只有乐教敬业的教师，才能够在岗位上有所作为。乐教敬业是教师对各种规范、要求的自觉认同和内化，是自觉承诺履行社会责任和社会义务的表现。只有乐教敬业，教师才能积极面对自身的社会责任和社会义务，接受教师规范，并以此指导自己的思想和行为。乐教敬业精神也可以影响社会各方对其的敬重和支持，使之为教师创造更好的工作条件、工作环境，理解教师的劳动价值，支持和配合教师的工作……这一切，无疑将有助于教师提高工作效率，巩固并不断发展教育成果。所以说，乐教敬业是教师有所作为的基本保障。

(3) 乐教敬业是教师自我完善的前提。教育是一种专业性很强的活动，对教师的素质有很高、很严格的要求。教师应该有丰富的学识、合理的知识结构和能力结构、高尚的道德情操、良好的心理素质……这些素质要求主要是依靠教师的自我教育、自我修养、自我完善来达到的。那么教师自我教育、自我修养、自我完善的动力来自教师对教育活动的客观要求与自身素质水平之间矛盾的深刻认识，来自解决这一矛盾的不懈追求，来自深层次的乐教敬业精神。有了乐教敬业的精神，教师就能够对自身素质水平有一个理性的认识，并使之与教育事业、教育工作的客观要求不断接近，通过自身的不断完善和发展，为更好地完成教育任务提供保证。

(4) 乐教敬业是保持教师队伍稳定的基础。荀子云："国将兴，必贵师而重傅……国将衰，必贱师而轻傅。"当今世界，一个国家或民族教育事业的发展状况，直接关系到国家、民族是否能够兴旺发达并立于不败之地。如果说发展教育事业关乎国家、民族的命运，那么能否保证教师队伍的稳定就是一个关键。因此，要加强师德教育，促使教师着力培养乐教敬业精神，培养广大教师的职业责任感、义务感、自豪感、荣誉感。只有当所有教师都培养与发展自己的乐教敬业精神，任劳任怨、奉献和忠诚于教书育人的大业时，教师队伍才能稳定发展。

(二) 乐教敬业精神的实践要求

作为一个师德规范，乐教敬业的基本导向是要求教师尽职尽责，履行自己的道德义务，完成教育任务。具体如下。

(1) 教书育人，尽职尽责。教师的本职工作或基本职责就是教书育人。因此，教书育人也就成了乐教敬业者应当履行的基本道德义务。在教书育人这一基本职责当中，教书只有工具价值而无目的价值。或者说，教书只是一种手段，是育人的手段，而不是目的，育人是教书的目的之所在。教师的基本职责就是为国家、为社会培养人才，就是育人。教师的乐教敬业实际上是对教书育人职责的肯定和认可，所以，要体现乐教敬业，必须从教书育人的要求出发，注意培养学生的思想品德，用优秀的成果教育学生、影响学生，保证他们全面、健康地发展。

(2) 学而不厌，诲人不倦。教书育人一事，看似简单，实则很难。要使一个自然人完成社会化，要把一个平常人造就成一个有用之才，并使之学会创造幸福、享受幸福，需要经过复杂的过程。与此同时，除了教师的培养，还有诸多因素影响人的发展，它们可能与教育导向一致，也可能和教育相悖逆。因此，教育过程具有长期性、复杂性，教师的任务非常艰巨。这就要求教师以锲而不舍的精神着力雕塑学生的心灵，引导学生自我发展、勤奋努力。"学而不厌，诲人不倦"，一方面要求教师严格要求自己，努力培养教书育人的责任感、使命感、兢兢业业、勤奋好学，另一方面要求教师执着追求教育目的的全面实现，以高度的奉献精神对待自己的利益得失和工作苦累，以不知疲惫的精神状态直面繁重的教育任务。同时，"诲人不倦"还要求教师正确理解和对待学生在发展过程中的错误、缺点和反复，在培养和教诲学生时表现出充分的耐心和坚强的毅力，正确理解和处理教育过程中的矛盾、问题和困难，百折不挠地肩负起培养"四有"新人的历史使命，而不是遇到一点挫折、遭受一点打击、碰到一点难题，便自暴自弃、灰心沮丧、退避畏缩。

(3) 认真工作，不敷衍塞责。培养和造就人不像制造一种物质产品那样有严格的"工序"规定，教育是一种全面的育人活动。因此，教师职业没有也不可能有严格、清晰的职责划分，不能说谁是教书的，谁是育人的，谁是专职管理的。每位教育者都要为学生的健康成长负责，为民族和国家的未来负责，因此，每位教育者都应当认真对待学校的全部工作，认真对待每名学生，认真对待每个哪怕是细枝末节的活动，不搪塞推托、不敷衍塞责、不马虎了事，团结集体、精诚合作，共同做好教育工作。教坛无小事，教师的乐教敬业精神在大多数情况下不是通过大是大非问题的处理来体现的，而往往是于小事上显风格，于细微处见精神。教师在对待具体细致甚至琐碎繁杂的事物上的工作态度、工作方式，可以更全面、更深刻地反映其是否敬业，是否热爱本职工作。

(4) 勤奋钻研，科学施教。乐教敬业的一个基本要求，或爱岗敬业精神的一个具体表现是教师勤奋钻研、科学施教。教育活动有其客观规律，能否认识、理解和正确运用教育规律，直接关系到教师的工作效率。一个乐教敬业的教师，不会满足于仅仅依靠经验教育他人，他会着力于总结教育规律，发现真理，并按照教育规律的要求科学施教。无论是备课、上课还是批改作业、管理班级，他都会将自己的教育行为置于科学认识的指导之下，在教育规律限定的范围内科学地进行计划、组织、实施，因材施教。从这里也可以看出，教师的敬业不单是对本职工作有一个积极的态度,而且包含探索科学、有效的教育方法,追求最优教育效果的主体性要求。换句话说,教师的敬业作为一种道德选择,体现了动机与效果统一的综合追求。

(5) 淡泊名利,育人为乐。由于教育工作清贫却又艰苦,从业者奉献多而获取少,因此在公私义利关系方面最能检验和体现教师的敬业精神。毫无疑问,不求闻达、不慕名利、不谋富贵、甘为人梯、乐教敬业的教师具有崇高而伟大的敬业精神;相反,一事当前"私"字当头、斤斤计较、只关心个人名利得失、不肯奉献只问索取的人,是没有资格谈论敬业精神的。自古以来,人们就大力倡导广大教师乐教敬业的精神,鄙视利欲熏心却混迹于教师队伍的道貌岸然的"伪君子"。应该强调的是,在现代社会中,乐教敬业的师德规范不是要求为人师者"清心寡欲",而是要人们通过辛勤的教育劳动谋取合理、正当的利益。教育是关乎他人幸福、民族和国家利益的大事业,在它面前,他人利益和集体利益、国家利益当然是最重要的。所以,要求教师"淡泊名利",以教育人才为乐,是合情合理的。而如果教师以追名逐利为乐趣,那么教育目的就无法实现,教育事业的发展就无从谈起。

二、严谨笃学

严谨笃学是指教师做事要严密谨慎,严格要求自己,专心好学,在知识和技能上不断积累,成为热爱学习、学会学习、终身学习的楷模。严谨笃学是教师为师之本,其基本内容包括潜心钻研业务,勇于探索创新,提高专业素养和教育教学水平;积极开展学术研究,秉持学术良知,恪守学术规范;树立终身学习的理念,拓宽知识视野,更新知识结构。严谨笃学要求教师勤奋学习,刻苦钻研,具备广博精深的知识结构。

(一) 严谨笃学是教师为师之本

1. 严谨笃学是时代发展对教师的根本要求

21世纪是科学技术迅速发展的时代。社会生产力的发展,综合国力的提高以及生活方式的变化,在很大程度上取决于科学技术的运用和发展,人类社会开始迈向以知识和高科技为支撑的新的知识经济时代。在知识经济的发展中,世界的竞争主要以经济为基础,能否紧跟时代发展的步伐,培养出德、智、体、美、劳全面发展的社会主义的建设者和接班人,取决于教师的辛勤劳动,取决于教师的文化科学修养和专业知识水平,取决于教师的教育思想和教学艺术,以及教师的工作能力和思想道德素质。因此,严谨笃学是时代发展对教师的根本要求。

2. 严谨笃学是提高教师素质的根本要求

百年大计,教育为本;教育大计,教师为本。高素质的教师队伍,是对学生进行有效教育的前提和基础,是提高教育质量的根本,是提高民族素质的关键。教师的素质主要由思想政治素质、业务技能素质、身心素质等构成。思想政治素质体现了一个人理想信念方面的修养所达到的水平。业务技能素质主要指以教师特定专业为依据的、较为广博的知识积累，合理的知识技能结构，教师的教育教学能力和科学的教育教学方法。身体素质是指教师应具备的健康的体格，全面发展的身体适应性，良好的卫生习惯与生活规律等。心理素质是指教师应具备的坚定的意志品质，稳定的情绪状态，广博的兴趣爱好，良好的性格特征，鲜明独特的人格力量。因此，每位教师必须严谨笃学，追求新知识，掌握新技能，熟悉现代教育理论以及相关学科与新兴学科知识。只有这样，教师才能交给学生必备的学科知识，启发学生的学习热情和兴趣，提高学生发现问题、解决问题的能力。

(二) 严谨笃学的具体内容

1. 潜心钻研业务，勇于探索创新

以传授知识、技能、经验为职业的人民教师，在现代科学技术迅速发展的今天，潜心钻研业务、努力学习新知识尤为重要。教师只有潜心钻研业务，刻苦学习，不断丰富自己的知识，才能胜任教书育人的工作。这就要求教师要有进行教育所需的扎实而丰富的基础知识和专业知识。教师要脚踏实地，刻苦钻研，精通自己所教学科的内容，还要博览群书，涉猎百科，具备各方面的知识才能。教师不但要熟练地掌握自己所教学科的知识，还要认真钻研教育学、心理学等教育理论，掌握教育规律，不断提高自己的专业素养和教育教学水平。教师要坚定理论与实际相结合的理念，既向书本学习，又向社会学习、向他人学习、向自己的学生学习。教师还要积极投身教育创新实践，积极探索教育教学规律，更新教育观念，改革教学内容、方法、手段，注重培育学生的主动精神，鼓励学生的创造性思维，努力培养适应社会主义现代化建设需要，具有创新精神和实践能力的一代新人。

2. 秉持学术良知，恪守学术规范

教师从事的是创造性工作，教师只有富有创新精神，才能培养出创新人才。因此，教师除了上好课，还必须做好科学研究，以科研促教学，因为如果没有从科学研究中吸取新知识，没有通过科学研究实现对本学科内容的深入探究，教师的教育教学水平是难以从根本上提高的。学术研究在高校的教育发展中有举足轻重的作用，高校教师除了承担教书育人的重要职责，进行学术研究也是一项重要工作，中小学教师也是学术研究中的一支重要力量。在学术研究工作中，教师要有尊重科学、实事求是的态度，坚持一丝不苟，确保研究数据准确，论证充分，逻辑严密；教师要遵守学术道德，弘扬科学精神，勇于探索，协同创新；教师要恪守学术规范，虚心学习，取人之长，正确使用他人的学术成果，反对在学术研究工作中弄虚作假、抄袭剽窃，侵占他人劳动成果的不端行为；教师要维护学术自由和学术尊严，诚实守信，力戒浮躁，坚决抵制学术失范和学术不端行为。只有这样，教师才能做出真学问。

3. 拓宽知识视野，更新知识结构

教师是人类文明的传承者。推动教育事业又好又快发展，培养高素质人才，教师是关键。教师是知识的重要传播者和创造者，在当今时代，要成为一名合格的人民教师，就必须不断学习，不断充实自己。知识是教师的从业资本，教师在教学活动中，要给学生提供学习指导，以自己的知识储备为基础进行创造性的知识传授工作。要使学生的知识不断丰富，不断更新，紧跟时代前进的步伐，教师仅凭职前教育阶段所学的东西是远远不够的。

因为教师同样不能避免知识老化、观念陈旧等问题。因此，广大教师要崇尚科学精神，树立终身学习的理念，如饥似渴地学习新知识、新技能、新技术，拓宽知识视野，更新知识结构，不断提高教学质量和教书育人本领。教师不但要不断更新观念，拓宽知识面，完善知识结构，而且要终身磨砺意志品质，积淀人文底蕴，提升整体素质，使自己始终跟上时代发展的步伐，成为学生学习的榜样。

(三) 严谨笃学的基本要求

1. 勤奋学习，刻苦钻研

勤奋学习，刻苦钻研是教师严谨笃学的基本要求。教师要想给学生一杯水，自己必须先有一桶水。这就要求教师具备广博的知识和广泛的兴趣，具备深厚的专业功底和独特的教学艺术。古今中外，凡是有建树的人，无一不是博学多才之士，无一不是勤奋好学之人。教师除了做好教学工作，还要抓紧一切时间，刻苦学习，不断充实自己。一个人在学生阶段获得的知识，仅是其知识总量的20%，这说明学无止境，教师不但需要自己有"一桶水"，而且需要不断地加入"新鲜的水"，这样才能在教学中及时反映所教学科的前沿研究状况，不断开阔学生的知识视野。作为教师，一要勤读书，二要勤思考，三要勤动笔，四要勤总结。总之，教师要孜孜不倦，勇于攀登，不断进取。

2. 广博精深，优化知识结构

教师要做到严谨笃学，要从本职工作的需要出发，在精通专业的基础上广泛涉猎相关的社会科学、自然科学知识，建立合理的知识结构。教师要提高教学水平，首先要有广博的科学文化知识。教师要学习当代最新的自然科学、管理科学、人文科学、社会科学知识，要有心理学、教育学等方面的知识，要有一定的文学艺术知识，有较高的审美情趣，还应具有现代文明人的其他的社会生活常识。现代社会，各学科相互渗透、高度综合，"博学"已成为教师胜任本职工作的重要标志之一。

严谨笃学要求教师具有扎实的知识基础。这种基础表现在对所讲授课程的整个理论体系、内在联系、重点、难点、知识点、发展的历史及其当前的研究现状等的熟练掌握。教师只有具备雄厚的专业知识，才能综合运用和分解这些知识，使学生易于理解和掌握。

严谨笃学要求教师掌握教育科学知识。教育科学知识是教师教书育人的工具。学习教育科学知识，就是掌握教育规律，解决"怎样教书"和"怎样育人"的问题。教育过程、教育对象、教育劳动都有其特殊的规律性，每个教师只有把握这种规律性，才能从必然走向自由，达到最佳的教育效果。教育科学知识是提高教育质量的保障。教师不仅要懂得"教什么"，还要懂得怎样才能"教得好"。教师不但要知道"怎样教"，更要知道指导学生"怎样学"。教师只有融会贯通地掌握教育科学理论，灵活自如地运用教育科学的基本原理，才能成为一个好的教师。

严谨笃学要求教师优化知识结构。知识结构是求知过程中经过量变积累逐步形成的，这是一个从无序到有序，从低级到高级不断发展演进的过程。合理的知识结构不但有量的优势，更有质的优势，各不同学科知识间能相互协调配合。任何一门学科与其他学科都有密切的联系，这种联系可以相互促进学科知识的掌握和充实。合理的知识结构应该是专业核心知识基础雄厚，相关知识广博，各知识点相互联系。

第五节　关心集体、团结协作

关心集体、团结协作是调节教师与教师、教师与学校领导等教育主体间相互关系的道德规范。教育是既需要分工又需要协作的事业，教师的教育活动，必须围绕教育目标规定的培养人的整体性要求进行，人才的塑造，离开教师集体的同心协力、共同劳动是无法实现的。学生的成长是由多方面因素形成的教育合力综合施加影响的效果。无论是"教书"还是"育人"，都不是哪一个人能完成的，需要学校各部门、各学科及各教师前后相续、上下配合、各方协作、共同努力，在竞争基础上进行团结协作。教师作为教育活动的组织者，应当对教育合力的形成、发展和优化发挥主导作用和调节作用。一名优秀的老师必须尽一切努力妥善处理好教师与教师、教师与家长、教师与社会各方面复杂的人际关系。这对教师的品德、素质和能力无疑都是一个很大的考验。为此，教师要弘扬集体主义精神，处处以发展教育事业、培养合格人才为重，关心集体，团结协作，努力培养开阔的胸怀和处理人际关系的艺术。

一、关心集体

教育实践表明，要办好一所学校，实行良好的学校教育，必须要有一个良好的教师集体。良好的教师集体会使教师产生强大的凝聚力，这是保证学校完成各项教育任务的必要条件，也是教师充分发挥聪明才智的保证。

(一) 关心集体的必要性

集体是指有共同利益关系的人们按一定的利益关系组织起来的联合体。教师生活和工作在学校这个集体中，教师与集体的关系，犹如一个人的细胞与机体的关系，每个细胞只有在机体中才能得以生存和发展。因为集体是个人生存和发展的条件，只有在集体中，个人的智慧和才华才能得以增强和发展；只有在集体中，大家相互协作才能产生巨大力量，这样个人的才智才能得以发挥；只有在集体中，个人才能获得全面、自由的发展。

而一个学校的发展，关键在于教师之间的精诚协作，形成一个良好的教师集体，这不仅有益于学校的建设、教师团队的建设，更有利于学生的成长。学校教育任务的完成，关键因素是教师。不仅要使每个教师自身都具备较高的素质，更重要的是要建设一个团结的教师集体。苏联教育家马卡连柯有句名言："应该有这样的教师集体：有共同的见解，有共同的信念，彼此间相互帮助，彼此间没有猜忌，不追求学生对个人的爱戴。只有这样的集体，才能够教育儿童。"教育只能是教师集体的事业。集体事业就要发挥集体优势，注重整体效益，如果一个学校的全体成员能够目标一致、步伐一致、齐心协力、共同进步，就会形成一种势不可挡的力量。

(二) 关心集体的基本要求

教师集体是大家志同道合进行创造性合作的团体。在这里，每个教师都应该为集体的创造做自己的贡献,每个人也从集体的创造中吸取力量,丰富和发展自己。在教师群体中,每个教师的工作态度、工作能力、工作效益,可以通过比较、鉴别分出优劣,激励先进,督促后进。同时,教师也可以吸取别人的长处和经验来丰富和对照检验自己,达到互帮互学、共同提高的目的。

1. 处理好集体与个人的关系

教师的施教方式虽然是个体的,但它是整个教育过程中一道重要的"工序",也受其他"工序"的影响,进而也会影响整个教育过程的质量。因此,每个教师首先要尽职尽责,高质量地完成自己的教育教学工作,保证自己这道"工序"的高质量。同时,不能只看到个人工作的成果或过高评价自己的工作成绩而忽略相互间的协作,要摆正自己与集体的关系、单个"工序"与成果之间的关系。

2. 关心教师集体,维护集体荣誉

荣誉是社会对人们履行社会义务的道德行为的肯定和褒奖。只有忠实地履行自己对社会的义务,才能获得真正的荣誉。关心学校和集体的荣誉,实际上就是关心社会对自己学校和集体工作的评价,关心自己学校对教育事业和社会建设的贡献。集体荣誉是推动教师履行道德义务的巨大精神力量,也是培养学生的重要手段。

二、团结协作

团结协作是社会进步的表现。现代教育是一种全新的开放式和立体化教育,是一个团结与分工协作的系统工程,要求每所学校、每个教师群体内部必须建立起一种团结协作、互相帮助的新型道德关系,这样才能优势互补,形成强大的教育合力,共同完成好教书育人的任务。因此,团结协作是实现教育目的的必要条件,也是调整教师之间关系的职业道德规范。

(一) 团结协作的意义

团结协作是指人们为了集中力量实现共同理想或任务而联合起来、相互支持、紧密合作。现代学校教育是一项系统工程,教师的劳动是社会劳动的一部分,是在人们的相互联系中进行的。要培养好一批人才,既需要学校教育、家庭教育和社会教育的配合,也需要学校内部各部门的通力合作,这样才能使学校的各项工作有秩序地进行。任何学校,离开了集体之间和同事之间的团结协作、相互帮助,其后果是不堪设想的。人才的培养需要集体的智慧和群体的合力。教师在学校与同事之间、领导之间的关系是一种平等互助的关系,其共同的目标是为社会主义现代化建设培养人才。因此,团结协作是教师处理人际关系的行为准则,是中外教育史上普遍关注和倡导的一种重要的教师职业道德规范。

(二) 团结协作的基本要求

团结协作是教师应当具备的职业道德,是做好教育工作的重要保证。教师要深刻理解团结协作的意义,搞好团结协作。

首先，要尊重别人。不论是对权威教师还是一般教师，或不同学科教师，都要平等相待，同样尊重，不可因人而异，厚此薄彼。唯我独尊、盛气凌人的态度是不可取的。

其次，要尊重别人的意见。教师在合作中难免有各自的观点和分歧，这就需要发扬民主作风，摒弃门户之见，虚心听取其他教师的意见，善于吸取别人的长处，勇于改正自己的错误，固执己见、一意孤行只会造成事与愿违的后果。

再次，要尊重别人的劳动。在合作中，要尊重和支持别人的劳动，把困难留给自己，把方便让给他人，不垄断资料，不封锁信息，主动为别人创造条件，同心协力，做好教学工作。在成绩面前，争名夺利、斤斤计较、互不相让的态度是不可取的。

最后，新老教师之间要互相学习。一般来说，老教师教学经验比较丰富，工作态度踏实，值得新教师学习。新教师的思想敏锐、朝气蓬勃、勇于创新、积极进取，这对老教师也有促进作用。所以，新教师要尊重老教师，虚心向老教师求教，使自己不断地成熟起来，老教师也应该爱护和关心新教师，注意学习他们的进取创新精神，使自己与时俱进。

总之，教师如果具有团队协作、互尊互学的品德，就能够做到严于律己，正确处理好各种人际关系，形成关系和谐、凝聚力强的教师群体，就会形成无形的教育力量。

第六节　淡泊名利、自尊自律

一、淡泊名利

淡泊名利是指教师在教育工作中不求名，不逐利，安贫乐教，无私奉献的职业风范。淡泊名利是教师的崇高美德，其基本内容包括教师要爱岗敬业，甘为人梯。教师要做到淡泊名利，就要热爱教育事业，具有献身教育的精神；要有高尚的道德品质，忠诚于人民教育事业。

（一）淡泊名利是教师的高尚师德

淡泊名利是由教师职业的特性决定的，教师从事的是"太阳底下最光辉的职业"。要传道授业解惑，要教书育人，教师就不仅要有系统的专业知识，而且要有高尚的道德情操。在新的历史时期，必须充分认识人民教师的奉献精神，当年陶行知先生倡导的"捧着一颗心来，不带半根草去"的崇高精神应该得到弘扬。

（二）淡泊名利是教师的职业风范

人民教师要热爱自己的职业和岗位，忠诚于党的教育事业。教师除了教书，还必须育人，教师要热爱学生，关心学生的健康成长，要深入了解学生，这就需要教师利用工作以外的时间，与学生交流谈心，与学生做朋友，帮助学生释疑解难。这种润物细无声的工作，其付出也是难以计量的。如果教师不能正确对待这种巨大付出而不计回报的职业特质，那么就当不了好的教师。在人民教师队伍中，有千千万万这种淡泊名利、默默无闻的教育工作者。他们在教育工作岗位上辛苦耕耘，在春去秋来、暑去寒来的岁月中，染白了头发，最终默默无闻地走完了人生历程。这种淡泊名利、无私奉献的精神就是人民教师的职业特点和风范。

(三) 淡泊名利的基本要求

1. 教师要热爱教育事业，具有献身教育的精神

教师要淡泊名利，首先要热爱教育事业，具有献身教育的精神。教师只有热爱自己所从事的事业，时时刻刻把教育事业的利益放在首位，识大体，顾大局，才能不为权力、地位、名誉、金钱和其他物质利益所动摇，才能对自己高标准、严要求，兢兢业业地做好自己的本职工作，努力充实和完善自己，不断提高自己的政治素质、业务素质、品德素质、心理素质和能力素质，更好地为学生传道、授业、解惑。一个人只有深深地热爱他所从事的职业，才会努力为之奋斗，为之献身。教师的这种奉献精神就是以学生的健康成长为最大责任，甘为人梯，乐于牺牲。

2. 教师要有高尚的道德品质，忠诚人民教育事业

教师要做到淡泊名利，必须要有高尚的道德品质。个人道德品质的形成和发展既受社会环境和社会物质条件的制约，又是个人在社会实践中通过主观努力而形成的。教师只有在复杂的社会环境中，自觉按照师德规范的要求，培养高尚的道德品质，才能坚持立场，出淤泥而不染，一身正气，两袖清风。人民教师在任何环境下，都要忠诚于人民的教育事业，全身心地投入教育事业中。教师劳动充满艰辛和困难，教师要有敬业献身精神和对学生高度负责的态度。教师的工作任务是教书育人，要求教师不仅必须具有丰富的专业知识和技能，而且必须具有崇高的道德品质、健康的生活情趣、健全的人格。教师要树立积极的人生态度，培养乐观向上的情绪，以献身教育事业为荣，以培养天下英才为乐，虽身在陋室，粗茶淡饭，却因深深地热爱自己所从事的教育事业，而无怨无悔，甘为人梯，淡泊名利。

二、自尊自律

自尊自律是指教师以事业心、使命感、社会责任感为基础，承认和重视自我在社会中存在的价值，尊重自己的人格，并严格要求自己，自我管理，自我约束，能很好地规范自己的言行举止。自尊自律的基本内容包括教师要严于律己，为人师表，品清行洁，廉洁从教。自尊自律要求教师要注重道德修养，形成高尚的道德情操；要坚守大义，不取非法之利。

(一) 自尊自律反映了教师职业对教师的规范

教师的职业是教书育人，育人必须先育己。古往今来，教师一直承担着为学生传道、授业、解惑的重任。教师不仅是科学文化知识的传递者，还是社会文化、伦理道德、价值观念的传授者和示范者。教师劳动的示范性特点，决定了教师必须自尊自律，为人师表，用自己高尚的思想品行为学生做榜样和表率。孔子说"其身正，不令而行；其身不正，虽

令不从",又说"不能正其身,如正人何?"。陶行知先生一生倡导"以教人者教己",他自己处处严格要求自己,自尊自律,以身示范。他教育学生要以天下为己任。他身先士卒,亲自带领学生与反动派进行英勇斗争,以自己的模范言行和大无畏的英雄气概教育和鼓舞了广大学生,培养和造就了大批革命战士和优秀人才。教师育人是以自己的高尚道德情操去塑造他人的灵魂。这种职业的特点决定了教师必须自尊自律,要有纯洁美好的心灵,要比其他从业人员具有更加高尚的道德情操。教师教书育人的职业特点,要求教师应该是一个自尊自律、自强自爱的人,应该是一位有知识、有能力、有高度事业心和责任感的人。要有好的学生,必须要有好的教师,教师只有自己言行正直高尚,才能以此感染、教育学生,达到育人的目的。

(二)自尊自律是教师自我教育的一种形式,也是处理好师生关系的一种手段

教师自尊自律是教师自我教育的一种有效形式。每个教师都要接受教育,接受教育最有效的方式是自我教育,因为任何形式的教育都是外在的,教育效果的显现要靠被教育者内在的因素,靠发自内心的不可替代的自我教育。教师作为知识文化的传播者,需要有丰富的知识、崇高的思想、文明的行为,所以,教师被誉为塑造人类灵魂的工程师。这就是说,教师肩负着知识传播和思想道德教育的历史使命。教师要不辱使命,无愧于自己的称号,就必须加强自我教育和自我修养,热爱教育事业;就必须努力学习,不断更新和丰富自己的知识,不断提高自己的教学技能和教学水平。同时,教师还必须遵守社会公德,遵纪守法。教师在待人接物、语言表达方面,都必须率先垂范,严格遵守社会公德和教师职业道德,这样才能树立教师高尚的职业形象。

教师自尊自律也是处理好师生关系的一种手段。教师与学生天天相处,以什么态度和方式教育学生,对学生健康成长至关重要,对学生的不文明举动或错误行为,教师是耐心启发教育,热情地帮助学生认识错误、改正错误,还是用不恰当的言语伤害学生,体罚或变相体罚学生,其教育效果是截然不同的。如果教师严于律己,从尊重学生、关爱学生出发,客观地处理问题,学生就会心悦诚服,信任教师。教师除了要具有渊博的知识、娴熟的教学技巧,还必须具有为人谦和、礼貌待人、乐于助人、关爱学生、作风正派等品质。只有这种自尊自律、德才兼备的教师才可能取得学生的信任、尊敬和爱戴,成为学生心目中的典范和榜样,从而与学生建立起融洽的师生关系。

(三)自尊自律的具体内容

1. 严于律己,为人师表

教师担负培养社会主义现代化事业的建设者和接班人的重任。在教书育人的过程中,教师自身的品德和言行对学生的健康成长具有重要影响,因此,教师必须自尊自律,严于律己,躬行自明,言行一致,表里如一,时时、事事、处处做学生的表率。教师要用自己的思想、品德、言行、仪表为学生做榜样。教师只有在行动上做学生的表率,用自己高尚的道德、渊博的知识、健康的人格、文明的举止、优雅的谈吐影响学生、熏陶学生,使学生潜移默化地接受教育,才能使学生健康成长。同时,教师通过自己的模范言行,把社会

倡导的正确的价值观念、伦理道德和行为准则，形象、直观、生动地展现在学生面前，引导学生积极向上，使学生感到自己看到的、听到的是一致的，这有助于学生形成正确的认识和观念。在育人过程中，教师必须严于律己，以身作则，要求学生做到的，教师必须首先做到，严禁学生做的，教师也要自觉回避。教师只有自尊自律和以身作则，才能引导学生自觉践行社会规范和价值准则，矫正不良行为，实现知和行的辩证统一。

2. 品清行洁，廉洁从教

教师在自己的整个教学生涯中都要坚持清廉的操守，不进行有偿家教，不沾染社会上的贪、赌等恶习，始终以清廉纯洁的道德品行为学生和世人做出表率。唐代韩愈把"传道"作为教师的第一任务提出来。而教师要"传道"，自己就必须修身养性，自尊自律，具有能为"师表"的师道。确立"师道"，教师才能教人为直、为善、为美，才能使学生敬而学之。品清行洁是教师确立"师道"的重要内容。由于"师道"具有示范性特征，因此教师的品德修养必须高尚纯洁。教师廉洁公正的美德，有利于培养学生的道德是非观念。对于学生而言(特别是未成年的中小学生)，教师的教育对他们的世界观、人生观、价值观、道德观的形成起着关键性的作用。教师廉洁公正，学生能在其中感受到什么是高尚，什么是美，什么是善。教师廉洁公正也有利于培养学生无私奉献的品格。教师自尊自律，廉洁从教，无怨无悔地甘为学生的"人梯"，为祖国的教育事业淡泊名利，甘守清贫。这种高尚的人格对学生具有巨大的感召力，能够影响他们逐步树立为祖国、为社会、为人类无私奉献的高尚品质。

(四) 自尊自律的基本要求

1. 注重道德修养，树立高尚的道德情操

情操是指人的情感和操守，是人们思想观念、情趣爱好、品行操行的总称。高尚的道德情操是教师优秀道德品质的主要标志，也是教师应有的重要师德风范。因此，教师必须注重道德修养，严于律己，陶冶崇高的道德情操。教师要树立高尚的道德情操和形成良好的职业道德，必须培养良好的道德情感，这样，教师才能自觉遵守教师职业道德。这就要求教师必须认真学习马克思主义理论，树立正确的世界观、人生观、价值观，培养高尚的道德品质。这样教师才能以平和的心态看待自己的职业和地位，处之坦然，对工作充满热情。

2. 坚守大义，不取非法之利

教师要自尊自律，还要坚守大义，树立正确的义利观。教师要树立大义为先，私利居次，个人利益服从民族、国家利益的观念。教师在任何时候都要坚守大义，不能舍义取利，要以廉洁的实际行动来实现大义。教师只有树立正确的义利观，对贪、占、贿等丑行鄙弃，避而远之，久而久之养成廉洁的自觉性，才能抗腐蚀、拒贿赂、远利诱，不为非义之利所动，不取不义之财。教师廉洁自律必须从点滴小事做起，不取丝毫非法不义之财。教师廉洁自律作风的养成还要持之以恒。教师自尊自律最难能可贵的就是一辈子清廉自守，不论外界条件如何变化，不论有多少困难和诱惑，都能持大义而不移，始终如一。

本章小结

通过本章的学习，读者可以掌握教师职业道德规范：爱国守法、爱岗敬业；关爱学生、尊重家长；教书育人、为人师表；乐教敬业、严谨笃学；关心集体、团结协作；淡泊名利、自尊自律。

思考与练习

一、简答题

1. 怎样理解教书育人对教师素质的要求？
2. 为人师表需要从哪些方面努力？
3. 简述教师终身学习的重要性。

第三章 教师职业道德范畴

· 案例导入 ·

淡泊名利，甘于奉献

黄大年同志是著名地球物理学家，他生前担任吉林大学地球探测科学与技术学院教授、博士生导师。2009年，黄大年同志放弃国外优越的条件回到祖国，刻苦钻研、勇于创新，取得了一系列重大科技成果。他辛勤刻苦，衣着简便，一生无多余积蓄。他对个人名誉头衔毫不在意，对国家利益却看得很重。他掌握着数以亿计的项目经费，但从来不做"拉关系""请托说情"的事。他不仅自己以身作则，还耐心教导学生"耐得住寂寞、坐得住冷板凳"。对祖国的热爱、对理想的执着、对科研的专注，让黄大年摆脱名缰利锁，自由驰骋在科技报国的广阔天地。"制心一处，无事不办。"不管是科研创新，还是各行各业的工作，都需要涵养定力、克服浮躁、远离急功近利、追名逐利，这样才能用专注的态度、踏实的作风干出一番事业，实现人生价值。

第一节 教师职业理想

一、教师职业理想的含义

所谓教师职业理想，是指教师个体对教师职业的向往和追求，既包括对将来所从事的教师职业的追求，也包括对成为理想教师的追求。

教师的职业理想是伴随教师职业的出现而产生的，教师崇高的职业理想来源于坚定的职业信念，是在深刻理解教育的历史使命、教育事业的伟大意义的基础上产生的一种从事教育事业的志向、抱负和追求。从古至今，人类赋予教师许多美誉，如"教师是人类文明的传承者""教师是人类灵魂的工程师""教师是太阳底下最光辉的职业""教师是真的种子、善的信使、美的旗帜"，等等，这些美誉对教师坚定职业信念，追求职业理想起到了十分重要的作用，教师职业理想具有个体差异性、发展性和很鲜明的时代特征。

二、教师职业理想的作用

理想是前进的方向，是心中的目标。职业理想是职业素质的重要组成部分，有了崇高的职业理想才能产生良好的职业行为，人生发展的目标是通过职业理想确立的，并最终通过职业理想来实现。列夫·托尔斯泰曾说过："理想是指路的明灯，没有理想就没有坚定的方向。"教师的教育教学工作也不例外。教师的职业理想是其献身于教育工作的根本动力，无论是对整个教育事业还是对教师本人，都具有十分重要的意义。

（一）教师的职业理想是其教育工作的根本动力

教师要忠诚于人民的教育事业，首先要有崇高的职业理想，有很强的工作主动性和积极性，实践证明，教师只有树立崇高的职业理想，才能以饱满的热情、乐观的人生态度和高度的社会责任感兢兢业业从事教育事业，才能够在工作中勤奋做事、努力探索，才能认真备课、讲课，用心总结教学方法，刻苦钻研和掌握教学规律，真心、真诚地关心和爱护学生，做到"静下心来教书，潜下心来育人"。没有对教育事业的正确理解，就不可能产生对教育事业的热爱，也就失去了从事教育事业的根本动力，尤其是在实践中遇到困难和阻力时，如果没有职业理想的支撑，人就会心灰意冷、丧失斗志。教师的职业虽然是平凡的，但有崇高职业理想的人为之而努力奋斗所创造的光辉业绩、所产生的深远影响往往是其他职业难以企及的。

（二）教师的职业理想是实现教师自我价值的精神动力

教师是"太阳底下最光辉的职业"。孔子一生致力于教育事业，千古流芳，在中华民族的历史长河中永放光辉。陶行知不留恋国外的生活，脱去西装，穿上草鞋，开展乡村教育运动，其献身现代乡村教育的宝贵精神一直为当今教师所推崇。宋庆龄称陶行知为"万世师表"，郭沫若称"两千年前孔夫子，两千年后陶行知"。

教师崇高的职业理想无论是对社会主义、对学生还是对教师本人，都具有极其重要的教育价值。有了崇高的理想，教师的职业劳动就具备了不同于一般职业劳动的独特性；教师的职业劳动就不仅仅是"为举家谋柴米油盐"的谋生手段，更是实现社会价值和主体价值的永恒追求。

三、做一个有职业理想的教师

做有职业理想的教师，必须注意处理好以下两大关系。

(1) 要把个人志愿与社会需要结合起来。我们不否认个人志愿在职业选择中的重要作用，但要强调把个人志愿与社会需要结合起来、统一起来。一个教师确立诸如"我要教育好我的学生，使他们成为科学家""我能成为教育家""我能成为特级教师""我能成为教学专家"等职业理想，本身就同时包括了教师职业的社会价值和教师本人的主体价值追求。教师在职业实践过程中用这样的职业理想要求自己，有利于遵守职业规范和职业道德，形成始终如一的职业行为。

(2) 要正确看待苦与乐。"干教育亦苦亦累亦潇洒"。教师职业艰苦且清贫。教师似春蚕，"春蚕到死丝方尽"；似蜡烛，"照亮别人，燃烧自己"。教师职业充实而幸福。有人认为，作为教师至少有三重收获：①收获各类人才；②收获学生真挚的感情；③收获创造性劳动成果。可见，只要教师把这份平凡的工作看作一个宏大的世界，耐得住清贫，甘于奉献，就一定能够体会到为人师的乐趣。陶行知先生曾说："教师的奉献精神就是以为学生服务为最高目的，以培养青少年成才为最大责任，不计报酬，淡泊名利，乐于奉献，不重索取的以教为荣、以教报国的精神。""捧着一颗心来，不带半根草去"是对教师奉献精神的最好诠释。

> **案例**
>
> 甘洛县乌史大桥乡二坪村，是凉山北部峡谷绝壁上的彝寨，村民上下绝壁都要攀爬5架木质的云梯，进出极为艰难，村民一年难得下绝壁一次，就是在如此艰险的环境下，来此支教的李桂林、陆建芬夫妻扎根这里18年，把知识的种子播种在彝寨，为村民走出彝寨架起"云梯"。这对夫妻18年如一日地教书育人，共培养6届学生共149人，其中有22人是从外村慕名而来的。李桂林还两度被评为县级优秀教师。二坪这个过去的"文盲村、穷山村"，现在成了"文化村"。从昔日的荒凉到今天的精神巨变，与这两位老师付出的心血是分不开的，他们为偏远山区的教育事业撑起了一片蓝天。他们的事迹感动了中国，被评为"感动中国2008年度十大人物"。他们坚守在贫困边远地区，创造出令人感动的业绩，不是偶然，也不是出于冲动，而是源于献身教育工作的职业理想，正是这种崇高的职业理想赋予了他们矢志不移、坚守教育岗位、战胜一切困难、努力实现人生目标的力量和勇气。

第二节 教师义务

一、教师义务的含义

所谓教师义务，是指教师在教育实践中所表现出来的对社会、集体、学生应当承担的职责以及自己应该做的事情。它具有两方面的含义：一方面是社会对教师在履行职业义务时提出的道德总要求；另一方面是指教师自己意识到社会对教师提出的各种道德要求的合理性，故而自觉地把遵循教师职业道德原则、规范及要求看作自己对社会、对教育劳动应尽的责任。

教师义务有其自身的职业特点，具体如下。

首先，这是教师职业道德要求教师绝对服从的、应当做的事情，存在"道德命令"的因素。义务中不仅包括个人对社会的义务，还包含个人对自己的义务。教师只有具有强烈而坚定的自觉责任感，才会产生一种迫使自己忠实地履行义务的要求。这就需要教师首先懂得教师义务的具体内容，明白履行义务的重大意义。

其次，教师义务是教师的一种社会属性。这种属性使教师往往渴求并善于用社会教育事业有益或有害的观点来评价自己的行为，将个人需求与现实可能性加以对比，服从社会教育事业的根本利益进而使教师更有意识地深刻认识自己的义务并加以履行，合理地把握自己的教育工作权利和义务。

最后，教师义务是社会用以调节教师教育行为的手段。由此看来，在社会主义条件下，培养广大人民教师认识和自觉履行教育义务，提高教师道德水平是非常重要的。

二、教师义务确立的社会基础

在教育活动过程中，教师为什么要履行教育义务，以及为什么是这样的义务而不是那样的义务？这不是由哪些人随心所欲任意规定，也不是源于教师个人内心的"善良愿望"或"绝对命令"，它源于社会主义教育劳动中特定的利益和道德关系，具有客观的基础和特定的内容。

(1) 教师义务源于现实社会教育劳动的内在关系的客观要求。教师在社会分工中担负教育和培养下一代的任务，把教师对社会应负有的使命、责任、义务确定下来，而教师个人在教育劳动实践中理解、认同了这些概念，把握了这种使命、责任，这样就形成了教师义务范畴。教师义务，根源于现实的教育劳动的人际关系，来源于社会教育事业的利益和社会分工的要求。教师在教育劳动过程中怎样教，怎样处理各种关系，怎样对待学生并把他们培养成为什么样的人，并不是完全受个人的意志和心理特征支配的，而是具有社会需要的客观规定性。教师的劳动直接涉及和影响社会利益、教师集体利益、学生利益和教师个人利益。教师履行义务，为学生、教师集体和社会整体尽自己的职责，完成自己应当完成的使命和任务。教师义务这一范畴又是社会教育劳动中内在利益和道德关系，以及个人道德活动方式的"有意识的表达"。

(2) 教师义务的内容是由社会教师职业道德的原则和规范决定的。义务所包含的社会内容会随历史时代的发展而发展变化，各个社会或阶级总是把实现其利益和要求的道德原则和规范确定为当时人们应尽的义务。在社会主义社会中，教师职业道德原则是社会主义教育事业根本利益和教育规律对教师职业活动特殊要求的科学概括和反映。教师义务范畴所包含的社会内容是由社会主义教师职业道德的原则、规范的要求所决定的，是与整个社会主义事业的发展要求相一致的。不过，教师义务的社会内容与教师职业道德原则和规范的内容又有所不同。教师义务内容是教师理解和认识客观道德要求后，在自觉承担自己的使命、任务的基础上，形成一种内在信念和道德责任感，把"外在要求"深刻地转化为"内在需求"，从而更深刻、更准确、更自觉地把握社会对教师的道德要求，更好地指导教师的教育教学活动。

（3）教师义务的意义体现在教育劳动及其社会价值中。义务本身是否有价值及价值的大小最终也由它所具有的社会意义来确定。教师正是在对其所从事的教育劳动的崇高社会意义的认识中，对教师的义务有了更深刻的认识，培养起高度自觉的责任感和情感意识。同样，教师对学生对祖国和人民教育事业的赤诚之心，来自在教育工作过程中对自己教育行为所培养的一代代青少年健康成长产生的成就感的体验和认识，当然，也与教师在自己教育劳动实践及接受道德教育的过程中自我道德觉悟的提高分不开。教师为了履行自己的义务和实现个人的社会价值，就要倾注于人民的教育事业，善于完成"教书育人"的光荣使命。教师自觉履行义务就会达到教育目标，其劳动就具有重大的社会意义，教师本人也会从中更深刻地认识、理解教师的义务。

三、教师义务的作用

在教师职业劳动中，履行教师义务是遵守教师职业道德原则和规范的具体体现，对于提高教师工作责任感、使命感，培养高尚的师德品质，选择正确的教育行为都具有重要意义。

（1）教师认真履行教师义务，可以减少和协调教育活动中的矛盾和冲突，有利于提高教师的责任感，保证各项教育教学工作的顺利推进。教师工作既有大量显性的、可以量化的工作，也有不少隐性的、难以量化的事情，因此很难以硬性指标来考核。正因为如此，教师工作被人们形象地称为"良心活儿"。由于种种原因，教师在备课、讲课、批改作业、组织学生活动及协调各方面关系解决工作中的一些问题方面具有较大的自由度，如果教师只屈从于自己的"自然愿望"，在上述方面尽量地少投入时间和精力，就会形成与教育事业、学生发展的要求相悖的"冲突情势"。这种情势如果不能及时解决，久而久之，不仅会影响工作任务的完成，也会使教师本人处于一种紧张的人际关系和内心压力之中。一个严格履行教师义务的教师，会时时以学生、集体和社会的利益为重，正确处理各种矛盾。教师只有自觉履行教师义务，才能减少和协调教育工作中的矛盾，促进教育教学工作的顺利开展。

（2）教师自觉履行教师义务，有利于在教育工作中自觉进行"道德综合判断"，选择正确的教育行为。教师义务是社会向教师提出的道德要求的总和，而不是解决具体利益矛盾的道德要求。例如，在教师与学生的交往中，有的学生出于对教师的信任，会把心中的"小秘密"告诉教师，教师本应遵守保密原则，为学生履行保密义务，以维护学生的自尊和隐私。但是，如果遇上重大问题，需要告诉学生家长，教师就会处于"两难"的境地。此时，是继续为学生保密，还是告知家长共同担负起教育的职责？这就需要教师从教师义务的高度分析利害、权衡利弊，进行道德上的综合判断，选择最有利于学生和社会利益的教育行为。所以，教师义务在规范教师遵守各种师德要求中起着进行综合判断的重要作用，从而帮助教师在相互矛盾的情况下做出最合理的行为选择。

（3）教师积极履行教师义务，有利于在教学工作中培养高尚的道德品质。苏霍姆林斯基曾经说过："恪守义务可以使人变得更高尚，教育者的任务就在于使义务感成为自律这个极其重要品质的核心，缺少了这个品质，学校就是不可想象的。"教师高尚的道德品质作为他内在的一种信念意识和外在的品质表现，不是与生俱来的，而是在现实的社会生活和长期的教育教学实践中逐步形成的。一方面，教师义务是社会对教育工作者的职业道德要求，其对教师的职业行为起着导向和约束的作用。任何一位选择了教师职业的人，都必须履行自己的教育义务，按照教师的职业道德要求选择自己的教育行为。另一方面，教师在遵章行事的教育教学活动中，不断体验和认识到履行教师义务的必要性和重大社会意义，经过反复实践、体验越来越自觉自愿地去履行义务，从而把社会对教师的客观要求转化为教师自身的内在需求，形成一种高度自觉的责任感和使命感，促使自身道德觉悟逐步得到升华。

(4) 教师道德义务的确立有助于培养学生的义务意识，在任何社会，义务的践行和存在都是社会和个人存在的前提。教育的重要任务之一就在于向教育对象展示义务履行的必要性，培养学生的义务意识。教师在教学工作中对自身义务积极地、严格地恪守和践行，对学生的最大影响不仅仅是使其获得直接帮助，更重要的是通过教师对自身义务的严格履行，为学生树立最好的榜样，使学生确立道德上的信心及自觉履行义务的责任感，从而使受教育者成为一名能够恪守义务并在道德上负责的人。

四、教师义务感的培养

伦理学家石里克说过："比起一个人怎样才被认为是该负责任的这个问题来，还有一个重要得多的问题，那就是他自己怎样才会感到自己该负责任。"因此，讨论教师义务问题的重点应当是义务感的培养。教师既应该在教育中做师德要求做的事情，还应当努力采取适宜的方式做这一事情。因此，教师义务的履行不仅与师德建设本身有关，还与教师的教育艺术密切相关。教师要培养良好的义务感需要做以下几方面主观上的努力。

(1) 努力培养自己的义务认知水平。教育义务践行得彻底的教育者，通常会有较高的对义务的认知水平。中国历史上一直流传着孟母三迁和曾参杀彘教育子女的故事。实际上，孟母和曾参严格履行义务的一个重要原因是他们有较高的义务认知水平。虽然拥有关于义务的知识并不一定会直接导致及时或合适的道德行动，但是对义务的认知，尤其是结合了情感体验的真正的认知，肯定会对教师义务感的增强和教师义务的实践有十分积极的意义。

(2) 努力提升自己的教育事业意识水平。要对教师义务有较高的认知水平，一个重要的条件就是要有较高的教育事业意识水平。教育义务感不可能孤立地存在于主体的价值结构中。当教师有较强的教育事业意识时，会很自然地将教育义务认为是理所当然的事情，并严格执行。而当教师对教育事业本身毫无热情时，任何义务的认知和教育都可能达不到增强教育义务感的预期目标。

(3) 实现教育义务意识向教育良心的转化。教育义务意识还只是一种以道德认知为主的道德意识，仅仅有道德认知，义务感还处于较低的水平。要有真正的义务感，道德义务主体还必须实现教育义务意识向良心的转化。

> **案例**
>
> ### 病床上的坚守
>
> 某中学已故数学教师孙某，曾在2006年患上膀胱癌，他完全可以静养治病，但一直到2016年，他仍旧担任了该校第四届实验班的班主任。十年里，他几次住院多次手术，但他从没有放弃过对学生的义务和责任，即便在病重住院的日子里，他仍念念不忘学生，经常在病床上为学生讲课，遇到一些素不相识的人带着孩子向他求教，他也从不拒绝，常常一讲就是一两个小时。在孙老师言传身教的影响下，他的学生都有强烈的社会责任感和不断进取的拼搏精神。

第三节 教师职业良心

良心是与公正、仁慈和幸福等概念有密切关系的概念。良心以公正与仁慈为基本准则，又对公正与仁慈原则的落实有支持作用。良心无论是对社会的健康发展还是对个体的道德生活，都有极大的意义。教师的职业良心是教育工作的重要动力和调节机制所在，对教师的专业发展、职业成就和道德境界的提升均具有重要的价值与意义。教育良心是教师职业道德的重要范畴。

一、教师职业良心的含义

教师的职业良心可以表现在教育工作的每个环节中。其主要的内涵包括四方面：恪尽职守、自觉工作、爱护学生、团结执教。

1. 恪尽职守

"恪尽职守"实际上就是一种工作责任和纪律的要求。教育工作中的"恪尽职守"，重要内涵主要包括两条。第一条是在职业规范上，教师的良心要求教师应当遵守工作纪律，按照社会和教育事业对教师的要求尽职尽责，例如，认真备课、上课，遵守工作时间及其他工作规范等。第二条是在教育效果上，职业良心要求教师不能误人子弟，全力取得最佳教育效果。做不到这两条的教师就是某种意义上的玩忽职守，就会受到职业良心的谴责。

2. 自觉工作

"自觉工作"的要求是由教师的劳动特点决定的。首先，教师的教学行为具有个体和自由的特性。"慎独"的美德十分重要，因为教师的工作大多数情况下都是无人监督的。虽然教师会面对教育对象，但由于学生的未成熟性，以及师生关系的不对等性，学生往往没有全面监督教师工作及其工作质量的能力。其次，教师的工作在一定意义上是没有边界和限度的，比如教师不仅要完成校内的工作，还应当与家长、社区等方面建立教育联系。

这一联系需要教师投入大量的精力。怎样才算践行了使命，我们无法明确界定。又比如，"教"无止境。除基本的工作外，怎样做才算完成了教师的任务，也完全由教师主观决定。所以，教师能否自觉要求自己是教师工作成败或效能高低的决定因素。教师必须有自觉工作的良心。

3. 爱护学生

"爱护学生"是教师的天职。教师对学生的爱护有其职业上的特点，教师必须对教育对象的成长负责。教师对学生的爱不同于一般的亲朋之爱，主要表现在为学生"传道、授业、解惑"上。教育家赞可夫说过，不能把教师对儿童的爱仅仅理解为用慈祥的、关注的态度对待他们。这种态度当然是需要的。但是对学生的爱，首先应当表现在教师毫无保留地贡献出自己的精力、才能和知识，从而在对自己学生的教学和教育上，在他们的精神成长上，取得最好的成果。因此，教师对儿童的爱应当同合理的要求相结合。此外，教师对学生发展中存在的各种问题，不能够采取放任的态度，并且，教师在纠正学生的缺点时还必须充分考虑不能挫伤他们的学习积极性，抑制他们的个性发展。

4. 团结执教

"团结执教"也是教师良心要求的重要组成部分。教师的劳动从其活动过程来看具有明显的个体性，而教育效果的取得却是集体性的。学生的人格成长、学生的知识及心智水平的提高都是教师群体合力劳动的产物，所以教师的同侪关系不仅是一般的同事关系，而且是一种职业道德的本质要求。教师同事关系方面的良心不仅是一般人际关系方面的良心，而且是职业良心的直接构成部分。因此，应当有这样的教师群体：有共同的见解，有共同的信念，彼此间相互帮助，彼此间没有猜忌，不追求学生对个人的爱戴。只有这样的集体才能够教育儿童。

教师良心的上述四方面分别反映了教师与社会、教师与自身、教师与学生，以及教师与同事之间的道德关系。这四方面的联系是，它们共同反映了教师对教育事业的责任和义务等。教师的良心与教育事业有必然的联系。

二、教师职业良心的特点

教师职业良心与其他职业良心相比，有以下两个主要的特点。

1. 层次性高

所谓层次性高，是指由于教师劳动的崇高性质，以及教师本人往往对这一崇高的职业及其要求有较高的自觉，所以教师良心在境界上高于一般的职业良心。具体表现如下：①现代教师经过职前教育和继续教育，都有较高的对于教育道德义务的自觉性；②教育良心的调整范围广泛，要求较高。许多其他职业道德规范允许的行为，教师未必认为是合适的。比如着装，社会人士可以着时装，而教师的服装必须庄重、大方，相对保守，这样才不至于影响或分散学生的注意力。又比如，教师的言谈举止必须力求反映较高的文化和道德修养，否则就不足以垂范学生。教师只有合乎这些职业道德的要求，才能心安理得。教育家加里宁曾说过，为了真正地进行教育，不仅要很好地熟悉自己的业务，而且要有纯洁的灵魂。虽然教师也是普通人，但职业良心会时时提醒教师为人师表所必需的较高修养要求。这是教师良心的重要特质。

2. 教育性强

所谓教育性强，是指教师良心的榜样作用和判断教育良心的最终标准是看良心是否真正符合教育事业的要求。对于教师良心的榜样或教育作用无须更多说明，这里重点说明一下教育良心的标准问题。良心往往处于直觉状态，即使是理智状态下，良心也仍然具有较多的情感抉择的特性。同时，良心本身仅仅是作为主体对道德义务的一种自觉而存在的，落实良心的要求的行为方式是多种多样的。所以良心本身及其落实的方式都需要在良心之外寻找最终的检验标准。检验教师良心的最终标准当然只能是看良心所做的判断是否有利于对学生的教育。例如，教师面对非常顽皮的学生容易产生惩罚的念头。有的教师还会"凭良心"采取饮鸩止渴的体罚方式。体罚显然不利于教育对象的身心发展，也不利于教育目标的实现。

三、教师职业良心的意义

教师职业良心的意义主要体现在以下两个维度上。

(一) 职业良心对教育工作质量的促进作用

教师的职业良心对教育行为的调控作用表现在教育过程中的全部环节。在教育工作开始之前，教师的良心会行使对准备采取的教育行为的"预审权"。教师的良心会问教师自己"这样的行为合适吗""这样的行为有益于学生的成长吗""他会受到伤害吗"，等等。在实际教育过程之中，教师的良心则会努力行使"监察权"，它会提问："预期的行为有应有的效果吗？"如果没有，良心会引导教师采取措施上的调整。教育活动结束，良心会行使"鉴定权"。教育良心对特定教育行为或褒或贬，教师也就或自豪或忏悔。因此，教师良心成为提高教师职业道德和职业技能水平的"最好导师或学校"。

(二) 职业良心对于教师的精神意义

教师的职业良心实际意味着一种自我评价机制的存在。在实际生活中，教师常常会遇到社会、学校、同事甚至学生的不公正对待，会面临许多的矛盾。教师的职业良心一方面抚慰自己，对自己的职业生活做出公正的评判；另一方面则要求教师即使遇到较大的委屈，仍然能够按照职业良心的指示行事，做到所谓的"事业为重"。所以，教师的职业良心是教师精神人格的保护神，是教师鞠躬尽瘁、积极耕耘的重要精神支柱之一。

四、如何做一名有良心的教师

不同的教师往往会有不同的教育良心，有的对教育使命和责任的理解透彻，良心的水平及对教育行为的调节水平较高；有的则水平较低。所以，讨论教师的良心不可不讨论如何成为一名有良心的教师。然而，教师的良心难免会受到社会、群体、学生及教师个人等多重因素的影响。一个道德水平较高的社会，自然对每位社会成员的职业道德提供涵养上的环境和舆论上的保证，从而有利于教师良心的形成。教师的同侪群体对个体教育良心的形成作用更为直接。同时，教育对象(学生)也会以舆论的形式影响教师良心的修养。由于教育活动的特殊性，教师劳动的意义必须在教育对象身上才能获得，所以学生的尊敬、赞扬或蔑视、批评对教师的道德良心会起非常大的影响作用。

当然，教师不能仅仅被动地接受情境的影响，还应当主动地体验这一情境中的价值、义务因素并加以内化。所有的良心(包括教师良心的形成)受社会生活及群体的影响，更受自身修养的制约。这首先是因为良心是一种"自律性"的心理现象，离开主体自身的自觉认知和情感体验的道德良心是无从谈起的。所以，教师在知、情、意、信、行等方面应不断进行自我修养，从而提升自身的道德良心。

(1) 从"知"的方面而言，就是不断提高自己的教育责任和使命等意识。教师必须从认知和理性上认识到教育工作的神圣性和光辉性，必须认识到自身的教育行为会全方位地影响学生的学业发展和道德成长。

(2) 从"情"的角度而言，就是要不断加强自己的职业道德情感的涵养，爱其所当爱，恨其所应恨。教师在情感方面要热爱自己的学生、热爱教育事业。这种爱是一种深沉的、持久的爱，而不是短暂的、昙花一现的爱。

(3) 从"意"的角度而言，教师应该培养自身的道德意志力，以应对各种道德挑战。当道德良心受到挑战时，意志力是最关键的因素。正如苏霍姆林斯基所言，压抑自己良心的声音，这是很危险的事情。如果你养成一种对某件事情毫不在乎的习惯，那么你很快就会对任何事情都满不在乎。

(4) 从"信"的角度而言，教师应当不断提升自身的职业理想和职业信仰，做一名有道德信仰的教师。只有一个有自己的道德理想和人生理想，并对自己这一理想负责的教师，才会有较高的道德或良心的境界，教育良心的作用才会更明显，水平更高。

(5) 从"行"的角度而言，教师还应当不断地基于道德良心来开展教育工作，在行为中磨炼自身的良心和意志。正如我们所看到的，知、情、意、信等方面的道德修养，使教师在道德认知、道德情感、道德意志及道德信念等方面获得了稳定的提升。

第四节 教师职业公正

一、教师职业公正的含义

教师职业公正实际上就是要在以师生关系为基础的人际关系处理上实现某种公平。教师应当对得起自己，所以必须对自己公正。它包括对教师自尊、荣誉及合理的经济利益等合法权益的要求和维护。在自尊、荣誉及其他利益的处理上，教师的同侪关系也必须保持适当的"度"，这是一种同侪公正。

教师对学生公正的主要含义是在教育活动中对学生持民主与尊重的态度；对不同性别、年龄、出身、智力、个性、相貌及关系密切程度不同的学生能够做到一视同仁、同等对待，不以个人的私利和好恶做标准。这一公正可以称为对象性公正。平等地对待自己的学生实际上也就是教育学中常说的要树立正确的师生观的问题。从伦理学的角度看，教师要公正地对待学生，首先要真正尊重和信赖学生。

二、教师职业公正的特性

1. 教师职业公正的教育性

教师职业公正的特点首先是与他的职业特征联系在一起的。教师职业公正的首要特点就是教育性。这里的教育性主要包括两个方面：①公正行为的教育示范性；②公正调整的人际关系主要是师生关系或以师生关系为基础，体现在教育活动之中的。教育劳动的特点之一是教育主体与教育手段的同一性。教师如果不能在自己的周围建立起公正的人际关系，尤其是在师生关系中缺乏公正的内容，就是在行不公正的身教。由于师生关系和教师职业的上述特殊性，教师的不公正往往是最不能饶恕的。

2. 教师职业公正的实质性

教师职业公正的实质性是说教师职业公正具有相当大的灵活性，着眼于实际或实质意义上的公正，而不完全拘泥于形式上的公正。这一点实际上也可以算作教师职业公正的教育性的一部分。比如同样都给了五分，对于一些通过努力已经进步到接近五分水平的同学来说，一方面由于他实际上还没有做到100%或与最好的同学一样好，给他五分似乎不公正；但另一方面，正是这样的五分使他看到了学习的进步和希望，实质上教师在这里并非对他实行了不公正的偏爱。又比如，对于同一种错误的批评，有时候教师对优等生的批评甚至会比对后进生的批评还要严厉。这是因为在一定条件下，后进生更需要对其自尊的爱护，而优等生则更需要使之清醒的提醒。这里形式上的不公正实质上却是公正的，因为实际上教师对这两类学生的爱是完全相同的，不同的仅仅是教师根据其对学生的了解和教育规律所采取的具体措施的差异。

3. 教师职业公正的自觉性

教师是一种对自己的工作有较高职业意识的社会角色。这一方面是因为教育活动本身是一种具有目的性的活动；另一方面是因为现代社会所有的教师都是经过职业上的专门训练的。教育活动自觉性的重要标志是教师对自己职业道德及其重要性的了解。学校、教室等教育情境也常常会有道德上的文化暗示。所以与其他社会阶层相比，教师在进入岗位之前和之后，都会有较高的职业道德的自觉意识和修养的动力。教师的职业道德自觉意识的内涵中当然也包括教师对教育职业公正原则的自觉意识。

除教育主体的自觉性外，教师职业公正的自觉还表现在教育事业本身的正向价值属性上。教育总是要教人从善。从善本身为教师职业公正所需要满足的价值依赖性提供了先天条件。换言之，符合教育根本目标的举动本身具有公正或正义的特质；公正是教育本有、应有的内涵。

三、教师职业公正的意义

1. 有利于良好的教育环境的形成

教师能够对人对己做到公正是十分必要的。因为公正处理家长和社会有关方面的关系，就会有利于形成较好的学校教育的外部环境；公正对待同事、领导，则有利于协调不同的教育职能，形成教育集体的良好心理氛围，从而形成教书育人的学校教育的内部环境；公正地对待学生是教师职业公正的重点，这种公正有利于直接的教育、教学环境的形成。比如在实际教育活动中，我们常常看到，由于教师对优秀学生的偏爱和对所谓差生或后进生的忽视或其他不公正的对待，后进生出于一种反抗心理，往往会强化其"捣乱"的倾向，其结果当然是教育教学秩序的混乱，最终不利于教育活动的顺利开展。

2. 有利于教师威信的提高

公正是人格的脊梁。孔子说："其身正，不令而行；其身不正，虽令不从。"这句话虽然是对从政者说的，但对教师同样适用。教师既是教育者，也是教育活动的设计和管理者。如果教师的行为是不公正的。除同行、领导的舆论、谴责和制度的制约外，最主要的是影响教师的威信。上海某大学曾对4 500名学生进行调查，结果有84%的被试者认为"公正"是"教师工作重要的职业品质"；92%的被试者认为，"偏私和不公正"是"最不能原谅的教师品质缺陷"。由于学生对教师公正品质的期望很高，因此教师公正自然影响他在学生心目中的形象。一个没有威信或威信不高的教师注定将成为一个成就不高的教师。

3. 有利于学生学习积极性的发挥

教师职业公正对学生的学习积极性发挥十分重要。这一重要性体现在两方面，一个是对学生个体，另一个是对学生集体。对个体而言，教师公正是学生学习积极性的源泉之一。例如，教师对优等生的偏爱和对后进生的忽视或其他不公正的对待，既不利于优等生，又不利于后进生的积极性的发挥。对前者的溺爱会助长其骄傲和浮躁的情绪，丧失其不断进步的动力；对后者的忽视当然更会损伤学生的自尊，打击其本来就可能不高的学习积极性。对于学生集体来说，不公正的教师行为会人为地造成学生集体的分裂。其结果当然是集体生活和集体建设的动力减退，集体对学生个体在德育和智育诸方面的教育性降低。

4. 有利于学生的道德成长

由于公正本身就是道德教育的重要内涵，因此教师职业公正本身直接构成德育的内容。教师要让学生选择公正的生活准则，他自己就必须首先做到为人处世的公正无私。同时在学生的心目中，教师往往是公正、无私、善良、正义的代表，对教师有非常美好的期待。这一美好的期待决定着当教师在与他们的交往中做到公正办事时，他们会感觉到公正的美好和必要，从而奠定他们在未来社会生活中努力追求道德公正的心理基础。反之，当他们原本有着美好期待的老师不能公正无私时，不仅会伤害他们对于老师的美好情感，而且会让他们怀疑显性道德教育课程所教授的公正本身的合理性，从而妨碍他们的健康成长。正如夸美纽斯所说，除了智者，任何人都不能使别人成为有智慧的人；除了能言善辩者，任何人都不能使别人成为能言善辩者。所以我们也完全可以说，除了践行公正者，任何人都不能使别人成为公正的人。

5. 有利于社会公正的实现

首先，教师的职业公正是社会公正的重要组成部分。教师职业公正直接从属于社会公正。比如在招生、评价等问题上，能否公正对待一切对象就是一个直接的、宏观的社会公正问题。有些公正形态虽然属于微观的问题，但也是社会公正的一部分。例如，课堂上的公正，虽然涉及的不过几十个人，但它一样属于社会公正的组成部分。如果考虑几十个学生可能联系到的人群，则这一公正涉及的面会更广。其次，根据杜威的观点，学校是社会的雏形，因此教师职业公正是社会公正的起点。如果学生在学校生活中不能感受到应有的公正存在，那么学生将很难建立起公正的信念，最终会不利于社会公正的实现，所以教师能否公正关系到社会公正能否实现及其实现程度如何。

四、如何做一名公正的教师

教师职业公正在一定意义上讲只是一个十分抽象的道德原则，怎样才能做到教育公正是一个既关系到教师，也关系到教育体制的课题；一个既关系到教师的道德素养，也关系到其教育素养和技能等方面问题的复杂课题。这里主要从教师的修养角度看这一问题，从这一角度看，要真正践行教师职业公正是很不容易的。比如，教师的职业公正在主观上受到教师自己情绪好坏的影响，客观上受到问题的情境性等因素的影响。要做到教师职业公正，实属不易。以下列举教师在实现教师职业公正目标上应当注意的几方面。

1. 自觉加强人生修养

公正对于教师而言，就是一个适当地对人对己的问题。对人对己的公正要求教师首先要有宽阔的胸怀和高度的使命感，同时还必须有一定的自制力和抵制压力坚持公正的勇气。公正看起来是一个很容易实现的道德原则，但实际上没有深刻领悟教育意义或使命感，没有无私奉献的情怀，不具有较高人生境界者，很难完全实现公正原则。公正的含义之中，"公平"与"正直"是有一些细微的差别的。前者指对人对己都应当一碗水端平，而后者则是指一个人疾恶如仇、刚正不阿的品质。一个自私或有偏见的教师很难做到教育公正。一个明哲保身、不能坚持真理的教师也很难做到真正的教师职业公正。要实现教师职业公正，首先要求教师成为一个公正的人，所以教师的道德和心性修养十分重要。

2. 提高教育素养

教师职业公正是要在教育实践中落实的，比如形式上的教师职业公正和实质上的教师职业公正的矛盾怎样解决，就不仅仅是一个道德原则的选择问题，它实际上主要是这一原则的实现方式的寻找。所以，教师职业公正的实现，需要教师有较高的教育素养。

> **案 例**
>
> 　　一位教师在监考时发现一个学生抄袭了一道一分的题目。事后，老师在这个学生的试卷上打分为："100-1。"这位学生接到试卷后非常惭愧，立即找到老师，承认错误，要求老师将100分改回99。老师听后，在他的试卷上批了一个"99+1"，并对他说："知错就改就行，以后要特别注意，这一分是对你能认识和改正错误的奖励。"
>
> 　　教师职业公正得以真正落实与教师有高超的教育技能这一教育素养分不开。所以教育公正从某种意义上说，就是对一般教育原则的另外一种论证与说明。此外，教师职业公正的落实在许多方面都与教育管理的素养联系在一起。教师公正具有制度化的性质，所以教师还应努力在教育教学管理上加强修养，努力在自己的周围创造一个良好的公正气氛，同时努力实现真正的公正。

3. 正确看待惩戒教育

惩戒教育在一定条件下是有意义的。惩戒权一直是教师的职业权力和工具。现代社会由于人道主义倾向的不断强化，也由于儿童权利保护的立法不断加强，行使惩戒权已经越来越困难。教师应当抵制无条件否定惩戒的教育意义的倾向。当然毋庸讳言，惩罚的确是一种消极的教育措施。除要注意努力做到公正惩罚外，教师还必须尽量控制使用惩罚的方式。如何控制惩罚的度本身也涉及教师职业公正原则。滥用惩罚同样是不公正的表现，所以惩罚的度如何把握、惩罚的公正怎样落实都是教师要努力探索的课题。

4. 做到公正与仁慈的结合

教师职业公正是一个历史的范畴。在古代社会或带有较浓厚的等级社会、专制社会痕迹的社会中，人格上的不平等使教师的"有教无类"之类的教育理念往往成为一句空话。现代社会是一个以民主、平等为特征的社会。在今天，教师职业公正既是社会公正的一部分，同时社会公正也为实现教师职业公正创造了良好的社会条件。教育工作者应当通过自己的努力不断促进教师职业公正的实现。

第五节　教师职业幸福

一、教师职业幸福的含义

1. 幸福与人生的本质

理解幸福首先要区别幸福和幸福感。幸福是人的目的性自由实现时的一种主体性存在状态，幸福感则是对这一主体生存状态的主观感受。无论幸福还是幸福感，都以人的目的性及其自由实现为基础。因此，如果想要对幸福范畴有一个正确的理解，就必须首先对人及人生的本质属性有一个更深入的理解。

人虽来自物，却能超越于一切物之上，人是生命存在，却又超越了生命的局限。人就是这样一种仿佛来自两个世界、生活在两个天地，既近于禽兽又类于天使，身上充满了"二律背反"式矛盾，既"是其所是"而同时"是其所不是"的那种存在。

——高清海《人就是"人"》

正如高清海教授所言，人的生命充满了生理生命与超越生命的"二律背反"。失去生理生命，人作为肉体不复存在，人生及其目的就无所托付。但是，生理生命只是人生的必要条件而非充要条件。由于人从本质上来讲是一种精神性或价值性的存在，所以失去超越生命的特质，只顾眼前和肉体存活的"人"实际上不是真正的具有自由意志的人，其生命历程当然也不属于真正的人生。

2. 幸福与快乐

对幸福的正确理解要与对一个相关概念即快乐的理解结合起来。幸福与快乐非常相似，都是人的主观愉悦状态。实际上，"快乐"一词虽然也可以包括精神上的愉悦，因而也可以包括幸福在内，但是它主要的内涵仍然是感官上的愉快状态，它主要是一种感性的体验。相反，幸福则包含着显著的理性内容，它并不单纯是一种感性或者感官的体验。因此，幸福与快乐有非常大的区别，而这一区别对于道德生活来说意义重大。

幸福与快乐的首要区别在于是否具有目的性、意义性或价值性。幸福是生活目的的实现，也可以说，幸福就是生活的目的本身。快乐则不然，生活离不开快乐，却不以快乐为最终目的。这是因为感官快乐只是生理欲求的满足，本身无所谓对错或善恶，它的对错或善恶需要另找标准去判断。比如人饿了就要吃饭，吃饭是人存在的条件，本身无所谓对错或善恶。吃饭方式的对错或善恶尚需另找标准去衡量。显然，一种尚需别的事物去说明的东西是不足以做人的本质和人之为人的生活目的的，它永远都只具有工具的意义。

幸福与快乐的第二点区别在于主体感受上的无限和有限。幸福感具有无限性，幸福感是个体意识到自己践行了"天命"(为人的使命)时的愉悦状态。所以行动之前有憧憬的幸福，行动之中有崇高的愉悦，行动之后有永远的欣慰，比如一个教师在他认真而且成功的从教过程中的幸福感。首先，教师在走进一个新的班级时会有一种即将践行使命的愉悦：他知道会有一批新面孔在等着他，就像是一批种子在等待播种。其次，整个从教过程之中教师都会有一种幸福感，因为他的劳动目标在一天天实现，他常常会有"喜看稻菽千重浪"的愉悦。最后，当他的教学任务完成以后，他仍然有永远的愉悦。这不仅是说教育对象以后的发展或发展的前景使他高兴，而是说仅仅是回忆起他的从教过程本身就足以使他具有幸福的感觉。实际上任何自由实现目的的活动都会产生这种超越时空的无限性幸福。而快乐则不然，快乐具有"消费性"。消费性是指快乐过程随欲望的满足而消失的特性。对饥渴状态的解除会带来饮食的快乐。但是这一快乐会逐步递减，并最终消失，而后走向反面——饮食过度不仅不快，而且有害。所以快乐本身具有非常大的时空的有限性。有限性既是无目的性或无价值性的结果，也是其原因。也就是说，正是因为快乐极其有限，所以才不可能作为生活的目标。

幸福与快乐的第三点区别在于有无对于牺牲的超越性。幸福具有享用性。幸福高于快乐，同时幸福也超越了牺牲，幸福的行动必定免除了或者说自由于各种计较——无论是自私的还是无私的计较。所以伦理生活的至境同审美生活的至境在最后总是自然融通的。幸福的非牺牲性不是说人没有付出，而是说人的付出早已是出于人之为人的本心，从而免除了利害计较，得也罢失也罢，并不在他的活动目的或价值关心的范围。这一点我们只要看一看饥肠辘辘的母亲却能幸福地看着自己的孩子吃完最后一块面包之类的例证即可。教师的幸福也正是这样一种超越于个人得失的幸福，在现实生活中也往往是乐于"牺牲"的教师才能获得更多的幸福。

幸福与快乐还有一点区别是幸福具有更强烈、更持久的成就与动力特质。人之所以能在生活中克服千难万险，最根本在于人有其精神动力或精神支柱。幸福与快乐相比，都具有动机色彩，但前者对人的推动更恒久，力度更强。原因在于快乐与生物性需要的满足相联系，而幸福与对真、善、美、圣等价值追求的超越性需要的满足相联系。幸福即人本质的实现。追求幸福是信徒对神性的追求，是政治信仰者为社会理想的献身行为，也是日常生活中免于计较或超越物质牺牲的痛苦而付出的种种饱含自由意志的努力。所以，人生的主题就是幸福的追求，而幸福获得本身就是一种成就。稍纵即逝或消费性的感官上的快乐显然不可能使主体获得成就感，相反它只会有大火烧完之后的灰烬感与虚无感。

幸福与快乐也许远不止上述几点区别，但有一点可以肯定的是，理解幸福区别于快乐对于正确认识幸福概念本身至关重要。

二、教师的幸福及其特征

教师的幸福就是教师在自己的教育工作中自由实现自己的职业理想的一种教育主体生存状态。教师的幸福也称教育幸福。对自己生存状态的意义的体会构成教师的幸福感。教师的幸福有以下几个主要特点。

1. 教师幸福的精神性

教师幸福的精神性首先表现为劳动及其报酬的精神性。这里并不是反对给教师改善生活待遇，也不是说教师只有苦而没有乐。而是说在物质待遇既定的情况下，教师生活有恬淡人生、超脱潇洒——或者说有"雅"的一面。教师的报酬实际上也的确不止于物质生活。学生道德成长、学业进步，进而对社会做出贡献，都是教师生命意义的证明。师生之间在课业授受和道德人生上的精神交流、情感融通都是别的职业所难以得到的享受。教师主体只有充分认识这一精神性质才能发现包围自己的人生诗意。

2. 教师幸福的关系性

教育幸福的特点之一就是关系性或给予性与被给予性。这一特征的表现有二。①学校教育中教师的使命是给予而非索取。这只要对比一下一般的"师徒"关系与"师生关系"在性质上的区别即可。前者希望倾其所有、无条件地教育学生。作为"人梯"，所有的教师都希望自己的学生有卓越的表现——最好能够超过自己。而无论是教授武功的师父，还是教授手工艺方面的师父，总是要在教授一些内容的同时，保留一些绝活的秘密，非嫡亲者不予传授——这是他们保护自己生存的一种方式。②教育劳动的成果必须建立在交流之上，必须通过对方才能肯定自身——即教师的幸福是被给予的。教师只有全身心地将自己对学生的热爱给予学生，才能建立真正的"主体际性"，才能进行有效的工作。教师也只有通过富于热情和智慧的给予才能从自己的教育对象身上看到自己的劳动成果，进而实现精神享用——体验幸福。当然被给予也包括那种直接来自自己学生的积极反馈，来自自己学生对于教师的爱与付出的回馈。

3. 教师幸福的集体性

教育劳动的特点之一是集体幸福与个人幸福统一的集体性质。任何教育成果都是教师集体劳动的结果，也是学生集体劳动的结果。因此，教师的幸福及其体验既具有一般幸福所具有的个体性，更具有集体的性质。一般说来，教师在教育工作中至少直接存在这样四种合作关系，即教师个体与学生个体之间、教师个体与教师集体之间、教师个体与学生集体之间、教师集体与学生集体之间的合作关系。一个优秀的学生，可以说是某某老师的学生，也可以说是某某学校、某某班级的学生。因此，教师的幸福既具有合作性和共享性，也具有超越性。共享性是指属于一个集体的成员都可以享用同一个幸福；超越性是指教师由于劳动的集体性质，必然具有与人积极合作而不是恶性竞争的特点。因此教师的幸福建立在超越个人打算或个体利益计较的基础之上，教师的劳动与幸福都具有境界上相对崇高的特征。

4. 教师幸福的无限性

教师的幸福具有效果上的无限性，这表现在时间和空间两个维度上。时间上教师的幸福是无限的。教师对学生在人格与课业上的影响具有终身性质，教师的劳动通过学生与生生不息的人类文明联系在一起。因此，教师所收获的幸福也是超越时间性质的。一个教师即使退休了，或者停止了所谓教师的职业生涯，也丝毫不妨碍其学生对他的永远尊敬，更不影响他本人对所从事过的这一事业的美好、劳动成果(有出息的学生)的美好回忆。教师幸福的无限性与教师劳动的精神性、给予性有密切的联系。

三、如何做一名幸福的教师

幸福和主体自身的能力与创造有很大关系，而教师的幸福与教师的能力与创造也紧密相连。因此，做一名幸福的教师，不仅需要一定的客观条件，更为重要的是需要一系列的主观条件，从而可以更好地实现教育幸福。

首先，教师要充分认识自己的职业意义，同时提升自己的道德水平和人生境界。教师要了解自身职业的神圣性，理解教师职业的荣耀性，换言之没有教育事业神圣性体验的人，无法体会教师的幸福。因此，教师要不断地提升对自身职业神圣性的认识，理解自身肩负的教育使命。同时，教师也必须在职业工作中不断提升自己的道德水平和人生境界。

一个没有较高精神追求的教师、一个缺乏起码道德水平的教育工作者极有可能沉溺于感官生活，习惯于病态的幸福，从而失去对真正幸福的感受力和创造力。优秀的教师总能让自己超越感官快乐的享受，进入理性与道德境界，承担教师的职业使命。只有这样的教师，才能真正获得教育的幸福；也只有这样的教师，才配享有教育的幸福。

其次，教师应当具有良好的知识结构。这一知识结构主要包括本体性知识、背景性知识和条件性知识三类。本体性知识是指教师所教科目的学科专业知识。背景性知识实际上是教师应有的综合性文化涵养。条件性知识是指教育学、心理学知识，包括对教学过程规律性的认识，对教育对象的了解，等等。在我国，随着教育事业的发展，教师的本体性知识已经渐渐不是最主要的问题。相关研究也表明，教师的本体性知识与学生的学习成绩之间不存在统计上的高相关。因此，制约教师成功的知识瓶颈主要是文化性(背景性)知识和条件性知识。我们知道，教育家的知识不同于科学家的知识的一个重要特征是，前者是一种重新组织起来易于为学生接受的知识。一些心理学家认为它应是"文化化"和"生活化"的知识。没有对学生及其学习机制的切实了解，没有民族和世界文化的整体支撑，就不能将学术语言生活化。一个教师即便能够从事教育教学工作，他也是一个枯燥乏味、没有成效的教师。这样的教师，"学生听其课味如嚼蜡，躲其课不以为害，评其课嗤之以鼻"。失败的教师当然是不能收获幸福的。

再次，教师必须具有高超的教育能力。这里的教育能力是教育劳动的实践能力，韩进之教授认为其包括教学能力，语言表达能力，注意分配能力，思维的系统性、逻辑性和创造性，以及教育想象能力。林崇德教授将其概括为"教师的自我监控能力"，包括对教育活动的计划安排，对这一活动的监察、评价、反馈，以及对教育过程的调节和矫正能力。林崇德教授还认为"优秀教师=教育过程+反思"。教育活动的特点是一种心心相印的交流活动。教育过程中充满变数，因此教育不仅是一个严谨的知识传授过程，还是一个充满灵活性、创造性的艺术过程。没有包括自我监控能力在内的实际工作能力的教师就不会收获教育的成功，更不会体验到教育的幸福。

最后，教师还应当具有审美的素养。幸福能力从某种程度上讲就是一种对主体自由的审美能力。幸福感就是一种生活的美感。因此缺乏美感的人也一定缺乏幸福感。要收获幸福，教师既要有较高的精神境界，创造性的教育能力，还应当具有对教育活动过程及教学双方的审美能力。这一审美能力既是乐教、乐学的中介环节，也是进一步激发创造性的重要因素。教师应当自觉掌握教育的审美评价尺度，学会以审美的心态看教育、看学生、看自己。审美是发现幸福、创造幸福的重要法宝。这也正是近年来不断呼吁建立教育活动第三标准(即审美标准)的重要原因。

· 本章小结 ·

通过本章的学习，读者可以了解教师职业理想；掌握教师义务；理解教师职业良心；理解教师职业公正；理解教师职业幸福。

· 思考与练习 ·

1. 教师义务的含义是什么?
2. 教师义务在教育教学过程中有何作用?
3. 结合你对未来的职业期待,谈谈如何拥有并享受教师职业幸福。

第四章　具体情境中的教师职业道德要求

> **• 案例导入 •**
>
> 叶海辉，浙江省玉环市坎门海都小学体育教师。他扎根海岛教育27年，爱教乐学，勇于创新，为边远海岛教育默默奉献。他创编体育游戏近2000例，制作80余种4200多件体育器材，让学生爱上体育课。他主持省市两级名师工作室，开设公开课及讲座300余场，受益1.5万余人。他多次赴西藏、青海等地参与乡村支教，助力西部地区教师发展。新冠疫情期间，他制作40多节中小学生居家体育锻炼指南课程，打造6节"居家锻炼、战疫必胜"课程，其课程在学习强国上推广，点击量高达700多万次。叶海辉曾获全国优秀教师、浙江省特级教师等荣誉。

第一节　教学活动中的职业道德要求

教师在教学过程中的道德行为如何，关系到教学过程能否顺利进行，影响教学的效果和培养目标的实现。因此，教师必须严格遵守教学过程中的道德要求。教学过程中的教师道德要求是教师在教学过程中应当遵循的行为准则，是教师道德原则和规范在教学过程中的具体体现和补充。

一、教学活动的道德意义

教学能够促进人的发展，延续人的生命。因此，教学作为人类的一种活动，在其教学理念上、方式手段上、程序途径上应该是合乎道德的，至少在道德上是可以接受的。教学活动能够体现教师的道德水平和境界，反映教师的良好素质。

(一) 教学工作是促进学生全面发展的基本途径

学生在教学活动中有着强烈的理论追求和敏感的道德体验。他们热切希望课堂能洋溢清新的空气，学校能充满创造的活力，教师是可亲可敬的师长，学习能为他们自由发展插上翅膀。教师要在教学活动中回应学生的伦理期待，在教学相长中和学生共同进行智慧与情感、人格与意志的激荡共振，完成铸造新人的教学理念。

(二) 对待教学的态度体现教师的道德水平

"师者，所以传道授业解惑也。"也就是说，教师的职责有三方面内容，即以传道为主旨，授业为效果，解惑为手段。教师通过教育教学活动，培养全面发展的学生，为社会造就有用的人才。教师对待教学的态度与学校培养目标的实现和学生的健康成长有着密切的联系。教师严谨治学，善于钻研，勤于进取，学识渊博，热忱教学，精心施教，才能培养出优秀的学生；教师若治学马虎，不思进取，不肯钻研，不学无术，教学敷衍，玩忽职守，必然误人子弟，损害教育事业。因此，教师对待教学工作的态度是一个重要的职业道德问题。

在中外教育史上，人们总是把教师对待教学劳动和科学文化知识的态度看成教师职业道德的重要方面。捷克教育家夸美纽斯说："教师职业本身就责成一个教师孜孜不倦地提高自己，随时补充自己的知识储备量。"我国古代教育家孔子认为，教师要"学而不厌""诲人不倦"。随着社会的发展和教育的变革，教学模式有了较大的发展变化，对教师知识素质和教学能力的要求越来越高，对提高基础教育教学质量的呼声也越来越高。

(三) 做好教学工作是教师良好素质的展现

美国学者柯林·博尔曾提出教育的三本护照理论。他认为，未来的人都应手握三本教育"护照"或"证书"，即三方面的造诣和素质准备：一本是学术性的，一本是职业性的，还有一本是证明一个人的事业心和进取精神的。对教师而言，学术性的素质就是科学文化知识；职业性的素质就是某一领域的专业知识，以及从事教学活动必备的知识和能力；第三方面则是教师的思想道德素质。学术性素质和职业性素质一起构成了教师的业务素质。教师的业务素质和思想道德素质在其整体结构中占据重要地位，这是因为教师的业务、思想道德素质和教学活动有着直接的相关性。没有工作本领就不能做好工作，没有特定的专业素质就不可能顺利完成教学任务，尤其是专业性很强的学科教学工作。而且，课堂教育质量的好坏，学生素质发展水平的高低，在教学的其他条件基本相同的条件下，最终是由教师的业务素质和思想道德素质所决定的。

二、教学工作中的具体道德要求

从教学关系中的师生互为主体的特点看，学生主体意识的觉醒和提升离不开教师主导作用的发挥。教师在师生关系中处于相对优势地位，可以运用自己所掌握的知识对学生进行指导和教育，利用自身的资源对学生的行为和思想施加影响。教学活动的实践向教师提供了客观的伦理要求。教师只有使自己拥有高尚的品德、科学的理念、优良的知识和能力修养、创造性的精神修养，才能满足学生的客观要求。

(一) 提升教师的伦理精神，确立教师的道德责任感和师表人格

教师进入课堂，必须意识到教师与学生之间不仅仅是知识传授与接受的关系，而更应该是道德关系。

教学从本质上说是一种需要有高度的责任感、使命感的活动。教学道德的实现离不开教学责任这一前提条件。全面关心学生的成长，提高学生的素质，这是教师对自身责任认识的深化，也是社会对教学提出的明确要求。教师只有深刻认识到自己肩负的特殊责任和神圣的历史使命，才能以高度负责的态度切实履行教学要求，遵循教学道德，在教学活动中以自己崇高的品质、全面的素质、向善的行为来影响学生。

道德责任感是以良心为基础的。教师良心是教师对社会伦理要求和道德责任的自觉要求，在教学过程中起着巨大的作用，贯穿教学过程的各个阶段，成为教师行为隐蔽却最有力量的调节器。教师良心是教师个人的自觉道德选择、内心体察和成熟的思想。

道德责任感也是由人格赋予的。教师要以高起点塑造自身完美的师表人格。"高起点"是指教师对伦理价值目标要有高要求。教师师表人格的塑造要立足于人的最高境界，在现实中表现出"高人一等"的品质超越。教师劳动具有精神享用和师表特征。教师在教学中的无穷乐趣、满足感和成就感，使他自觉自愿地追求完美的师表人格，获取师表人格的升华和人生价值的永存。

(二) 确立科学的教学理念，拓宽教学追求新视野

教师应该具有与时代要求相一致的教学理念，并以此作为自己教学行为的基本理性支点。教学理念是指教师在对教学工作本质理解基础上形成的关于教学的观念和理性信念。有没有科学的教学理念，是专业教师与其他人员的重要差别，也是教师专业素养的重要方面。教学理念是影响教师成长的深层次心理活动，教学理念决定了教师的教学行为，是教师不断成长、发展的支撑性品质。教师的教学理念具体包括教学价值观、目标观、学生观、课堂观等。

(三) 形成合理的知识结构，创造教学的理想境界

为适应教育的未来发展，从"三个面向"和全面实施素质教育的要求出发，教师的知识结构应具有复合性，应超越单纯的"学科知识+教育学知识"模式，代之以全面的、更符合职业要求的知识结构。教师知识的理想结构应包括三个层面：①一般的、较广阔的科学素养和人文素养，以及当代重要的工具性学科的知识与技能(如外语、计算机知识与技能)构成基础层；②承担教学任务的课程中应具备的知识与技能构成了核心层；③认识教育对象、开展教育活动的教育科学知识与技能。三个层面的知识相互支撑、有机结合，它们的整合力量作用于教育实践和教师的成长，将体现为教师教育行为的科学性和艺术性，体现为教师精神生活的丰富性和发展性。显然，合理的知识结构是教师教育工作成功的保证，是创造理想的教学境界的基础。

(四) 提高教学专业能力，全面提高教学成效

教师能否把自己掌握的专业知识和技能有效地传授给学生，能否把自己的科学文化素

养转化为对学生的教育力量，能否把教育理论学习的成果应用于教育的科学实践，关键还在于教师是否具备较强的专业能力，即顺利完成教育教学任务所必需的本领。教学专业能力是由教育教学工作的特殊要求所决定的。它是一个由若干层次的要素构成的复合体。其中，观察力、记忆力、想象力、思维力等一般能力是基础；从事教育教学工作必备的特殊能力是教学专业能力的主体，包括职业性的语言表达能力、组织能力、处理教学内容的能力、观察和研究学生的能力、操作教学流程的能力等。教师的教学专业能力水平和教育教学成效有着极为显著的相关性，因此是教师业务素质优劣最为显著的表征。

(五) 增强教学改革中的道德意识，适应当前教学的发展和进步

教学改革是教学发展的永恒主题。在教学改革中，不管是教学组织形式、方法的改革，还是教学模式、教学过程的改革，都必须把道德价值作为改革的参照系和目标追求。只有这样，教学改革才能确保改革的先进性、合理性、正当性，才能成为真正有价值的改革。

第二节　学术研究中的职业道德要求

学术研究工作是一种创造性的劳动，是教师提高学识水平，有效进行教育教学，不断提高教育教学质量的重要条件。学术研究中的职业道德要求是教师道德的重要组成部分，是教师在学术研究活动中调节各种关系的行为准则，制约着教师科研精神的创立，影响教师科研能力的形成，是道德研究的重要课题。

一、追求真理，献身科学

追求真理与献身科学是教师学术研究活动的基本要求，也是教师学术研究道德的基本内容。科学的意义在于求真，科学研究是追求真理、探索真理、揭示真理、捍卫真理的过程，这就要求从事科学研究的人首先是一个坚持真理而且坚持不懈追求真理的人。献身科学与造福人类是学术道德的总的指导思想，认识世界与追求真理是科研工作者的天职。追求真理也是教育工作者道德的基本特征，是由教师的社会责任和劳动的特殊性所决定的。教师不仅要用学识育人，还要用人格育人。追求真理与献身科学是一种高尚的人格，是人生价值观的重要组成部分，也是广大科研工作者科研行为的精神支撑和动力源泉。

追求真理与献身科学作为学术道德的基本要求，大致由以下部分组成。①要有掌握科学的强烈愿望和追求真理的献身精神，把追求真理与献身科学作为崇高目的，这种强烈愿望和献身精神不建立在个人名利和虚荣心之上，而是建立在对祖国、对人民的忠诚和高度责任感之上。②要刻苦钻研并力求掌握科学知识，并自觉地运用科学真理与社会实践，把科学真理束之高阁是不能造福于社会和人民的，只有把自己掌握的科学真理运用于自己从事的工作和劳动中，才能真正地给人民和社会带来福利。③要敢于和善于同一切愚昧和谬误做斗争，科学真理的发展不仅要以社会实践作为基础，而且要以克服和消除愚昧和谬误作为条件,在同谬误的斗争中,科学越是毫无顾忌和大公无私,它就越符合社会的利益和期望,也越利于培养学生的科学素质。

二、勇于探索,严谨求实

勇于探索的进取精神,是一切学问发展的必要条件。科研工作要探索和发现新的知识领域和劳动规律,要求教师在科研活动中有对科学知识的强烈求知欲望,勇于探索的精神,刻苦钻研,勤奋好学,开拓创新,努力提高教育科研水平,创造新的科研成果。阿基米德一生都在不停探索,即便已功成名就,他也不停演算,质疑自己的探索成果。

严谨求实是科学的内在要求,是治学最基本的态度和道德规范。做科学研究的人必须严谨治学、求真务实,踏踏实实做人,认认真真做学问,来不得半点马虎和懈怠。美国一位大科学家在回答学生的问题时说:"我回答不出你的问题,因为我自己还没有看过教科书的那一章,不过你明天来的时候,我就看了,或许能够回答你。"科学工作者必须把自己亲自得到的实验数据视为至高无上的权威,绝不允许为了个人的需要而对数据加以"修饰",更不允许为了自己的利益沽名钓誉而胡编乱造数据。科学工作者必须严谨求实,做到严密谨慎,严格细致。

勇于探索与严谨求实是教育工作者对社会负责、对学生负责的具体表现,教师的责任是通过自己的教育教学工作,把系统的知识传授给学生,发展学生的智力,培养他们的能力,使之成为有理想、有道德、有文化、有纪律的一代新人。教师勇于探索与严谨求实的行为和精神,不仅可以提高自己的学识,丰富教学内容,提高教学质量,培育人才,而且具有重要的示范作用。

三、端正学风,科研诚信

一名真正的学者,往往淡泊名利、甘于寂寞、刻苦钻研、学风端正、科研诚信。在当前形势下,学风不正、诚信缺失已经成为制约教育全面、协调、可持续发展的一颗毒瘤,学术腐败和造假问题已经引起中央领导及国家教育主管部门的高度重视。

随着经济社会环境的变化,学风浮躁、学术不端等行为频繁出现,作为教师,必须加强科学道德和学风建设。对此,除了要抓好教育制度和监督,还需要每位科研工作者加强个人修养,自觉坚持良好的科学规范,践行良好的学风。

(1) 要有正气。要有一颗敬畏学术的心,要加强社会责任感、人文关怀和心灵体验,沉下心来做真的学问,真做学问。优良的学风是一种刻苦严谨、奋发向上的人文氛围,是一种至善至美、追求卓越的价值追求,更是一种崇尚真理、实事求是的精神状态。

(2) 要诚信。要在科研活动中坚持诚实、信任、公正、尊重和责任等根本价值观念。科研诚信涉及两个不同层面的问题:①反对科研不端行为(伪造、篡改和剽窃),同时重视和治理科研中的不当行为;②遵守一般科研活动的行为规范准则,以及与科学研究相关的规章制度和行为指南，恪守科学道德准则和行为规范。

四、谦虚谨慎，大胆创新

科研必须谦虚，但谦虚绝对不是保守。在开展科研工作的过程中，每个人的作用和贡献是不同的，但往往缺一不可，对此，我们既要有实事求是的态度，又要有大公无私的精神，既要看到自己的成绩，又要尊重他人的劳动，做到谦虚谨慎、公正无私。

科研必须创新，但创新不是狂妄。科学的创新必然同迷信、错误、传统观念和习惯认知发生矛盾，科学工作者有时还会承担一定的风险，付出一定的代价，每位科学工作者为了科学的发展和进步，都应该有创新的勇气和谦虚的态度，实事求是地开展工作。

第三节　师生关系中的职业道德要求

师生关系是学校中最重要的人际关系。教师和学生的关系是否和谐，关系到整个学校各项教育活动能否正常进行和成效的高低。充分认识师生关系在教育中的意义，对师生关系中道德层面的矛盾进行深入而正确的分析，并适度地调节，将对教育过程的各个环节产生重要的作用。

一、师生关系在教育中的意义

建立良好的师生关系，是对教师的基本要求。协调师生关系，对于教育过程具有重要的现实意义。

(一) 师生关系在思想道德教育中的意义

《学记》云："故安其学而亲其师，乐其友而信其道。"良好的师生关系是思想道德教育获得成效的保证。思想道德教育的过程是师生之间伴随着主体思想、理论、观念灌输而不断交流的过程。其中，既有各种信息的发出和反馈，又有情感的相互交流。师生的友好互动构成了教育、教学的氛围和背景，有利于在师生关系之间形成"知识场"与"心理场"。为了晓之以理，必须做到动之以情。情感之弦是人本有的一种心理积淀，调动人本有的心理能量来促成心理的共鸣反应，就会大大提升教育的效果。教师作为教育者，在师生交往中应随时注意和调节双方的心理距离，既要有教师的尊严，又要努力形成自身的凝聚力和向心力。这要求教师必须对学生有至诚至爱的真挚情感和态度，以引起学生的理性认同和情感共鸣，从而水到渠成地获得理想的教育效果。

(二) 师生关系在课程教学中的意义

良好的师生关系是进行正常教学活动、提高教学效率的保证。和谐的师生关系是课程教学中一种无形的推动力。它不仅能给学生创设宽松愉悦的学习氛围，充分调动学生学习的热情，还能让教师得到学生真诚友好的配合，从而使课程教学高效率地进行。在课程教学中，必须注意师生平等。教师和学生在人格上和真理面前是平等的。教师要充分相信每个学生都具有发展的潜力。教学必须面向全体学生，创设公平、公正的学习情境，让每个学生有机会体验成功。有了良好的教学氛围，学生会产生自信心和责任感，从而会自觉努力，严格要求自己。另外，在信息时代，"文化反哺"现象十分明显，教学相长尤为重要。在课程教学中，教师可以从学生那里获得书本上没有的知识和体会，恰当地扮演自己的角色，从而获得教学相长的效果。

(三) 师生关系在制度管理中的意义

良好的师生关系是制度管理取得成效的保障。制度是学校各项工作和活动的行为规范。学校各项管理都会涉及教师和学生。在学校的大部分管理活动中，教师是管理者，学生是被管理者。师生之间的这种关系，是教师对学生实施教育、教学、指导等过程中发生的管理和被管理的行政关系。在教师和学生的管理关系中，要使管理活动取得良好的成效，师生关系起着决定性作用。没有学生的积极配合，学校的各项管理是无法获得成功的。在师生关系紧张、情绪对立、心理抵触的情况下，学校的管理活动很难取得理想的结果。

二、师生关系中的主要道德要求

(一) 热爱学生，严格要求

首先，要热爱学生。热爱学生是教师道德要求中重要的道德规范，是教育活动有效开展的前提，也是师生关系的基本道德要求。因此，作为管理主体的教师，必须要有一颗热爱学生的心，这是管理学生最基本的道德要求。只有热爱学生，教师才能设身处地地理解学生，才能了解学生各方面的情况，才能有的放矢、热情主动地引导和帮助学生，才能真心诚意地尊重学生，才能发挥管理的育人作用，从而影响学生的精神世界。

其次，要严格要求学生。严格要求学生，正是热爱学生的具体体现，在管理中教师应该将爱与严结合起来，要科学地爱，理智地爱，要慈严相济，严中有爱。严格要求学生是一门学问。随心所欲，严格无边，不仅不会对学生的进步、成长起到有利的作用，甚至还会使学生产生逆反心理，产生对教师的抵触情绪，激化师生间的矛盾。严而有理、严而有度、严而有方才是实现良好师生关系的有效途径。

(二) 尊重学生，平等信任

尊重学生、保护学生和发展学生的自尊心，是师生关系中重要的道德要求。希望得到别人的尊重是每个人的普遍需要。青少年学生由于生理、心理的发展，知识的增多，交往面的扩大，自我意识的增强，尤其希望教师、家长及周围的人能够信任他们、尊重他们，这种自尊心往往会成为学生成长的内在动力，教师在管理学生的过程中，尤其要注意尊重学生，否则学生就会失去信心，甚至悲观失望，从而影响管理和教育的效果。

信任是教育和管理的基石。信任是一种力量，彼此信任才能使彼此的关系更加牢固，不论什么原因，如果对学生不能持信任的态度，如果没有让学生感到教师对自己的信任，教育和管理不仅没有正效应，反而会激起学生的反抗心理，最终使教育和管理一败涂地。教师充分相信学生，学生才会相信教师，真正平等有效的沟通才会开始，真正的教育和管理也才会开始。

(三) 宽容学生，欣赏学生

宽容是学生心理健康发展的良药，处于成长中的学生，寻求人格独立与身心发展不健全的矛盾尤为突出，出现错误在所难免。对此，教师不能一味严格要求，甚至付之以惩罚，而要讲求方式方法，宽容学生。

宽容是教师的一种风范，它折射出教师教书育人的艺术与良好的文化涵养。学会宽容，教师需要吸收多方面的营养，需要时常将视线集中在完善自己的精神建构和心理素质上。教师要学会宽容，宽容学生的错误和过失，宽容学生一时没有取得很大的进步，要用长者的成熟理解学生成长的稚嫩。当然，宽容不可饶恕的恶人，则是放纵，因此，宽容本身也是生活的一门学问。宽容不仅是一种方法和手段，更是一种精神，它包含理解和原谅，以及坚强和力量。宽容是一种美德，而对学生宽容不仅是一种美德，还是一种教育管理艺术。

欣赏是最成功的教育方式之一。欣赏可以帮助学生找到自信，可以使学生悦纳自己。对于一些普通的学生甚至"后进生"的欣赏，实际上是一种发掘闪光点的过程，每个人都有自己的闪光点，之所以很多人没有机会展示，是因为它们都被表面不怎么优秀的成绩所掩盖，如果教师看到学生的闪光点，这些闪光点就可能成为可以燎原的星星之火，学生的一生可能因此而改变。宽容与欣赏既是帮助后进生扬长避短的良方，也是建立和谐师生关系的妙法。

(四) 慎用惩戒，拒绝体罚

惩戒是教育不可或缺的组成部分。惩戒是从关心、爱护学生的角度出发，为了学生的健康发展，在尊重学生人格和不伤害其身心健康的基础上，依据有关规定对学生采取的一种否定性评价和强制性纠正措施，目的在于使学生认识到自己的过失并改正。

目前，学校普遍提倡"赏识"鼓励教育，这是新时期学生观、教育观发生的重大变化，也是我国教育可喜可贺的进步，但是提倡鼓励并不是要忽视或者抛弃惩戒。反之，更应该重视惩戒和赏识或激励的综合应用。因为只有奖励和惩戒一起，才能构成完整的教育方法和评价体系。适当的惩戒也是管理的有效途径，也是真正爱护学生、尊重学生的表现。

教师要拒绝体罚。现实中惩戒和体罚常常被人混为一谈。其实，此处所说的惩戒和体罚是明显不同的，惩戒以不损害学生的身心健康为前提，体罚则必然对学生的身心健康造成伤害。在教育管理中，体罚是不科学的、不民主的、有害的教育方法，应坚决反对体罚，慎用惩戒。

第四节 家校关系中的职业道德要求

学校和家庭是青少年成长过程中最重要的环境。家校关系是教师在教育劳动中面临的又一重要关系,它对教师教育劳动的成败有着重要的影响。因此,家校关系一直被学校列为教育的重要方面。

一、家校沟通与合作的基础

教师和家长作为两种不同的社会角色,两者之间并不存在必然的联系,学生(孩子)是桥梁,使两者之间产生了必然的联系。这种联系在学生接受教师直接的教育教学期间是始终存在的,是不以教师和家长的意志为转移的。教师和家长这两个互不相干的社会角色因为学生(孩子)走到了一起,因此,从一般意义上说,两者在根本利益和教育目标上是一致的。

教师和学生家长在根本利益上的一致性具体表现在以下方面。在政治上,教师和学生家长作为国家的公民,他们的政治和法律地位是平等的,只是由于社会分工不同,才扮演了不同的社会角色,承担着不同的社会责任。在经济上,他们都是社会生产资料的共同所有者,在社会大生产过程中是相互合作的伙伴,有联系密切的利益关系。在文化教育上,教师和学生家长都是在同一种文化传统和教育制度下成长起来的,对学校教育的认识有相似的现实基础。

教师和学生家长在教育目标上,更具有内在的一致性。这种教育目标的一致性或共同性主要表现在以下方面。

(1) 思想品德培养上的一致性。青少年学生的思想品德不是先天固有的,也不是自发形成的,而是在学校、家庭和社会各方面的综合影响下,通过他们个人的实践活动形成和发展起来的。教师和学生家长都殷切期望学生形成良好的思想品德,为此他们共同负有教育的责任。他们将根据国家和社会的需要,向学生灌输正确的政治思想意识,用高尚的道德情操熏陶学生,防止、克服社会上不良思想和行为的影响,帮助学生在思想上、政治上健康成长。

(2) 知识才能培养上的一致性。社会需要造就一代掌握现代文化科学知识和技能,能够适应各行各业建设需要的合格的劳动者和各类专门人才。学校教育和社会实践锻炼,要让学生掌握系统的文化科学知识,掌握必要的基本技能,发展他们的智力与能力,这是教师和学生家长共同承担的社会责任。教师和学生家长都希望学生成绩优异、知识丰富、本领高强,并以此为荣。

(3) 身体素质和良好的生活习惯培养上的一致性。青少年学生正处于生理发育逐步成熟的过程中,是否具有良好的生活习惯和健康的体魄,既关系到他们能否健康成长、顺利完成学业,也关系到他们今后能否担负起国家建设的重任。因此,保证学生有足够的营养、卫生保健设施,以及良好的学习条件和生活条件,引导学生养成良好的生活习惯,也是教师和学生家长的共同心愿。

(4) 审美情趣培养上的一致性。培养学生具有正确的审美观和鉴赏能力，是全面发展教育的必要组成部分。随着社会的发展，广大教师和学生家长日益认识到培养学生正确的审美情趣的重要性，并逐步加大了在学生审美情趣培养上的投入。

总之，在教育目标上，教师和家长存在高度的一致性。对教师而言，他们希望学生得到良好的教育，并给予必要的投入。学生家长也会对孩子的成长给予高度的关注和积极的配合。这种教师和学生家长在根本利益和教育目标上的一致性，决定了两者之间存在建立良好关系的客观基础。

二、家校关系的道德调适

反观历史，自从学校问世以来，家庭同学校的关系问题始终是人们关注的问题。在现代，由于家庭和学校双方的职能都发生了种种变化，因此家校关系问题更为引人注目。家校关系的调适有多种角度，下面将从伦理关系的层面分析道德调适的可能。

(一) 家庭和学校具有不同的教育职能

当前，家庭教育科学化已成为社会普遍关注的问题，而父母教育又是家庭教育科学化的基础。父母教育的任务需要学校和社会共同承担。从学校所承担的社会角色和责任来看，学校应当扮演主动和主要的角色。目前，我国依托各级学校举办的"家长学校"基本上承担了父母教育的任务。家长学校在普及教育学知识的过程中发挥了积极作用。家庭和学校分别作为一种社会组织，在培养青少年的过程中所承担的教育职能应该是有明显区别的。前者主要是自我教育，以个别的方式进行；后者是以智育为主体的给予教育，以集体的方式进行。可见，学校教育的优点也正是它的缺点，但是学校教育的缺点可以由家庭教育来弥补。

家庭作为人降生后归属的第一个社会群体，能使儿童初步掌握母语，形成生活习惯，自然地接受爱和主动地去爱，从而奠定人格与个体社会化的初步基础。因此，家庭应该成为孩子道德教育的基地、心理关怀的港湾。家庭关系虽然也属于社会关系，但这种社会关系属于人与人之间最自然的关系。如果学校教育和家庭教育各司其职，青少年的成长将保持一种和谐的平衡。青少年在集体教育中所承受的压力，可以在家庭生活中得到自然的释放，而学校教育又可有效地促进青少年的社会化进程。

(二) 建立学校与家庭平等合作的伦理关系

学校和家庭由于学生(孩子)这个中介、桥梁、纽带走到了一起，两者之间构成了一种不以任何一方的意志为转移的客观关系。对这种关系的准确把握，使两者在关系中进行准确的定位，这对于教师与家长的和谐相处是十分重要的。

一般认为，在师生交往中，应该以教师为主导，学生为主体，那么，教师在与学生家长相处时是否也应该占主体地位？实际上，教师与学生家长有着相同的教育对象、共同的愿望、一致的社会责任。面对学生(孩子)，教师和学生家长作为教育者，所肩负的责任是同等重要的，不存在谁轻谁重、谁主谁次的区别。因此，教师和学生家长的关系是一种合作关系，是一种为了使学生(孩子)成才而确立的相互协作关系。

现代教育科学告诉我们，教师和学生家长必须建立起正常、和谐的合作关系、伙伴关系，反之则会使双方配合不当，非但不能增添教育的力量，而且会使双方力量相互抵消，甚至起相反的作用。正如苏霍姆林斯基所说："我们和家庭作为并肩工作的两个雕塑家，有着相同的理想和观念，并朝一个方向行动。要知道，在创造人的工作上，两个雕塑家没有相互对立的立场是极为重要的。"对此，教师应该有足够的认识，注意在和学生家长的交往中建立一种平等合作的教育伦理关系。

要建立平等合作的伦理关系，教师首先要树立正确的"家长观"。正确的"家长观"的核心，就是双方关系的平等性。在教育修养方面，教师有时确实比家长高一些，但这也不是绝对的。特别是随着我国人口中接受高等教育的比例快速上升和教育学知识的普及，学生家长的知识层次和教育修养也在不断提高。这一变化在我国的大中城市表现得尤为突出。同时，教师和学生家长都是社会的职业劳动者，都具有一定的社会地位，人格上是平等的，不存在领导与被领导、支配与被支配的关系。因此，不管是主观上还是客观上，教师和家长在人格上是完全平等的。由此也决定了教师和家长的关系具有以下一些基本特点：①教师除了道德上的威望，对学生的家长无任何权利可言；②由于教育学生是教师不争的社会责任，因此教师要和所教学生的家长建立合理的伦理关系，不管学生家长的社会背景如何；③在交往的过程中，教师要以主动协调的态度促进与家长平等合作伦理关系的形成，因为教育的主动权掌握在教师手中。

这种平等合作的关系，表现为双方社会地位的平等性、双方联系交往的互尊性和双方在教育过程中的配合性。学校和教师在家校关系的指导观念上要实现三个转变：①要从把家长放在从属地位，转变为以学校为指导、以家长为主体的双向合作关系，家长在家校关系中要由被动转变为主动；②要从学校、教师单向的居高临下的指导，转变为教师、家长双向的互动、相互学习，教师在家校关系中由绝对权威转变为相对权威；③要从单纯从学校和教师出发要求家长配合的社会性目的，转变为从孩子出发的个性教育目的。

(三) 教师应尊重学生家长

在与人交往时应该尊重对方，这是对一般社会成员普通的、起码的要求，也是衡量一个人社会化程度的标志之一。学生家长是教师在教育学生过程中不可缺少的合作者，教师必须给予他们应有的尊重。这既是社会对教师的一般要求，也是教育伦理基于教育劳动的特点对教师的特殊要求。

1. 当教育过程中发生困难时，教师要耐心和克制

一般来说，教育活动比较顺利时，教师和学生家长发生矛盾的可能比较小。因为在这种状况下，一般较少发生教师不尊重学生家长的情况。而当学生犯错误时，尤其是当学生反复犯同一错误或相似的错误，教育过程不是很顺利时，教师如果不注意控制自己的情绪，则很容易发生不尊重家长的言行，从而导致家长对教师心生怨意，甚至导致两者发生

矛盾冲突。遇到此类情况时，教师为避免自己的不当言行给家长带来伤害，应该在以下方面多加注意。

(1) 要反思学生所犯的"错误"是一种错误，还是学生心理需求的自然表露，或者是学生身心发展过程中的正常现象。

(2) 要探讨学生犯错误的原因究竟是什么。在某些情况下，错误是学生犯的，但原因可能不在学生本人，而是在其他同学，或者在家庭和社会，甚至在教师。只有找准了学生犯错的原因，才能有效地纠正和杜绝学生的错误。

(3) 即使是由于学生本人的原因犯了不小的错误甚至是严重的错误，也不能将学生犯错的账记到家长头上。在这种情况下，教师应格外注意自身的言行，以免由于自己对学生家长的不尊重造成不愉快。

2. 教师要虚心听取学生家长的意见

教师虚心听取学生家长的意见，并要对正确的意见积极地采取行动，这是教师职业道德对教师的要求，也有利于教师教育及教学质量的提高。其中的原因包括以下几方面。

(1) 由于家长与孩子朝夕相处，即使孩子上学，也有将近三分之二的时间在家里度过，家长对孩子的爱好、兴趣、性格、脾气了如指掌。而孩子的言谈举止在家中表现得最自然、真切。因此，一般来说，家长能真实地反映学生在校外的情况，教师要虚心听取家长的意见和建议。

(2) 学生家长的知识层次在不断提高，很多家长也比较注意教育学知识的进修和教育学修养的提高。因此，学生家长对教师的教育教学往往能提出一些到位的意见和建议。教师如能虚心地加以听取并吸收，对学校教育肯定是大有裨益的。从这层意义上讲，教师也应该听取学生家长的意见。虽然在时间上，教师工作比较辛苦，抽不出更多的时间去了解学生家长的看法；在心理上，教师亦不是很愿意听到家长的批评意见；在价值观上，教师都想努力体现自身在教育事业中的价值，不想自己被"抹黑"，但由于教育的需要，教师要虔诚而耐心地倾听家长的意见。教师这样做，不仅不会影响教师在家长心目中的威信，反而会密切两者之间的关系。

3. 教师必须一视同仁地对待每位家长

教师一视同仁地对待每位家长，是教育公正的必要延伸。教师必须爱所有的学生，不仅要爱学习成绩优秀、听从自己教导的学生，还要爱学习成绩差、喜欢调皮捣蛋的学生，并倾其全力做好转化工作。这是教育公正原则对教师的要求。作为教师还应意识到，正如教师不能随意淘汰差生一样，教师也无权拒绝和任何一位家长合作。现代学校教育是以班级为基本教学单位的，师生相互之间一般没有选择余地，这就使教师对家长一般也没有选择余地。所以教师不仅不应该拒绝和学生家长合作，还应该主动协调他们的关系，充分发挥他们在教育学生活动中的作用和积极性。一般来说，作为教师，他们对优秀学生的家长和素质比较高的家长较为尊重。事实上，教师和这样的家长也比较容易沟通。但对暂时处于后进状态的家长和素质不是很高的学生家长，教师往往缺乏应有的尊重，也缺乏主动沟通的意识，这种状况是不符合教师职业道德要求的。至于个别教师对具有一定身份，社会地位比较高的学生家长表现出过分的热情，而对贫困学生的家长则爱理不理，甚至冷眼相待，则更为教师职业道德所不容。教师职业道德要求教师一视同仁地对待每位家长，而不管家长的素质、身份和社会地位如何。

(四) 教师要提高沟通的能力

教师与家长是否有良好的沟通，在很大程度上还取决于教师的沟通能力，而这种沟通能力是需要培养的。目前，在我国的教师教育课程体系中，并未见到相应的培训内容。德国的教师教育培训中，"与家长的关系"和"教学原理""教育原理""学校法规"一起构成教育理论培训的重要内容之一。而学习"与家长的关系"的关键是学会怎样与家长和谐相处，达到密切合作培养儿童的目的。具体要求有三项：①教师要热爱学生，了解学生的家庭情景、家庭的教育状况，以及家长作为教育者的任务；②通过宣传教育使家长们获得有关教育的主导政策和以教育学、心理学为主的知识，提高家长进行教育活动的能力；③充分依靠家长的知识、能力和经验，为家庭和学校教育，特别是课外活动提供支持。其研究的内容十分具体，如"怎样召开家长会""怎样进行家访""怎样与家长交谈"等。学校通过家长委员会、教师家长理事会、班级的教师家长委员会等组织，沟通家校关系。

我国的教师教育，迫切需要加强对教师沟通能力的培养。如在与家长的具体沟通过程中，首先，要创造与家长对话的良好氛围，学会倾听家长对孩子情况的分析，这是尊重家长的基本表现；以理解的态度评价学生家长的意见，有利于沟通家校双方的教育理念；以建议的方式对家长提出要求，共商"家"事，将提高学校对家庭教育指导的有效性。其次，要与学生家长建立经常而认真的联系，改变学生犯错后才与家长联系的做法。再次，在与家长讨论学生问题时，不妨先评价学生的优点，再指出孩子存在的问题。这样既能让家长看到教育孩子的艰巨性，也能使家长增强教育孩子的信心。在家长会上不告状，不点名，不批评，以保护家长的自尊心，学生的问题与家长个别交流为好。家长会也要改变教师讲、家长听、学生等着挨批的陈旧模式。许多老师创造了诸如交流、对话讨论、展示(学生成长历程)、专家报告、联谊、参观游览等多种方式，使家长会真正成为家校合作的有效平台，成为沟通学生、家长和教师感情的渠道。当三者都乐意相会的时候，学校和家庭才会有真诚和有效的交流。

第五节　教师集体中的职业道德要求

和其他形式的劳动相比，教育劳动是建立在集体协作基础之上的教师个体的脑力劳动。由于教师集体是各个不同个体的组合，从哲学的意义上来讲差异就是矛盾，因此矛盾在教师集体中是客观存在的。为了构建和谐的教师集体，从而为教育劳动的有效进行提供必要的条件，则必须从道德的视角认识和调节好教师集体中的各类人际关系。

一、教师集体在教育中的意义

作为教育劳动的必要形式,教师集体对于教育活动具有极为重要的意义。这一重要的意义主要由以下原因决定。

(一) 教师劳动的形式决定了教师集体在教育中的意义

教师劳动是建立在集体协作基础之上的个体脑力劳动。诚然,教育劳动首先表现为个体教师个体活动,各个教师是学校教育活动的承担者。但这种劳动依然是以集体协为基础的,这种教育劳动的集体性主要表现在以下两方面:①对学生进行教育的任务是由从事德智体美劳等各门课程教学的教师承担的;②无论在哪一所学校,其所有教师都是作为一个整体对学生产生各种影响的,这种影响同样是一种教育。上述两方面所表现出来的教育劳动的集体性,表明了教师集体对教育劳动的重要意义。同样,这种教育劳动的集体性,决定了教师集体中各成员之间的相互依赖性。教师的劳动绩效,要通过学生的塑造得以体现。而学生是否能形成理想的教育素质,和各个教师之间的相互配合也不无关系。这种教师集体中各个成员之间的相互依存性,决定了在教师集体中确立和谐人际关系的重要性。

(二) 教育劳动本身的复杂性决定了教师集体在教育中的意义

教育劳动具有复杂性的特点。这种复杂性主要表现在教育过程的复杂性和教育对象的复杂性。首先,教育劳动的过程,是一个运用智力进行学习、消化、积累、传递和转换知识的过程,是一个既运用知识技能又运用思想觉悟和道德意识的复杂过程。其次,从教育劳动的对象来看,在教育过程中,教师要使学生形成高尚的思想品德,需要对其进行诸如知识传授、情感激励、意志磨炼、信念确立及行为习惯养成等方面的复杂工作,由于每个学生的具体情况不同,因此教师更需要做到具体问题具体分析。同时,教育劳动是在开放的环境中进行的,学生在接受教师教育的同时会受到环境因素的影响,家庭环境和社会环境都会对学生的成长起到重要的作用。特别是在家庭环境、社会环境对学生产生的影响与学校教育不一致时,往往会抵消学校教育的影响,从而增加学校教育的难度,使教师教育劳动更为复杂。此外,在教育劳动过程中,学生不仅是劳动的对象、教育的客体,而且可以通过自我教育的形式转化为教育的主体。教育劳动对象的这种双重特性,也使得教育过程更为复杂。教育劳动过程的复杂性,固然要求教师个体必须潜心探究学生的心智特点及其接受规律和教学规律,以实现教育劳动的良好效益。因此,教育劳动的复杂性特点更需要教师集体共同努力,要求在教师集体中广开言路、集思广益,发挥教师集体的聪明才智。

(三) 教师个体的局限性决定了教师集体在教育中的意义

教师集体是由个人组成的,教育劳动也是通过各个教师个人的具体活动进行的。因此,教师个体在教育劳动中具有逻辑起点的意义。要提高教育劳动的效益,必须首先致力于教师个体素质的提升。然而,就教育者个人而言,不管其具有多少渊博的专业知识和深刻的理性认识,也不管教育实践经验如何丰富,由于其年龄、经历、知识、专业背景、思维方式、心理素质等方面的局限,当教师面对具有差异性和发展变化性的学生时,即使他十分注重学习以提高自身素质,也难免会存在认识上的失误和实践能力的局限。这就需要借助教师集体中其他成员的优势弥补不足。

(四) 教师集体的固有特点决定了教师集体在教育中的意义

广大的教育工作者是教育事业的推动力量。众多教育者组成的集体中往往卧虎藏龙,他们各自的人生阅历和实践经验,认识问题的不同视角,处理问题的独特方式,将起到优势互补的作用。教师集体的这一特点,决定了教师集体在教育工作中具有极为重要的意义。首先,教师集体是人才高密度积聚之地,这为教师的发展提供了良好的背景和高层的平台。其次,教师集体对于其个体而言是一种积极的支持力量。在教师的教育劳动过程中,每个人经过努力都可能取得不俗的成绩,也可能会遇到挫折和困难,这些对于教育者来说都是极为正常的。不过,当教师面对这种情况时,他们需要获得一种支持性的力量。对此,只有教师集体能够担此重任。

教师集体对于教师个体的重要意义,实际上是集体对于个体意义的具体表现。叶圣陶曾指出,教育工作不是一个人所能搞好的,需要全体教师的共同努力,教育工作者一定要能够与志向相同的人合作。即使是一个伟大的天才,离开集体也是微不足道的,无所作为的。理论和实践都证明,教师只有把个人置于集体之中,与集体融为一体,聪明才智才能得到发挥。

二、教师集体关系的道德调节

教师集体中客观存在的人际矛盾,需要通过各种有效的手段加以消解和调节。从道德的视角而言,由于和谐的教师集体的确立必须以教师之间的相互尊重为前提,所以必须对广大教师提出尊重同事这一道德要求;又由于教师集体应该是一个充满活力的集体,而这种活力又源自于教师之间的相互协作和友好竞争,所以必须对广大教师提出团结协作,开展有益的工作竞争的道德要求。

(一) 尊重同事

尊重同事作为一种道德规范,其目的在于调整教育劳动中教师和同事之间的关系。首先要尊重同事价值选择的权利。和其他职业劳动者相比,教师往往思想比较深刻,对问题有独到的见解和价值观,他们遇事往往有自己的价值选择。作为同事,应该充分尊重他人的这种权利。其次,要尊重同事的个性特点。教师较高的知识层次和所从事的教育劳动的个体性质,决定了他们比其他职业劳动者更具有个性。这种个性,对于学校的事业发展极为可贵,是学校充满活力的重要原因之一。教师缺乏个性,或者个性受到压抑,则不仅教师难以充分实现其价值,整个学校也就难有生机,必将失去发展的后劲。最后,要尊重同事对不同问题的看法和意见。学术讨论出现意见不一致的现象在教师职业生涯中时有发生,对事不对人,对学术认真,而在私下不因观点不一致而对同事进行人身攻击是教师应有的美德。

(二) 团结协作，开展有益的工作竞争

尽管教师集体中各成员之间的价值目标是一致的，不存在根本利益的冲突，但是这并不等于各个教师在利益的获取上没有时间的先后之分，也没有量的多寡之别。事实上，由于社会经济发展水平所限，也由于社会发展的大背景和教育事业发展的内在规律，教师之间在利益的实现上会存在差异，这就自然导致了教师之间在利益实现方面的相互竞争。因此，广大教师一方面应关心集体、尊重同事，另一方面应认识到相互之间竞争的意义和必要性，并以合乎社会伦理要求的手段积极参与竞争。

从道德价值评价的角度来看，在教师集体中开展有益竞争有利于推进学校教育事业的发展和激励教师个体奋发向上。因此，这种竞争从其效果或后果而言是符合道德的。但是，各个教师抱着何种动机、采取何种手段参与竞争，却有道德和不道德之分。因此，在这里有必要提出，以道德的手段参与教师集体中的竞争这一要求。

1. 竞争的手段必须符合道德

从最终意义而言，教师集体中竞争的结果是各个成员的共同提高，就个人而言，他所追求的目标是在最终结果上强于他人，这一点在道德价值上是无可指责的。但是，为达到强于他人的这一结果，其所采用的手段必须是符合道德的。

2. 妥善处理好教师集体中竞争和协作的关系

教师集体的活力发展首先在于竞争机制机理下教师主观能动性的发挥，但也离不开教师集体良好的协作氛围，甚至可以说，良好的协作氛围是开展良好竞争的必要条件。没有良好的协作氛围，教师之间的竞争就可能背离社会基本的伦理价值体系，最终会导致对教师个体和教师集体都极为不利的后果。因此，应该将能否和他人进行有效协作作为竞争道德的内在要求。这不仅是形成一个充满活力和凝聚力的教师集体所需的，也是由目前学校教师集体中的协作道德现状所决定的。

3. 教师要有开拓进取、敢于创新的精神

开拓进取、敢于创新是处于社会转型时期的职业劳动者应有的素质，而这对于教师而言，则有其更为重要的意义：①当前的学校教育和我们所处的社会一样，正处在改革的进程之中；②学校是培养新型劳动者的场所，而伴随着社会的变化发展，当今学生也具有和以往的学生许多不同的特点；③学校是研究的重要基地，而科学研究作为一种对未知世界的探索活动，所需要的正是这种开拓进取、敢于创新的精神。总之，作为学校教师，如果只是一味地照着前人的经验去做，便没有突破，没有创新，教育事业和科学技术就无法发展，社会就难以大步前进。从这一意义上讲，开拓进取、敢于创新应是教师必须履行的道德使命。

第六节　学校行政管理工作中的职业道德要求

学校行政管理工作与教职工个体和群体，以及学生个体和群体的利益息息相关，对师

生的发展具有重要意义。21世纪的学校行政管理主要从制度、技术和行为的视角进行，其间所产生的伦理问题要求人们必须从道德的角度进行反思和调适。

一、学校行政管理工作对师生发展的意义

在学校行政管理工作中，如果没有建立健全的规章制度，没有合理的组织结构，学校的管理就会流于无序。但学校行政管理仅有完善的规章制度、合理的组织结构等，也并非就能够提高管理效率。其实，学校行政管理的最高境界是人本管理。人本管理就是"以人为本"的管理思想，是指在管理活动中把人作为管理的核心，把人作为管理的重要对象和管理的重要资源，尊重人的价值，全面开发人的潜能，以谋求人的全面自由发展为最终目的的管理。在学校行政管理工作中，实施人本管理对师生的发展具有重要意义。

(一) 有利于调动师生的积极性

生命有限，智慧无穷，人们通常潜藏着巨大的才智和能力。管理的任务在于如何最大限度地调动人们的积极性，释放其潜藏的能量，让人们以极大的热情和创造力投身于事业和学习之中。实施人本管理，学校方针政策的制定、计划的实施都要以人为基点，一切管理活动都要围绕人展开。师生有机会参与学校的各项工作，参与政策的制定，自由民主地发表意见，体现其主人翁地位和主体意识，这样就可以充分调动他们的积极性和主动性，使他们以最佳的状态投入教育教学和学习。

(二) 有利于增强团体凝聚力

学校组织本身是一个生命体，组织中的每个人不过是这个有机生命体中的一部分。所以，管理不仅要研究每一成员的积极性、创造力和素质，还要研究整个组织的凝聚力与向心力，形成整体的强大合力。以人为本的学校行政管理，重视协调个人与他人、个人与群体之间的关系。和谐的人际关系有利于提高管理效率，减少矛盾与冲突；有利于增强合力与向心力，增强以人为中心的管理思想，从内心激发每位教师、学生的归属感。这是管理理论的巨大进步，也是人性化管理理论的核心思想。

(三) 有利于师生良好道德品质的形成

人本管理其实可以最大限度地发掘师生的情感和矫正其心理、行为，因为实施人本管理是以师生的人格得到充分尊重为前提的。师生不再是消极接受管理的个体或群体，而是积极参与管理的，具有主人地位的个体或群体。他们感情世界里的渴望、困惑等，都有机会外化出来并得到合理的保护，都可以在平等的交流中实现情感的交流，得到必要的支持、理解、同情，而不至于无端受到斥责，这样师生的心扉就会打开。另外，人本管理强调的是在管理中以人为本，发扬人道主义和人文精神，充分尊重被管理者的人格，从而在根本上保证被管理者的自尊心和人格尊严不受侵害。管理者针对被管理者的心理及行为问题，对他们动之以情、晓之以理、喻之以义，以帮助他们回到正确的感情和理性的轨道上来，使他们克服不健康的心理，改正不良的行为。无数教育教学的个案证明，教育过程中

的强压和惩罚不仅不是矫正师生心理和行为问题的最好方法，反而会导致部分师生产生逆反心理和偏激行为。其实，教师和学生良好的品质和心理素质，只有在人性化的氛围中才能健康地发展起来。

二、学校行政管理伦理化的实现路径

学校行政管理伦理化，是现代社会对各级学校选择管理者的基本愿望和要求。其要求现代学校管理者，应具备以人为本的管理理念，建立民主参与式的管理体制，以及注重提高自身道德和营造良好的育人环境。

(一) 树立以人为本的管理理念

在现代学校行政管理中，最重要的管理理念是"人本管理"。"人本管理"即以人为中心的管理，它突出人在管理中的地位，重视人的社会、心理因素在管理中的作用。具体说来，就是重视教师的参与意识和创造意识，注重满足他们在社会和情感方面的需要。人本管理的管理理念在于依靠个人，管理任务在于开发人的潜能，管理宗旨在于尊重每个人，终极目的在于人的可持续发展及全面发展。

1. 人本教育观

在学校行政管理的所有要素中，对教师的管理是第一要素，是学校行政管理的核心。对教师的管理应体现在关注教师的人性和发展上。

教育的本质含义在于"关注生命、撼动心灵"，以教育的理想实现理想的教育。未来的教育，负载着人们殷切的期望。要实现理想的教育，教师是载体。一个不合格的教师，对于教师队伍或教师群体来说可能是百分之一，而对于一个班级的学生来说却是百分之百。因此，点亮教师这个群体中每位教师的光辉，是学校行政管理的首要使命。可以借鉴一些学校的做法：首先，要激发教师对真、善、美的追求，强化其教育者的意识；其次，要关注教师的发展，使教师得到培训和提高。

对于学生，人本教育观主张应把学生的权利还给他们，呼吁保障学生自由选择课程的权利、质疑问题的权利、自主发展的权利、获得高质量后勤服务的权利等。学生也是人，而且应该是发展的人、完善的人。他们具有独特的思想感情，有自己的思想个性、与他人平等的人格，有自己的需要、愿望、尊严，以及人格受保护和获取尊严的权利。学校行政管理，应该让学生得到幸福、快乐和平衡的发展，应该让学生热爱学校生活，并在他们所取得的成绩中获得愉悦感，应该鼓励他们按照自己的方式自由地发展。

2. 主体意识的唤醒

教师主体意识是否强烈，有赖于校长是否具有强烈的民主意识。现在大多数学校实行校长负责制，校长掌握着人事权和财权等，涉及职工的切身利益，职工往往对校长产生敬畏感，如果校长缺乏民主意识，相当多的教师就会认为学校的事是校长的事，与己无关，这样的校长吃力不讨好。教师是知识分子，有强烈的自尊心和自信心，他们迫切希望能以主人翁的身份参与学校重大问题的研究，愿意执行"民主研究决定"的决议。教师的这种情感是正当的，应当予以满足。只要教师真正感到自己是学校的主人，就会产生主人翁的责任感，为学校分忧解难。为此，校长必须把学校的各种问题交由教师讨论，越是重大的问题越要保持尽量大的透明度，让教师人人参与民主决策，形成人人都既是决策者又是执行者的良好的民主管理局面。

3. 精神激励的管理方法

按照马斯洛的需要层次理论，人的最高需要是自我实现的需要。师生群体是一个具有较高文化素质和道德素质的特殊社会群体，他们中的每个人对事物的认识都具有独特的判断能力，难以接受命令式的管理。他们在需要物质刺激的同时，更需要精神鼓励，从而满足自己内心的情感需求。因此，学校行政管理者要注重情感激励、目标激励及榜样激励等精神激励的管理方法。

(二) 建立民主参与式的管理体制

为实现以人为本的学校行政管理，提高学校行政管理的运作效率，应提倡建立民主参与式的管理体制。

1. 教代会自身的建设

我国目前大多数学校实行的是校党委领导下的校长负责制。教职工代表大会是党委领导下的校长负责制的重要组成部分。《中华人民共和国教师法》第七条明确规定，教师享有对学校教育教学、管理工作和教育行政部门的工作提出意见和建议，通过教职工代表大会或其他形式，参与学校的民主管理的权利。充分发挥教代会的作用，是搞好学校行政管理的关键，因为它有以下功能：①能让教师当家做主，对领导实行有效的监督；②有利于发挥教师集体的智慧，提高领导决策的质量，减少决策的失误，确保决策得到有效实施；③有利于教师在参与民主管理的过程中进行自我教育和自我管理。

加强教代会的自身建设，要做到以下几点：①要进一步提高对教代会制度的认识；②要加强教代会的组织建设和思想建设；③要切实抓好教代会的制度建设；④为开好教代会，要注重调查研究和信息对称，不搞形式主义。

2. 校务委员会的组建

教育是一项系统工程，需要社会、学校、家庭等各方面的相互配合。在学校与社会联系越来越密切的今天，社会和家庭等各方面不仅是教育服务的资助者和接受者，而且应当是共同管理学校事务的合作者。学校应组建由多方人士构成的校务委员会，对学校重大事务和校长工作进行监督，以促进学校工作透明度的提高，从而可以提高教师和学生的民主意识。

3. 学校管理制度的人文关怀

制度管理是改变管理者的无序状态和"头疼医头，脚疼医脚"的管理局面，提高管理效率的一种重要手段。在学校的行政管理中，制度管理可以约束和规范师生和员工的行为有法可依，有章可循。运用制度管理来进行有效的管理，要做到以下方面。

1) 创建具有人文关怀的规章制度

美国著名法学家朗·富勒指出,真正的法律制度必须符合一定的道德标准。所以学校管理制度必须符合道德伦理,必须具有人文关怀。教师工作的原动力在于他们的主观内驱力和精神境界。因此,学校行政管理者应当以尊重人、激励人、关爱人、发展人为前提。学校在创建规章制度时,应考虑教师和学生的需要,体现人文关怀。

2) 执行规章制度应做到情与法的统一

法犹如人的骨架,情犹如人的血脉。离开法的学校行政管理,学校将陷入瘫痪、流于无序。离开情的学校行政管理,学校将缺少动力发展的源泉。情与法相结合、刚柔相济才是现代学校行政管理之道。因此,学校行政管理者应注重情与法相结合的管理之道。

(三) 学校领导者素质的修炼

以校长为首的学校行政管理者,在学校行政管理中发挥着核心作用,不仅是学校办学方向的引导者、教育方针政策的贯彻者、学校运转的组织者,而且是人际关系的协调者、学校师生员工信念的影响者。鉴于校长承担着重要职能和责任,校长必须具备胜任此职务需具备的素质。校长务必重视自身素质的修炼,把学问进步和修炼人品结合起来,既做学问、抓管理,又重人格修养,养成良好的德行素养和人文素养。这样的校长所管理的学校,才能真正成为激发人、培育人、发展人的乐土。

1. 政治素养的修炼

苏霍姆林斯基指出,校长对学校的领导首先是教育思想的领导,而后才是行政的领导。这就要求校长:首先,应树立忠诚党的教育事业的政治信念和具有忠实执行国家教育方针的政治品质,教育师生员工树立马克思主义世界观和人生观;其次,要在国家教育方针、政策的引导下,树立正确的办学思想。如果校长具有清晰正确的办学思想,学校就会从根本上找准位置、把握特色、明确战略、顺利发展。总之,一所学校办学理念的形成离不开校长良好的政治素质。

2. 教育教学管理素养的修炼

苏霍姆林斯基说过,想成为一名好校长,先得成为一名好教师,一位好的教学专家。教学质量是一所学校的生命,对教师教学的帮助与指导,是校长义不容辞的责任。校长必须既懂教育,又会管理。校长要有教育教学研究的能力,这就要求校长必须拥有一定的专业知识,必须参与教学实践,具备相当的教学研究能力;然后,在此基础上运用教育学、心理学的基本原则和规律,从本校实际出发,组织教师研究教育改革的动态,大胆探索教育教学改革的新路子。此外,校长还需具备管理能力,包括决策能力、统揽全局能力、激励用人能力、协调能力及应变能力。校长要有战略观念,变事务长为战略指挥家,变经验管理为科学管理。优秀的校长不仅能高瞻远瞩,统揽全局,进行系统指挥,而且能承上启下,协调左右,实施目标控制;不仅能礼贤下士,集思广益,贯彻民主治校的原则,而且能巧妙组合,善于应用科学的管理方法有效地激发群体智慧和能量。总而言之,优秀的校长善于通盘考虑各种管理要素、各个管理环节使学校行政管理做到人尽其才、财尽其力、物尽其用、时尽其效,实现学校工作整体的最优化。

3. 道德素养的修炼

学校行政管理者的道德品质,是学校行政管理者在学校行政管理教学实践中,通过自身的道德行为表现出来的一定的觉悟水平和道德修养状况。学校行政管理者作为全校师生员工的带头人,其道德品质应是师生员工全体道德品质的集中体现。因此,学校行政管理者应以德正己。校长良好的个人品德,比言语教育和规章制度管理具有更强的心灵渗透力。校长要公正正直,严于律己,言行一致,宽厚待人。处理问题时,必须本着公正、公平、公开的原则,不分交往亲疏,不计个人恩怨,不分彼此,一视同仁。在用人问题上,校长要任人唯贤,思贤若渴,用人之长,容人之短,让真正有才华的教职工有用武之地;对待师生员工既严格要求,又处事宽容,留有余地。在个性心理修养上,校长应忠厚、仁义、正直、谦虚,胸怀坦荡,作风民主,遇事开诚布公,充分讨论,大事讲原则,小事讲风格。学术上、认识上的问题,要经过实践达成共识,创造一个宽容和谐的心理氛围。这样才能集思广益,办好学校。所以,校长要正确对待自己手中的权力,加强自律,用以身示范的道德力量影响自己周围的干部和群众,从而做到以德聚人、以德感人、以德影响和激励人。

总之,领导者既重视学问进步又重视人品修炼,既重视文化修养又重视道德修养,则会产生真正的领导力和教育力,为学校培养和发展人才创造一片真正的乐土。

(四) 营造良好的育人环境

美国管理学家哈德罗·孔茨认为,管理就是设计和保持一种良好的环境,使人在群体中高效率地完成既定目标。这里的环境制约包括硬环境和软环境两类。具体到学校,硬环境指学校的建筑设施、设备、绿化、美化等外显的东西;软环境指学校的校风校训、校纪校规、文化氛围,员工的价值取向、道德信念等内在的东西。校园环境作为一种无声的力量,潜移默化地影响着学校成员的行为,并且这种影响力会相当持久。营造一个充满关爱、尊重、信任、富有人情味的环境,有利于增强学校的凝聚力、向心力和战斗力,有利于调动师生的主动性、积极性和创造性,从而为实现学校的目标而共同奋斗。如果没有良好的校园文化环境,无论学校行政管理者的管理才能有多高、管理体制有多健全、管理制度有多完善,学校行政管理目标的实现都将成为空谈。目前,一般认为良好的育人环境主要受校园文化建设的影响。校园文化建设是由学校物质文化建设、学校制度文化建设和学校精神文化建设三方面组成的。

1. 学校物质文化建设

学校物质文化建设是指学校建设、学校设施、学校标识、校园绿化等方面的建设。这些既是学校开展教育教学活动的物质基础,又是塑造优良校园文化的物质基础。学校物质文化建设,应紧紧围绕以学生发展为本的思想,安排整体格局,使学校的一砖一石都具有内涵,一草一木都有情。要让学校的每个角落都会"说话"。校园绿化应做到净化、绿化、美化、知识化。学校领导在环境布置上应精心构思、深思熟虑,充分发挥环境的育人功能,营造浓郁的人文氛围。例如,上海市某中学形成了自己独特的校园物质环境。著名画家、书法家程十发先生题写在校园雕塑上的"爱国、科学、人文"几个大字,突出显示了学校的办学理念。雕塑为学校增添了一道风景，烘托了校园文化氛围，留给了学生无限的遐想。鉴于环境对人的熏陶作用，学校还在教学楼和实验楼等墙面上悬挂名人画像，以及学生自己的绘画、书法和临摹作品，以此激励和鞭策广大学生。这样的校园环境就有了良好的育人功能。

2. 学校制度文化建设

学校制度文化建设是校园文化建设的重要组成部分。学校制度文化建设包括两点。①一些组织文化机构的设置，如设立党团组织、学生会、运动队，以及各类学生社团或各类文艺团体等。这些都是校园文化建设的主要依靠力量，他们是校园文化建设的组织保证，很多相关的文化活动都是通过这些组织机构实施的。②一些规章制度的制定，主要是指学校的各项规章制度在形成、发展和完善过程中所形成的文化管理氛围，以及它所起的作用。

3. 学校精神文化建设

校园精神文化建设是校园文化建设的核心内容，也是校园文化的最高层次。它主要包括校园历史传统和被全体师生员工认同的共同文化观念、价值观念、生活观念等意识形态，是一个学校本质、个性、精神面貌的集中反映。校园精神文化又被称为"学校精神"，并具体体现在校风、教风、学风和学校人际关系的建设上。

(1) 校风建设。校风建设实际上就是校园精神的塑造，校风作为构成教育环境的独特的因素，体现着一个学校的精神风貌。在校风体现形式上，校风主要表现在校训、校歌、校徽和校旗上。好的校风具有深刻"强制性"的感染力，使不符合环境气氛要求的心理和行为时刻感受到一种无形的压力，使每位校园人的集体感受日趋巩固和扩展，形成集体成员心理特性最协调的心理相容状态；好的校风具有对学校成员内在动力的激发作用，催人奋进；好的校风对学校成员的心理发展具有保护作用，对不良的心理倾向和行为具有强大的抵御力量，有效地排除各种不良心理和行为的侵蚀和干扰。

(2) 教风建设。教风是教师在长期教育实践活动中形成的教育教学的特点、作风和风格，是教师道德品质、文化知识水平、教育理论、技能等素质的综合表现。要抓好校风建设首先必须抓好教风建设(包括工作作风建设)，因为学校是育人的场所，是人才的摇篮，而教师是人才的培养者，理应在"三育人"(即管理育人、教书育人、服务育人)的过程中发挥主力军的作用，只有在干部职工中树立起实事求是、艰苦奋斗、勤政廉政、团结协作、高效严谨、服务周到、细心耐心的工作作风，以及在教师中树立起为人师表、教书育人、治学严谨、认真负责、耐心细致、开拓进取的教风，才能引导和促进勤奋学习、积极向上、严谨求实、尊师重教、遵纪守法、举止文明的优良学风的形成。总之，没有良好的工作作风和教风就难以形成良好的学风。

(3) 学风建设。学风是指学生集体在学习过程中表现出来的治学态度和方法，是学生在长期学习过程中形成的学习习惯、生活习惯、卫生习惯、行为习惯等方面的表现。优良学风像校风、教风一样，对学校教育教学质量的提高，对学生人格品质的发展和完善，对培养学生成为德、智、体、美、劳全面发展的接班人，都有重要意义。

(4) 学校人际关系建设。学校人际关系包括学校领导之间的关系、学校领导与教职工之间的关系、教师之间的关系、教师与学生之间的关系、学生与学生之间的关系。良好的学校人际关系有助于广大师生员工达到密切合作，形成一个团结统一的集体，更好地发挥整体效应。

·本章小结·

通过本章学习，读者可以掌握教学活动中的职业道德要求；理解学术研究中的职业道德要求；掌握师生关系中的职业道德要求；理解家校关系中的职业道德要求；理解教师集体中的职业道德要求；掌握学校行政管理工作中的职业道德要求。

·思考与练习·

一、简答题

1. 教师集体在教师个体发展过程中的意义何在？
2. 试述教师在处理家校关系中的注意事项。
3. 结合实际，谈谈教师如何在教学中更好地遵循教师道德要求。

下篇

教育政策法规

第五章
我国教育的基本政策与法规　　96

第六章
我国基础教育的政策与法规　　113

第七章
其他教育法律法规　　191

第五章 我国教育的基本政策与法规

· 案例导入 ·

教育是国之大计、党之大计。以习近平同志为核心的党中央高度重视教育工作，把教育摆在更加突出的优先发展战略地位，召开全国教育大会，印发实施《中国教育现代化2035》，开启了加快推进教育现代化、建设教育强国、办好人民满意的教育的历史新征程。在党中央坚强领导下，在全党全社会共同努力下，中国特色社会主义教育制度体系的主体框架基本确立，我国教育事业取得历史性成就，教育面貌正在发生格局性变化。

第一节 新时期我国教育基本政策的变革与创新

一、新时期教育发展的新指针

进入21世纪后，我国社会主义现代化建设进入实现中华民族伟大复兴中国梦的新时期。在新时期，中国共产党适时确立了引领中国社会发展的新的指导方针，新的指导方针同样引领着教育事业的发展。

(一)科学发展观对教育事业发展的指引

2003年10月召开的中国共产党第十六届三中全会提出了科学发展观，这为新时期我国社会发展确立了新的指导思想。科学发展观具有丰富深刻的内涵，其完整的表述是：坚持"以人为本"，树立全面、协调、可持续的发展观，促进经济社会和人的全面发展。科学发展观的确立，标志着我国治国理念的新变化，也鲜明地体现出我国治国方略的重大创新。

科学发展观是新时期我国教育事业发展的新指针，为教育事业的发展指明了新的目标与方向。科学发展观对教育事业的发展具有的重大的指导意义主要表现在以下几个方面。

(1) 确立科学发展观意味着进一步确立了教育事业的发展在社会发展中的重要地位。社会的科学发展包含教育事业的发展，若没有教育事业的充分发展，社会的科学发展也无从谈起。另外，科学发展观的核心是"以人为本"，这就进一步凸显出教育发展的重要地位。因为"以人为本"要求不断提高人的素质，提高人的生命与生活质量，这便对教育发展提出了更多、更高的要求。

(2) 科学发展观指引着教育的科学发展。在科学发展观的指引下，新时期教育事业的发展需要牢牢坚持"以人为本"，坚持全面、协调和可持续发展。坚持教育的"以人为本"，需要坚持不懈地将全面提高国民素质作为教育的基本追求，将促进人的全面发展作为教育发展的根本目标。坚持教育的全面发展，重要的是建立起符合我国国情并具有中国特色的终身教育体系。坚持教育的协调发展，特别要努力缩小城乡教育和区域教育发展的差距，实现城乡教育和区域教育的共同发展和均衡发展。坚持教育的可持续发展，要求教育发展既要注重数量发展更要注重质量发展，既要追求效率又要兼顾公平，既要着眼当前又要着眼长远。教育的可持续发展，关键在于培养致力于社会可持续发展的人才。

(二) 全面推进依法治国的方针对教育发展的指引

2014年10月中国共产党第十八届四中全会做出了《中共中央关于全面推进依法治国若干重大问题的决定》，这是中国共产党建设"法治中国"的庄重承诺，是在向国际社会宣告，其作为全球共同体的一员，有责任、有义务，也有信心建设好法治社会。全面推进依法治国已成为新形势下我国社会发展的根本指导方针。这一方针，对教育事业的发展同样具有强烈而鲜明的指导意义。

(1) 全面推进依法治国必然要求全面推进依法治教。依法治国包含依法治教。依法治教是依法治国的重要内容，是依法治国的重要体现。不仅如此，依法治教对推进依法治国又具有重要的价值与作用。因为依法治国是通过人去实现，它需要全体国民树立良好的法治观念，形成良好的法治素养，这有赖于教育为此做出努力。另外，由于教育事业的发展在整个社会事业的发展中优先发展，因此其也具有特别重要的地位，这也意味着依法治教在依法治国中具有特别重要的地位。此外，对于教育事业本身的发展而言，积累数十年教育发展的经验教训，推进依法治教，是推进教育事业健康发展和良性发展的根本保障。

(2) 全面推进依法治教，目标是建设具有中国特色的社会主义教育法治体系。这是遵循全面推进依法治国总目标的要求。为此，还要形成完备的教育法律法规体系，高效的教育法治实施体系，严密的教育法治监督体系，有力的教育法治保障体系。全面推进依法治教，需要按照"科学立法、严格执法、公正司法、全民守法"的要求，切实加强教育立法，进一步完善教育法律法规体系。要真正使教育事业的发展进入法治化轨道，同时要对违反教育法律的事件公正司法，要在全社会形成遵守教育法律法规的风尚。建设具有中国特色的社会主义教育法治体系，也是服务于促进国家教育治理体系和治理能力的现代化，服务于促进国家治理体系和治理能力的现代化。

(三) 习近平新时代中国特色社会主义思想对教育发展的指引

在党的十九大报告中，强调建设教育强国是中华民族伟大复兴的基础工程，要求全面贯彻党的教育方针，落实立德树人根本任务，发展素质教育，推进教育公平，培养德智体美劳全面发展的社会主义建设者和接班人。

在习近平新时代中国特色社会主义思想的指引下，教育战线要继续深化办学体制、管理体制、经费投入体制、考试招生及就业制度等方面的改革，深化学校内部管理制度、人事薪酬制度、教育管理制度等方面的改革，深化人才培养模式、教学内容及方式方法等方面的改革；不断促进教育发展成果更多更公平惠及全体人民，以教育公平促进社会公平；把发展教育扶贫作为治本之计，切断贫困代际传递；树立正确的人才观，大力推进素质教育。

二、新时期我国教育发展的新规划

2021年3月，十三届全国人大四次会议通过的《中华人民共和国国民经济和社会发展第十四个五年规划和2035年远景目标纲要》全文发布，在第四十三章"建设高质量教育体系"中指出，全面贯彻党的教育方针，坚持优先发展教育事业，坚持立德树人，增强学生文明素养、社会责任意识、实践本领，培养德智体美劳全面发展的社会主义建设者和接班人。

(一) 推进基本公共教育均等化

《中华人民共和国国民经济和社会发展第十四个五年规划和2035年远景目标纲要》四十三章第一节中指出，巩固义务教育基本均衡成果，完善办学标准，推动义务教育优质均衡发展和城乡一体化；加快城镇学校扩容增位，保障农业转移人口随迁子女平等享有基本公共教育服务；改善乡村小规模学校和乡镇寄宿制学校条件，加强乡村教师队伍建设，提高乡村教师素质能力，完善留守儿童关爱体系，巩固义务教育控辍保学成果；巩固提升高中阶段教育普及水平，鼓励高中阶段学校多样化发展，高中阶段教育毛入学率提高到92%以上；规范校外培训；完善普惠性学前教育和特殊教育、专门教育保障机制，学前教育毛入园率提高到90%以上；提高民族地区教育质量和水平，加大国家通用语言文字推广力度。

(二) 增强职业技术教育适应性

《中华人民共和国国民经济和社会发展第十四个五年规划和2035年远景目标纲要》四十三章第二节指出，突出职业技术(技工)教育类型特色，深入推进改革创新，优化结构与布局，大力培养技术技能人才；完善职业技术教育国家标准，推行"学历证书+职业技能等级证书"制度；创新办学模式，深化产教融合、校企合作，鼓励企业举办高质量职业技术教育，探索中国特色学徒制；实施现代职业技术教育质量提升计划，建设一批高水平职业技术院校和专业，稳步发展职业本科教育；深化职普融通，实现职业技术教育与普通教育双向互认、纵向流动。

(三) 提高高等教育质量

《中华人民共和国国民经济和社会发展第十四个五年规划和2035年远景目标纲要》四十三章第三节指出，推进高等教育分类管理和高等学校综合改革，构建更加多元的高等教育体系，高等教育毛入学率提高到60%；分类建设一流大学和一流学科，支持发展高水平研究型大学；建设高质量本科教育，推进部分普通本科高校向应用型转变；建立学科专业动态调整机制和特色发展引导机制，增强高校学科设置针对性，推进基础学科高层次人才培养模式改革，加快培养理工农医类专业紧缺人才；加强研究生培养管理，提升研究生教育质量，稳步扩大专业学位研究生规模；优化区域高等教育资源布局，推进中西部地区高等教育振兴。

(四) 建设高素质专业化教师队伍

《中华人民共和国国民经济和社会发展第十四个五年规划和2035年远景目标纲要》四十三章第四节指出，建立高水平现代教师教育体系，加强师德师风建设，完善教师管理和发展政策体系，提升教师教书育人能力素质；重点建设一批师范教育基地，支持高水平综合大学开展教师教育，健全师范生公费教育制度，推进教育类研究生和公费师范生免试认定教师资格改革；支持高水平工科大学举办职业技术师范专业，建立高等学校、职业学校与行业企业联合培养"双师型"教师机制。深化中小学、幼儿园教师管理综合改革，统筹教师编制配置和跨区调整，推进义务教育教师"县管校聘"管理改革，适当提高中高级教师岗位比例。

(五) 深化教育改革

《中华人民共和国国民经济和社会发展第十四个五年规划和2035年远景目标纲要》四十三章第五节指出，深化新时代教育评价改革，建立健全教育评价制度和机制，发展素质教育，更加注重学生爱国情怀、创新精神和健康人格培养；坚持教育公益性原则，加大教育经费投入，改革完善经费使用管理制度，提高经费使用效益；落实和扩大学校办学自主权，完善学校内部治理结构，有序引导社会参与学校治理；深化考试招生综合改革；支持和规范民办教育发展，开展高水平中外合作办学；发挥在线教育优势，完善终身学习体系，建设学习型社会；推进高水平大学开放教育资源，完善注册学习和弹性学习制度，畅通不同类型学习成果的互认和转换渠道。

第二节 《中华人民共和国教育法》概述

《中华人民共和国教育法》(以下简称《教育法》)，1995年3月18日第八届全国人民代表大会第三次会议通过；根据2009年8月27日第十一届全国人民代表大会常务委员会第十次会议《关于修改部分法律的决定》进行了第一次修正；根据2015年12月27日第十二届全国人民代表大会常务委员会第十八次会议《关于修改〈中华人民共和国教育法〉的决定》进行了第二次修正；根据2021年4月29日第十三届全国人民代表大会常务委员会第二十八次会议《关于修改〈中华人民共和国教育法〉的决定》进行了第三次修正。这是我国教育史上具有里程碑意义的大事。它的颁行标志着我国已进入全面依法治教的新时期，对我国教育事业的改革和发展，以及物质文明、精神文明建设具有重大而深远的意义。

一、《教育法》的立法宗旨和适用范围

《教育法》第一条明确揭示了制定和颁行《教育法》是为了发展教育事业，提高全民族的素质，促进社会主义物质文明和精神文明建设。《教育法》的立法宗旨为我国教育的发展指明了方向。我国的教育是社会主义性质的教育，教育的目的是提高全民族的素质，使受教育者成为全面发展的人，从而促进我国的社会主义物质文明和精神文明建设。

《教育法》是调整教育关系的法律规范。它的适用范围包括空间效力范围和时间效力范围两个方面。《教育法》第二条规定，在中华人民共和国境内的各级各类教育，适用本法。这说明《教育法》适用的地域范围仅限于国内，仅限于具有法人地位的各级各类学校和其他教育机构，以及其中从事教育工作和受教育的人，包括教师、学生、管理人员、教辅人员和其他专业技术人员。这是《教育法》适用范围的一般规定。

二、《教育法》的立法特点和重要地位

《教育法》具有以下几个立法特点。

(1) 全面性和针对性相结合。《教育法》作为教育的基本法，要为其他教育法律、法规提供立法依据，这就要求《教育法》的内容要尽可能全面。我国的《教育法》对应当纳入法律调整范围的重要事项(如教育的性质、地位、方针、基本原则等)做了全面的规定，充分体现了教育基本法全面性的特点。《教育法》在全面规范和调整各类教育关系的同时，又针对现阶段教育改革和发展中出现的突出问题，做了有针对性的规定。全面性和针对性相结合，既体现了基本法的要求，也体现了《教育法》的现实性。

(2) 规范性和导向性相结合。《教育法》把中华人民共和国成立以来，特别是改革开放以来我国教育改革和发展的成熟经验，通过法律规范形式固定下来，如教育管理体制中的分级管理，分工负责；学校的法人地位及自主权；以财政拨款为主的多渠道筹措教育经费体制等，巩固了教育改革和发展的成果。同时，《教育法》也对符合改革和发展方向，但还有待于进一步实践和探索的问题，如终身教育体系的建立和完善，运用金融和信贷手段支持教育事业的发展等。

(3) 原则性和可操作性相结合。《教育法》作为教育的根本大法，只能对关系到我国教育改革与发展全局的重大问题(如教育的性质、方针、教育活动的原则等)做出原则性的规定，而不可能对具体问题逐一做出规定。但是，原则性过强，则不易操作；不易操作，

则难以落实。《教育法》在突出原则性的同时，又注意到实施上的可操作性，特别是法律责任部分，明确了违反《教育法》的法律责任、处罚形式、执法机关等，由此体现了《教育法》的可操作性，以保证《教育法》的顺利实施。

《教育法》的颁行，是教育立法的重要成就。如果说我们过去的教育工作主要靠政策来调整，靠行政手段来管理的话，那么从《教育法》施行之日起，就开始转入以法律手段管理教育的新时期。《教育法》的颁行，改变了过去我国教育立法是在没有基本法律的前提下，零星立法、单项推进的状况。从此，制定教育方面的单行法规则可以在而且也必须在《教育法》的指导下进行。《教育法》是教育的根本大法，它在我国法律体系和教育法规体系中占有重要的地位。《教育法》是我国最高权力机关全国人民代表大会审议通过的基本法。《教育法》是《宪法》之下的国家制定的关于教育的基本法律。《宪法》是制定《教育法》的依据，《宪法》中有关教育的条款具有最高的法律效力，《教育法》不能与其抵触。《教育法》又是一个独立的法律部门，它以教育关系作为调整对象，有着特定的法律关系主体和法律基本原则，并运用相应的处理方式。它与刑法、民法等基本法律相并列，处于同等的法律地位。

《教育法》是国家全面调整各类教育关系，规范我国教育工作的基本法律，在我国教育法规体系中处于"母法"地位，具有最高的法律权威。其他单行教育法规只是调整和规范某一方面的教育关系或某一项教育工作的，都是"子法"。这些单行教育法规的制定和实施，都要以《教育法》为依据，不得与《教育法》确立的原则和规范相违背。作为教育法规的"母法"，《教育法》将带动已经出台和即将出台的"子法"，构建完整的教育法律框架，为我国教育改革与发展奠定坚实的法律基础。

三、《教育法》的基本内容

《教育法》涉及面广，内容丰富，对有关教育的全局性重大问题，如我国教育的性质和方针、我国教育的管理体制、我国教育的基本制度、学校及其他教育机构设立的条件、教育关系主体的权利和义务、教育的社会责任、教育的投入渠道和保障机制、教育对外交流与合作的基本原则和主要方式、违反教育法规的法律责任等，都做了全面规定。

(一)《教育法》规定了我国教育的性质和方针

《教育法》在总则中对我国教育的性质、方针和教育活动原则做了法律规定。

《教育法》第三条规定，国家坚持中国共产党的领导，坚持以马克思列宁主义、毛泽东思想、邓小平理论、"三个代表"重要思想、科学发展观、习近平新时代中国特色社会主义思想为指导，遵循宪法确定的基本原则，发展社会主义的教育事业。这就确立了我国教育的社会主义性质。

从我国教育的社会主义性质出发，《教育法》第五条规定了我国的教育方针，教育必须为社会主义现代化建设服务、为人民服务，必须与生产劳动和社会实践相结合，培养德智体美劳全面发展的社会主义建设者和接班人。教育方针规定了我国教育的目的——培养德、智、体、美、劳等方面全面发展的社会主义建设者和接班人；规定了实现教育目的的途径——教育与生产劳动相结合。

为了全面贯彻教育方针，《教育法》还规定了教育活动应当遵循的基本原则：对受教育者进行政治思想品德教育的原则；继承和弘扬中华民族优秀的历史文化传统，吸收人类文明发展的一切优秀成果的原则；公民依法享有平等受教育机会的原则；国家帮助少数民族、贫困地区、残疾人等发展教育事业的原则；教育活动必须符合国家和社会公共利益，并实行教育与宗教相分离的原则。这些原则都从不同方面体现了具有中国特色的社会主义教育事业的本质特征。

(二)《教育法》规定了我国教育的管理体制

《教育法》在总则中对我国教育管理体制做出了法律规定，国务院和地方各级人民政府根据分级管理、分工负责的原则，领导和管理教育工作。

《教育法》第十四条和第十五条对教育工作的分级管理、分工负责体制做了如下具体规定：①中等及中等以下教育在国务院领导下，由地方人民政府管理；②高等教育由国务院和省、自治区、直辖市人民政府管理；③全国教育工作由国务院教育行政部门主管，并对全国教育事业实行统筹规划和协调管理，县级以上地方各级人民政府教育行政部门主管本行政区域内的教育工作。这些规定形成了我国教育管理体制的层级性特征。它要求从国务院到地方各级人民政府，从国家教育行政部门到地方各级教育行政部门，对教育工作的管理依照法定的范围与权限有序地进行。教育工作管理不到位或者越位管理，都是一种违法行为。

(三)《教育法》规定了我国教育的基本制度

中华人民共和国成立以来，我国教育制度日益完善，形成一系列基本制度。《教育法》第二章对我国教育的基本制度做了法律规定。

1. 学校教育制度

《教育法》第十七条规定，国家实行学前教育、初等教育、中等教育、高等教育的学校教育制度。我国已初步建立起普通教育和职业教育两种教育，全日制学校、半工半读学校和业余学校三类学校。现在国家正采取切实措施改革教育制度，建立更为科学的学制系统。

2. 义务教育制度

《教育法》第十九条规定，国家实行九年制义务教育制度。适龄儿童、少年有接受义务教育的权利，各级政府应予保障。适龄儿童、少年的父母或者其他监护人以及有关社会组织和个人，必须履行法定义务，使适龄儿童、少年接受并完成规定年限的义务教育。

3. 职业教育制度和继续教育制度

《教育法》第二十条规定，国家实行职业教育制度和继续教育制度。职业教育是培养学生从事某种职业或生产劳动所需要的知识和技能的教育。它包括职业学校教育、职业培训和职业预备教育。职业教育要求就业的公民必须接受培训。

继续教育是通过业余、脱产或半脱产的途径，对成年人进行的教育。它是学校教育的继续、补充和延伸，是终身教育的组成部分。其主要形式有：扫盲识字班、职工学校、农民学校、夜大学、广播电视教育、函授教育、各种短期培训班、各种知识和技术讲座、自学等，继续教育自行构成从扫盲到高等教育的完整体系。

4. 国家教育考试制度

考试制度是教育基本制度的重要方面。《教育法》第二十一条规定，国家实行国家教育考试制度。国家教育考试由国家批准的实施教育考试的机构承办。国务院教育行政部门确定考试种类，并制定相应的考试规则或条例。

5. 学业证书制度和学位制度

《教育法》第二十二、二十三条规定，国家实行学业证书制度和学位制度。学业证书是指学校及其他教育机构颁发的，证明学生完成学业情况的凭证。它是用人单位衡量持有者知识水平和能力的依据。学业证书有毕业证书、结业证书、肄业证书等。国家承认学历证书持有者的学历，用人单位按照国家规定给予相应的工资福利待遇。国家不承认非学历证书持有者的学历，用人单位视情况确定其工资和福利待遇。学位制度是国家或高等学校以学术水平为衡量标准，通过授予一定称号来表明专门人才知识能力等级的制度。我国的学位分为学士、硕士、博士三个等级。国务院设学位委员会，负责领导全国的学位授予工作。学士学位由国务院授权的高等学校授予；博士、硕士学位由国务院授权的高等学校和科研机构授予。

6. 扫除文盲制度

扫除文盲是一项群众性的工作，党和政府动员各方面力量参与这项工作。《教育法》第二十四条设定了扫盲工作的四类法律义务主体：①各级人民政府；②基层群众性自治组织；③企业事业单位；④特定公民。这四类主体各自负有扫除文盲的法律义务。扫除文盲是提高全民族素质的一个方面，直接影响国家的社会主义现代化建设，因此是一种需要常抓不懈的工作。

7. 教育督导制度和评估制度

《教育法》第二十五条规定，国家实行教育督导制度和学校及其他教育机构教育评估制度。教育督导制度是指教育督导部门依据国家的教育方针、政策和法规对下级教育行政部门和学校进行视察、监督、评价、帮助和指导的行政管理制度。教育督导的基本形式有综合型督导、专项督导、经常性检查等。我国教育督导机构分为国家、省(自治区、直辖市)、地(市、州、盟)、县(区、旗)四级设置。各级教育督导机构设专职和兼职督学。通过教育督导，制止违规行为，帮助和指导下级部门的工作，促进教育事业的发展。

教育评估制度是指根据既定的目的，确定相应的目标，建立科学的指标体系，通过系统的信息收集和定性、定量分析，依据客观的价值标准，对教育系统的功效和工作状态做出评议和估价的制度。教育评估的主要内容包括办学条件、教育质量、管理情况等方面。教育评估可分为目标评估、过程评估和条件评估等，其职能包括鉴定合格、评比优劣和评选先进等。教育评估工作具有明显的导向作用、认定作用、诊断作用、咨询作用。教育评估的实施，有助于调动教育工作者的积极性，形成激励先进、鞭策后进、共同前进的局面。

(四)《教育法》规定了学校及其他教育机构设立的条件

按照《教育法》第二十七条的规定，设立学校和其他教育机构，必须具备一定的条件。这些条件是：要有组织机构和章程；要有合格的教师；要有符合规定标准的教学场所及设施、设备等；要有必备的办学资金和稳定的经费来源。学校及其他教育机构的设立、变更和终止，必须履行法定的手续。

(五)《教育法》规定了教育关系主体的权利和义务

法与权利、义务不可分。《教育法》对各类教育关系主体的权利和义务做了明确的规定。《教育法》第二十九条规定了学校及其他教育机构的基本权利：按照章程自主管理的权利；组织实施教育教学活动的权利；招收学生或者其他受教育者的权利；对受教育者进行学籍管理，实施奖励或者处分的权利；给受教育者颁发相应的学业证书的权利；聘任教师及其他职工，实施奖励或者处分的权利；管理、使用本单位的设施和经费的权利；拒绝任何组织和个人对教育教学活动的非法干涉的权利；法律、法规规定的其他权利。

《教育法》第三十条规定了学校及其他教育机构应当履行的六项义务：遵守法律、法规；贯彻国家的教育方针，执行国家教育教学标准，保证教育教学质量；维护受教育者、教师及其他职工的合法权益；以适当的方式为受教育者及其监护人了解受教育者的学业成绩及其他有关情况提供便利；遵照国家有关规定收取费用并公开收费项目；依法接受监督。

学校及其他教育机构凡具有法人条件，取得法人资格的，依法享有民事权利，并独立承担民事责任。

《教育法》对教师和其他教育工作者的权利和义务做了规定。《教育法》第三十三、三十四条规定，教师享有法律规定的权利，履行法律规定的义务，国家保护教师的合法权益，改善教师的工作条件和生活条件，提高教师的社会地位。

受教育权是我国公民的一项基本权利。切实保护受教育者的合法权益，是《教育法》的立法宗旨之一。《教育法》第一次较全面地规定了受教育者的基本权利和义务。受教育者的权利包括：参加教育教学计划安排的各项活动，使用教育教学设施、设备、图书资料；按照国家有关规定获得奖学金、贷学金、助学金；在学业成绩和品行上获得公正评价，完成规定的学业后获得相应的学业证书、学位证书；对学校给予的处分不服向有关部门提出申诉，对学校、教师侵犯其人身权、财产权等合法权益，提出申诉或者依法提起诉讼；法律、法规规定的其他权利。

当受教育者的权益受到侵害时，《教育法》给受教育者以申诉权、诉讼权。对犯错误的学生，学校可视情况给予批评教育或纪律处分，但处分要适当。如果受处分者不服，可以向学校或有关部门申诉。如果教师侵犯了受教育者的人身权和财产权，受教育者可依法提起诉讼和申诉。学校和教师应当尊重受教育者的人格，不得体罚学生。对于侮辱人格、体罚、残害儿童造成严重后果的，要追究法律责任。

《教育法》第四十四条规定了受教育者应履行的义务：遵守法律、法规；遵守学生行为规范，尊敬师长，养成良好的思想品德和行为习惯；努力学习，完成规定的学习任务；遵守所在学校或者其他教育机构的管理制度。受教育者必须严格遵守执行以上义务性规定。

(六)《教育法》规定了教育的社会责任

教育是一种社会活动，它牵动着社会的方方面面，全社会都要负起发展教育的责任。因此，《教育法》列出专章，对社会各方面参与、支持教育的责任和形式做了法律规定。社会应当为青少年的身心健康成长创造良好的社会环境；社会应当为学校组织的学生实习、社会实践活动提供帮助和便利；未成年人的父母或者其他监护人应当为其未成年子女或者其他被监护人受教育提供条件，并且配合学校进行教育工作；社会公共文化体育措施应当向青少年敞开大门，实行优待，提供便利；学校要积极组织学生参加社会公益活动，让学生在实践中培养劳动观点和公民意识，提高思想道德水平。

(七)《教育法》规定了教育的投入渠道和保障机制

《教育法》第五十四条对教育投入的体制做了规定，国家建立以财政拨款为主，其他多种渠道筹措教育经费为辅的体制。

《教育法》对于教育投入规定了"两个提高""三个增长"的原则，第五十五条规定，国家财政性教育经费支出占国民生产总值的比例应当随着国民经济发展和财政收入的增长逐步提高。全国各级财政支出总额中教育经费所占比例应当随着国民经济的发展逐步提高。该法第五十六条规定，各级人民政府教育财政拨款的增长应当高于财政经常性收入的增长，并使按在校学生人数平均的教育费用逐步增长，保证教师工资和学生人均公用经费逐步增长。

教育经费除国家财政拨款外，还可通过以下途径筹措：鼓励和扶持学校在不影响正常教育教学的前提下开展勤工俭学和社会服务，兴办校办产业；鼓励捐资助学；运用金融信贷手段支持教育事业发展。

(八)《教育法》规定了教育对外交流与合作的基本原则和主要方式

教育对外交流与合作，是我国对外开放政策的重要组成部分。它对于吸收国外的先进科学技术、适用的管理经验及有益文化，具有重要的意义。它是加速培养高级专门人才、开展中外技术交流、增进我国同世界各国人民友谊的重要途径。国家鼓励开展教育对外交流与合作。

为促进教育对外交流合作的健康发展，《教育法》规定了教育对外交流合作的基本原则。该法第六十七条规定，教育对外交流与合作坚持独立自主、平等互利、相互尊重的原则，不得违反中国法律，不得损害国家主权、安全和社会公共利益。

《教育法》规定了教育对外交流合作的重要方式：中国境内公民出国留学、研究、进行学术交流或任教；中国境外个人进入中国境内学校及其他机构学习、研究、进行学术交流或者任教。

实行教育对外交流与合作，必然涉及相关国家的学历、学位问题。《教育法》对学业证书的有效性做了规定：中国对境外教育机构颁发的学位证书、学历证书及其他学业证书的承认，依照中华人民共和国缔结或者加入的国际条约办理，或者按照国家有关规定办理。

(九)《教育法》规定了违反教育法规的法律责任

《教育法》针对确立的义务和禁止性规范，结合我国实际，规定了相应的法律责任。法律责任的规定，集中体现了立法精神，在整部《教育法》中具有非常重要的地位。《教育法》针对教育实践中经常发生的、普遍存在的、直接影响《教育法》实施的问题，做了十三条法律责任规定，主要有：挪用、克扣教育经费的法律责任；乱收费、乱招生的法律责任；在招生工作中徇私舞弊的法律责任；"盗用、冒用他人身份，顶替他人取得的入学资格的法律责任；乱发学业证书的法律责任；扰乱学校教学制度，侵占校产的法律责任；造成人员伤亡和重大财产损失的法律责任等。凡违反《教育法》者，根据情节轻重，对其主管人、责任人依法追究其法律责任。

以上是对《教育法》的基本内容所做的概述。《教育法》的颁布与实施，已经对并将继续对我国教育事业的改革与发展发挥强有力的指导与规范作用。

第三节 《中华人民共和国教师法》概述

《中华人民共和国教师法》(以下简称《教师法》)是我国重要的教育人事法律。它以各级各类学校和其他教育机构中履行教学职责的专业人员为适用对象，是中华人民共和国成立以来第一部专门针对从事某一职业的人制定的单行性法律。它的出台，为规范教师队伍建设，进一步改革和完善教育人事制度、提高教师待遇、保障教师权益提供了重要的法律依据。《教师资格条例》及《教师资格条例》实施办法，为提高教师素质，加强教师队伍建设，提供了重要的法律依据。

一、教师的权利和义务

教师的权利是指教师依照《教师法》规定所享有的权利。根据我国《教师法》第七条的规定，我国教师享有下列权利：①进行教育教学活动，开展教育教学改革和实验；②从事科学研究、学术交流，参加专业的学术团体，在学术活动中充分发表意见；③指导学生的学习和发展，评定学生的品行和学业成绩；④按时获取工资报酬，享受国家规定的福利待遇以及寒暑假期的带薪休假；⑤对学校教育教学、管理工作和教育行政部门的工作提出意见和建议，通过教职工代表大会或者其他形式，参与学校的民主管理；⑥参加进修或者其他方式的培训。

> **案例**
>
> 2017年，丰某于师范学院毕业后分配到某中学，任初一(2)班的班主任、语文老师。在教学中，他不鼓励学生死记硬背，也不采取题海战术，而是重视学生的独立思考能力和综合素质，因而深受学生的喜爱。2019年，他所带的班级参加中考成绩不突出，升学率也不高，于是学校据此做出决定，扣发丰某全年奖金。丰某感到很是不解，为什么国家一再提倡素质教育，要坚决改变以升学率高低为主要指标评估教育成绩优劣、教学水平高低和教师工作好坏的做法，而学校却以升学率较低为由扣发其全年奖金。丰某对学校的处理决定不服，应该怎么办？
>
> 丰某应当向学校所在地的教育行政部门提出申诉。根据《教师法》第三十九条，丰某如对学校扣发其全年奖金的处理决定不服，可向学校所在地的教育行政部门提出申诉。如果教育行政部门在30日内未做出决定，丰某可以其不作为为由依法向人民法院提起行政诉讼。

教师的义务是指教师依照《教师法》的规定所承担的必须履行的责任。根据《教师法》第八条的规定，教师应当履行下列义务：①遵守宪法、法律和职业道德，为人师表；②贯彻国家的教育方针，遵守规章制度，执行学校的教学计划，履行教师聘约，完成教育教学工作任务；③对学生进行宪法所确定的基本原则的教育和爱国主义、民族团结的教育，法制教育以及思想品德、文化、科学技术教育，组织、带领学生开展有益的社会活动；④关心、爱护全体学生，尊重学生人格，促进学生在品德、智力、体质等方面全面发展；⑤制止有害于学生的行为或者其他侵犯学生合法权益的行为，批评和抵制有害于学生健康成长的现象；⑥不断提高思想政治觉悟和教育教学业务水平。

《教师法》第三十七条规定，教师有下列情形之一的，由所在学校、其他教育机构或者教育行政部门给予行政处分或者解聘：①故意不完成教育教学任务给教育教学工作造成损失的；②体罚学生，经教育不改的；③品行不良、侮辱学生，影响恶劣的。教师有前款第②项、第③项所列情形之一，情节严重，构成犯罪的，依法追究刑事责任。

二、教师资格制度

教师资格制度是一种国家法定的职业许可制度，只有具备法定条件和专业能力，经认定合格的人才可以取得教师资格，从事教师职业，因而它是国家为公民进入教师行业设置的第一道门槛，对保证教师队伍的职业素质具有重要意义。

(一) 教师资格制度的实施与监督

中国公民在各级各类学校和其他教育机构中专门从事教育教学工作，应当具备教师资格。国务院教育行政部门负责全国教师资格制度的组织实施和协调监督工作；县级以上(包括县级)地方人民政府教育行政部门根据《教师资格条例》规定权限负责本地教师资格认定和管理的组织、指导、监督和实施工作。依法受理教师资格认定申请的县级以上地方人民政府教育行政部门，为教师资格认定机构。

(二) 教师资格的分类与适用

教师资格分为：①幼儿园教师资格；②小学教师资格；③初级中学和初级职业学校文化课、专业课教师资格(以下统称初级中学教师资格)；④高级中学教师资格；⑤中等专业学校、技工学校、职业高级中学文化课、专业课教师资格(以下统称中等职业学校教师资格)；⑥中等专业学校、技工学校、职业高级中学实习指导教师资格(以下统称中等职业学校实习指导教师资格)；⑦高等学校教师资格。成人教育的教师资格，按照成人教育的层次，依照上款规定，确定类别。取得教师资格的公民，可以在本级及其以下等级的各类学校和其他教育机构担任教师；但是，取得中等职业学校实习指导教师资格的公民只能在中等专业学校、技工学校、职业高级中学或者初级职业学校担任实习指导教师。高级中学教师资格与中等职业学校教师资格相互通用。

(三) 教师资格条件

中国公民凡遵守宪法和法律，热爱教育事业，具备良好的思想品德，具备《教师法》规定的学历或者经国家教师资格考试合格，有教育教学能力(包括符合国家规定的从事教育教学工作的身体条件)，经认定合格的，可以取得教师资格。取得教师资格应当具备的相应学历是：①取得幼儿园教师资格，应当具备幼儿师范学校毕业及其以上学历；②取得小学教师资格，应当具备中等师范学校毕业及其以上学历；③取得初级中学教师资格和初级职业学校文化课、专业课教师资格，应当具备高等师范专科学校或者其他大学专科毕业及其以上学历；④取得高级中学教师资格和中等专业学校、技工学校、职业高中文化课、专业课教师资格，应当具备高等师范院校本科或者其他大学本科毕业及其以上学历，取得中等专业学校、技工学校和职业高中学生实习指导教师资格应当具备的学历，由国务院教育行政部门规定；⑤取得高等学校教师资格，应当具备研究生或者大学本科毕业学历；⑥取得成人教育教师资格，应当按照成人教育的层次、类别，分别具备高等、中等学校毕业及其以上学历。申请认定中等职业学校实习指导教师资格者应当具备中等职业学校毕业及其以上学历，对于确有特殊技艺者，经省级以上人民政府教育行政部门批准，其学历要求可适当放宽。

申请认定教师资格者的教育教学能力应当符合下列要求：①具备承担教育教学工作所必需的基本素质和能力，具体测试办法和标准由省级教育行政部门制定；②普通话水平应当达到国家语言文字工作委员会颁布的《普通话水平测试等级标准》二级乙等以上标准，少数方言复杂地区的普通话水平应当达到三级甲等以上标准，使用汉语和当地民族吾言教学的少数民族自治地区的普通话水平，由省级人民政府教育行政部门规定标准；③具有良好的身体素质和心理素质，无传染疾病，无精神病史，适应教育教学工作的需要，在教师资格认定机构指定的县级以上医院体检合格。

(四) 教师资格考试

不具备《教师法》规定的教师资格学历的公民，申请获得教师资格，应当通过国家举办的或者认可的教师资格考试。教师资格考试科目、标准和考试大纲由国务院教育行政部门审定。教师资格考试试卷的编制、考务工作和考试成绩证明的发放，属于幼儿园、小学、初级中学、高级中学、中等职业学校教师资格考试和中等职业学校实习指导教师资格考试的，由县级以上人民政府教育行政部门组织实施。幼儿园、小学、初级中学、高级中学、中等职业学校的教师资格考试和中等职业学校实习指导教师资格考试，每年进行一次。参加教师资格考试，考试科目全部及格的，发给教师资格考试合格证明；当年考试不及格的科目，可以在下一年度补考；经补考仍有一门或者一门以上科目不及格的，应当重新参加全部考试科目的考试。参加教师资格考试有作弊行为的，其考试成绩作废，三年内不得再次参加教师资格考试。

(五) 教师资格认定

具备《教师法》规定的学历或者经教师资格考试合格的公民，可以依照教师资格条例规定申请认定其教师资格。幼儿园、小学和初级中学教师资格，由申请人户籍所在地或者申请人任教学校所在地的县级人民政府教育行政部门认定。高级中学教师资格，由申请人户籍所在地或者申请人任教学校所在地的县级人民政府教育行政部门审查后，报上一级教育行政部门认定。中等职业学校教师资格和中等职业学校实习指导教师资格，由申请人户籍所在地或者申请人任教学校所在地的县级人民政府教育行政部门审查后，报上一级教育行政部门认定或者组织有关部门认定。

申请认定教师资格应当由本人在规定时间提出申请，领取有关资料和表格，提交下列基本材料：①由本人填写的《教师资格认定申请表》一式两份；②身份证原件和复印件；③学历证书原件和复印件；④由教师资格认定机构指定的县级以上医院出具的体格检查合格证明；⑤普通话水平测试等级证书原件和复印件；⑥思想品德情况的鉴定或者证明材料。体检项目由省级人民政府教育行政部门规定，其中必须包含"传染病""精神病史"项目。

申请认定幼儿园和小学教师资格的，参照《中等师范学校招生体检标准》的有关规定执行；申请认定初级中学及其以上教师资格的，参照《高等师范学校招生体检标准》的有关规定执行。普通话水平测试由教育行政部门和语言文字工作机构共同组织实施，对合格者颁发由国务院教育行政部门统一印制的《普通话水平测试等级证书》。申请人思想品德情况的鉴定或者证明材料按照《申请人思想品德鉴定表》要求填写。在职申请人，该表由其工作单位填写；非在职申请人，该表由其户籍所在地街道办事处或者乡级人民政府填写。应届毕业生由毕业学校负责提供鉴定。必要时，有关单位可应教师资格认定机构要求提供更为详细的证明材料。各级各类学校师范教育类专业毕业生可以持毕业证书，向任教学校所在地或户籍所在地教师资格认定机构申请直接认定相应的教师资格。申请认定教师资格者应当按照国家规定缴纳费用，但各级各类学校师范教育类专业毕业生不缴纳认定费用。教师资格认定机构应当及时根据申请人提供的材料进行初步审查。

教师资格认定机构应当组织成立教师资格专家审查委员会。教师资格专家审查委员会根据需要成立若干小组，按照省级教育行政部门制定的办法和标准组织面试、试讲，对申请人的教育教学能力进行考查，提出审查意见，报教师资格认定机构。教师资格认定机构根据教师资格专家审查委员会的审查意见，在受理申请期限终止之日起30个法定工作日内做出是否认定教师资格的结论，并将认定结果通知申请人。符合法定的认定条件者，颁发相应的《教师资格证书》。县级以上地方人民政府教育行政部门按照《教师资格条例》第十三条规定的权限，认定相应的教师资格。在教师资格认定工作中玩忽职守，徇私舞弊，对教师资格认定工作造成损失的，由教育行政部门依法给予行政处分；构成犯罪的，依法追究刑事责任。受到剥夺政治权利或者故意犯罪受到有期徒刑以上刑事处罚的，不能取得教师资格；已经取得教师资格的，丧失教师资格；丧失教师资格的，不能重新取得教师资格，其教师资格证书由县级人民政府教育行政部门收缴。

(六) 教师资格证书管理

教师资格证书作为持证人具备国家认定的教师资格的法定凭证，由国务院教育行政部门统一印制。《教师资格认定申请表》由国务院教育行政部门统一格式。《教师资格证书》和《教师资格认定申请表》由教师资格认定机构按国家规定统一编号，加盖相应的政府教育行政部门公章、钢印后生效。取得教师资格的人员，其《教师资格认定申请表》一份存入本人的人事档案，其余材料由教师资格认定机构归档保存。教师资格认定机构建立教师资格管理数据库。教师资格证书遗失或者损毁影响使用的，由本人向原发证机关报告，申请补发。原发证机关应当在补发的同时收回损毁的教师资格证书。丧失教师资格者，由其工作单位或者户籍所在地相应的县级以上人民政府教育行政部门按教师资格认定权限会同原发证机关办理注销手续，收缴证书，归档备案。丧失教师资格者不得重新申请认定教师资格。按照《教师资格条例》应当被撤销教师资格者，由县级以上人民政府教育行政部门按教师资格认定权限会同原发证机关撤销资格，收缴证书，归档备案。被撤销教师资格者自撤销之日起五年内不得重新取得教师资格。对使用假资格证书的，一经查实，按弄虚作假、骗取教师资格处理，五年内不得申请认定教师资格，由教育行政部门没收假证书。对编造、买卖教师资格证书的，依法追究法律责任。品行不良、侮辱学生、影响恶劣的，由县级以上人民政府教育行政部门撤销其教师资格，被撤销教师资格的，自撤销之日起五年内不得重新申请认定教师资格，其教师资格证书由县级以上人民政府教育行政部门收缴。

> **案 例**
>
> 某中学教师邹某利用课余补课、辅导的机会，多次骚扰女学生，使个别女学生见到邹某就害怕，甚至不敢上学，造成极坏的影响，家长意见很大。区教育局接到家长举报后，在查明基本事实的基础上，根据《中华人民共和国教师法》第三十七条和《教师资格条例》第十九条的规定，做出了撤销邹某的教师资格的行政处罚，并收缴了邹某的教师资格证书。

三、教师的聘任、考核与待遇

教师职务是国家根据各级各类学校的教育教学需要而规定的专业技术工作岗位，取得某一教师职务的人必须具备本专业的业务知识和相应的学术水平，国家对各种教师职务任职条件和任职资格的评审程序做出了具体规定。

(一) 教师的聘任

根据《教师法》第十七条规定，教师的聘任应当遵循双方地位平等的原则，由学校和教师签订聘任合同，明确规定双方的权利、义务和责任。

(二) 教师的考核与待遇

《教师法》第五章专门规定教师的考核制度。教师考核的内容为政治思想、业务水平、工作态度和工作成绩；考核由教师所在学校进行，教育行政部门指导和督察，考核的原则是"客观、公正、准确"，考核应当听取教师本人、其他教师以及学生的意见；考核结果是受聘任教、晋升工资、实施奖励的依据。《教师法》第六章规定了教师工资、津贴、补贴、住房、医疗、退休金等问题，其中明确的原则是：教师的平均工资水平应当不低于或者高于国家公务员的平均工资水平，并逐步提高；教师的医疗同当地国家公务员享受同等待遇；教师退休或者退职后，享受国家规定的退休或者退职待遇。

四、违反《教师法》的法律责任

《教师法》第八章对违反《教师法》的法律责任做了规定，如第三十六条规定，对依法提出申诉、控告、检举的教师进行打击报复的，由其所在单位或者上级机关责令改正，情节严重的，可以根据具体情况给予行政处分；第三十八条规定，地方人民政府对违反本法规定，拖欠教师工资或者侵犯教师其他合法权益的，应当责令其限期改正；第三十九条规定，教师对学校或者其他教育机构侵犯其合法权益的，或者对学校或者其他教育机构做出的处理不服的，可以向教育行政部门提出申诉，教育行政部门应当在接到申诉的三十日内，做出处理。教师认为当地人民政府有关行政部门侵犯其根据本法规定享有的权利的，可以向同级人民政府或者上一级人民政府有关部门提出申诉，同级人民政府或者上一级人民政府有关部门应当做出处理。

> **案例**
>
> 2018年4月19日，某中学教师汪某以对学校做出的学期教师考核不合格、学年考核不合格决定不服为由，将《申请仲裁诉状》等有关材料送区劳动仲裁委员会，并抄送区教育局，要求撤销并纠正学校对他的不正当处理决定，并请求区教育局责成学校补发他2017年年终奖金和辅导津贴，对他人事档案和党员材料被涂改等而造成的后果和影响要求学校负责。此后，汪某又于2018年5月20日、6月6日两次致信催告区教育局要求做出处理，区教育局于2018年6月21日以局办公室的名义向汪某做出书面答复，答复了原告所提出的考核问题，但是未对补发奖金和消除因涂改有关材料而造成不良影响一事做出答复。基于此情况，汪某于2018年6月25日向区人民法院提起了行政诉讼。

· 本章小结 ·

通过本章的学习，读者可以了解新时期教育发展的新指针对我国教育事业发展的引领作用，掌握新时期我国教育发展规划，理解《中华人民共和国教育法》的立法宗旨和适用范围，了解《中华人民共和国教育法》的立法特点和重要地位，掌握《中华人民共和国教育法》的基本内容；掌握教师的权利与义务，了解教师资格制度，理解违反《中华人民共和国教师法》的法律责任。

· 思考与练习 ·

1. 简述《教育法》的基本内容。
2. 教师的权利有哪些？
3. 违反《教师法》的法律责任有哪些？

第六章 我国基础教育的政策与法规

· 案例导入 ·

2018年6月，家住凉山州金阳县派来镇官家梁子村的小兵(化名)在当地中心学校读完五年后，产生了厌学情绪，之后辍学到外地打工。镇政府和中心学校的工作人员曾多次上门劝返，其父亲也一直没有将小兵送回学校读书。2019年2月，小兵的家长被镇政府告上法庭。这是凉山首例政府起诉家长未能按照法定义务将子女送到学校接受九年义务教育案。2019年2月25日，金阳县法院在派来镇现场开庭，公开审理这起控辍保学案件，引来数百名干部群众围观。之后，小兵的父亲将孩子送到学校读书。

第一节 《中华人民共和国义务教育法》概述

《中华人民共和国义务教育法》(以下简称《义务教育法》)，于1986年4月12日第六届全国人民代表大会第四次会议通过。2006年6月29日第十届全国人民代表大会常务委员会第二十二次会议修订。根据2015年4月24日第十二届全国人民代表大会常务委员会第十四次会议《关于修改〈中华人民共和国义务教育法〉等五部法律的决定》第一次修正。根据2018年12月29日第十三届全国人民代表大会常务委员会第七次会议《关于修改〈中华人民共和国产品质量法〉等五部法律的决定》第二次修正。该法在总则中明确了《义务教育法》的立法宗旨、义务教育的性质和特征，强调了国家的教育方针，规定了政府、学校、家长、社会在实施义务教育中的责任。

一、立法宗旨

《义务教育法》第一条规定，为了保障适龄儿童、少年接受义务教育的权利，保证义务教育的实施，提高全民族素质，根据宪法和教育法，制定本法。该项法律条例清楚地阐明了我国义务教育法制定的立法依据和立法宗旨。

(一) 立法依据

1. 《义务教育法》是对宪法规定的落实

《宪法》第四十六条第一款规定，中华人民共和国公民有受教育的权利和义务。《宪法》第十九条第二款规定，国家举办各种学校，普及初等义务教育，发展中等教育、职业教育和高等教育，并且发展学前教育。

《宪法》是国家的根本大法。《宪法》中有关公民受教育的基本权利和义务的规定是《义务教育法》制定的法律依据。

2. 《义务教育法》是对《教育法》规定的落实

《教育法》是发展教育事业的基本法律。我国的各级各类教育均适用该法。《教育法》第九条规定，中华人民共和国公民有受教育的权利和义务；公民不分民族、种族、性别、职业、财产状况、宗教信仰等，依法享有平等的受教育机会。该项规定是制定《义务教育法》的具体法律依据。

(二) 立法宗旨

1. 保障适龄儿童、少年接受义务教育的权利

改革开放以来，我国的综合国力迅速上升，教育事业迅猛发展。但是，从总体上看，我国的基础教育仍然比较薄弱，保障适龄儿童、少年接受义务教育的目标并没有彻底实现。个别地区普及九年制义务教育尚有困难；一些儿童特别是女童没有接受完九年制义务教育；从事义务教育的教师缺乏应有的培训，不能适应新形势下教育工作的要求；一些地区适龄儿童、少年中途辍学；个别企业招用童工。存在的这些问题，与我国建设社会主义现代化强国的宏伟目标形成了尖锐的矛盾。《义务教育法》的制定、修改和实施，就是要通过法律手段明确各义务主体的责任，保障适龄儿童、少年的受教育权利，促进教育事业发展，提高全民素质。

2. 保障义务教育的实施

义务教育是国家必须予以保障的公益性事业。义务教育是免费教育，因此，国家必须建立义务教育经费保障机制，保证义务教育的实施。

为保障义务教育的顺利实施，《义务教育法》重点明确义务教育经费保障是各级政府的共同责任，国务院和地方人民政府都是义务教育经费的保障主体，具体由省级政府负责统筹。只要国家、政府、学校、家庭、社会共同努力，一定会推动义务教育事业又好又快地发展。

3. 提高全民族素质

和平与发展是当今时代的主题，国家之间的竞争实质上是以科学技术为先导的综合国力的竞争，归根到底是民族素质的竞争，是教育的竞争。科学技术是第一生产力，而科学技术无论是研发探索还是熟练运用，都是通过高素质的人才实现的。21世纪是教育世纪已成为全球共识，谁把握了面向21世纪的教育，谁就能在国际竞争中处于战略主动地位。义务教育在我国人才培养中起基础性作用，是提高全社会现代化、社会文明的基础，是提高

民族素质和培养优秀人才的基础工程。我国制定《义务教育法》，用法律形式保障义务教育的发展，这是提高全民族素质、培养人才、推动社会主义现代化建设的伟大战略举措，意义重大，影响深远。

二、义务教育的概念和特征

新修订的《义务教育法》首次对义务教育做了界定，并强调义务教育与其他教育不同的特征。

(一) 义务教育的概念

对于义务教育的概念，《义务教育法》首次从法律的角度予以界定，该法第二条的规定，义务教育是国家统一实施的所有适龄儿童、少年必须接受的教育，是国家必须予以保障的公益性事业。对于义务教育概念的理解是：①义务教育是公益性事业；②义务教育是所有适龄儿童、少年必须接受的教育；③义务教育由国家统一实施并且必须予以保障。义务教育的概念强调的是，义务教育是政府为全国全社会提供服务的公共产品，是一种政府行为。

《义务教育法》第二条规定，国家实行九年义务教育制度。将义务教育的年限确定为九年，符合我国目前的国情。

(二) 义务教育的特征

1. 义务性

义务教育是免费教育，任何适龄儿童、少年都必须接受义务教育。因为义务教育的义务性，所以政府、家庭、学校、社会都要履行职责。《义务教育法》第五条规定，各级人民政府及其有关部门应当履行本法规定的各项职责，保障适龄儿童、少年接受义务教育的权利；适龄儿童、少年的父母或者其他法定监护人应当依法保证其按时入学接受并完成义务教育；依法实施义务教育的学校应当按照规定标准完成教育教学任务，保证教育教学质量；社会组织和个人应当为适龄儿童、少年接受义务教育创造良好的环境。

2. 权利性

我国宪法将受教育列为公民的基本权利和义务。《义务教育法》的立法宗旨是保障适龄儿童、少年接受义务教育的权利，保证义务教育的实施，提高全民族素质。凡具有我国国籍的适龄儿童、少年依法享有接受义务教育的权利，并履行接受义务教育的义务。任何侵犯公民受教育权利和妨碍公民履行受教育义务的行为，都要承担相应的法律责任。国家、社会、学校、家庭，应当积极履行职责，保护适龄儿童、少年的受教育权。

3. 均衡性

《义务教育法》第四条规定，凡具有中华人民共和国国籍的适龄儿童、少年，不分性别、民族、种族、家庭财产状况、宗教信仰等，依法享有平等接受义务教育的权利，并履行接受义务教育的义务。政府要促进义务教育均衡发展，改善薄弱学校的办学条件，保障农村和少数民族地区实施义务教育，保障家庭经济困难的残疾儿童、少年接受义务教育，国家组织和鼓励经济发达地区支援经济欠发达地区实施义务教育，促进义务教育均衡发展，确保这种平等性落到实处。从维护义务教育的平等性谈均衡性，这是《义务教育法》修订后的一大亮点，也是很有针对性的规定。

4. 公共性

对于义务教育的公共性，国外强调的是世俗性，强调宗教不能控制义务教育。我们国家所强调的公共性，主要是强调公益性。义务教育是国家强制推行的公共服务，造福于全体人民。实施义务教育的主体是政府，实施义务教育是政府的法定义务。义务教育是公益事业，任何组织和个人都不能利用义务教育营利。

5. 免费性

《义务教育法》第二条规定，实施义务教育，不收学费、杂费。该规定使我国的义务教育终于同国际通行做法接轨，回归了义务教育免费的本质。为使义务教育真正得到贯彻实施，在发展不平衡的我国，该规定也具有特殊的意义。

三、实施素质教育

义务教育必须贯彻国家的教育方针，至于如何贯彻国家的教育方针，《义务教育法》强调要实施素质教育。

(一) 实施素质教育的表述

教育方针是国家对于发展教育事业的总的指导思想和根本要求。

《宪法》第四十六条规定，国家培养青年、少年、儿童在品德、智力、体质等方面全面发展。

《教育法》第五条规定，教育必须为社会主义现代化建设服务、为人民服务，必须与生产劳动和社会实践相结合，培养德智体美劳全面发展的社会主义建设者和接班人。

依据《宪法》和《教育法》，《义务教育法》根据义务教育的实际需求，规定了如何贯彻国家的教育方针。该法第三条规定，义务教育必须贯彻国家的教育方针，实施素质教育，提高教育质量，使适龄儿童、少年在品德、智力、体质等方面全面发展，为培养有理想、有道德、有文化、有纪律的社会主义建设者和接班人奠定基础。

关于"实施素质教育"，《中共中央 国务院关于深化教育改革全面推进素质教育的决定》规定，实施素质教育，就是全面贯彻党的教育方针，以提高国民素质为根本宗旨，以培养学生的创新精神和实践能力为重点，造就"有理想、有道德、有文化、有纪律"的、德智体美劳全面发展的社会主义事业建设者和接班人。

(二) 实施素质教育的意义

《义务教育法》强调实施素质教育，为义务教育发展指明了方向，对新时期义务教育的实施具有重大意义。

《义务教育法》把"实施素质教育"写进法律，这是素质教育第一次由政策上升到法律层面。实施素质教育，以受教育者全面发展为方向，以提高国民素质为根本宗旨，以培养学生的创新精神和实践能力为重点，以造就有理想、有道德、有文化、有纪律的社会主义建设者和接班人为培养目标，充分体现了义务教育在我国人才培养中的重要地位和作用。

四、义务教育法的实施

义务教育法的实施需要明确政府、家长、学校和社会的责任，需要对义务教育的资源进行均衡配置，需要明确管理体制，需要教育督导和社会监督等。

(一) 明确责任

义务教育是一项公益性事业，也是一项政府工程，需要社会各界的支持和配合，承担各自的责任和义务。

1. 政府责任

《义务教育法》第五条第一款规定，各级人民政府及其有关部门应当履行本法规定的各项职责，保障适龄儿童、少年接受义务教育的权利。政府及其有关部门的职责重点是在实施义务教育的保障方面，包括教育教学场所保障、师资保障、教育教学保障和经费保障。国家是实施义务教育的主要承担者，在义务教育的步骤制定、制度规划、学校设置、入学管理、经费筹措、师资培养及执法监督等方面，国家负有重要的责任。

2. 家长责任

《义务教育法》第五条第二款规定，适龄儿童、少年的父母或者其他法定监护人应当依法保证其按时入学接受并完成义务教育。该条款规定了适龄儿童、少年的父母或者其他监护人的责任和义务。

3. 学校责任

《义务教育法》第五条第三款规定，依法实施义务教育的学校应当按照规定标准完成教育教学任务，保证教育教学质量。该条款是对学校实施义务教育的责任和义务的规定。学校是开展教育教学工作、具体实施义务教育的主体。义务教育水平和教育质量，与学校的教育教学工作直接相关。

4. 社会责任

《义务教育法》第五条第四款规定，社会组织和个人应当为适龄儿童、少年接受义务教育创造良好的环境。该条款明确了社会组织和个人在实施义务教育中的责任和义务。这里的社会组织主要包括企业、事业单位、社会团体等。

(二) 资源配置

当前义务教育领域的一个突出问题是义务教育发展的不平衡。促进义务教育均衡发展是国务院和县级以上地方人民政府的职责，因此，《义务教育法》第六条规定，国务院和县级以上地方人民政府应当合理配置教育资源，促进义务教育均衡发展，改善薄弱学校的办学条件，并采取措施，保障农村地区、民族地区实施义务教育，保障家庭经济困难的和残疾的适龄儿童、少年接受义务教育。国家组织和鼓励经济发达地区支援经济欠发达地区实施义务教育。

促进义务教育均衡发展，首先，要大力改善薄弱学校的办学条件，县级教育行政部门应当均衡配置本行政区域内的师资力量，组织校长、教师的培训和流动，加强对薄弱学校的建设。其次，要大力保障农村地区、民族地区实施义务教育；再次，要大力保障家庭经济困难的和残疾的适龄儿童、少年接受义务教育。同时，国家出台各项政策，组织和鼓励经济发达地区支援经济欠发达地区实施义务教育，通过努力，使经济欠发达地区的适龄儿童、少年接受到良好的义务教育。

(三) 管理体制

《义务教育法》第七条第一款规定，义务教育实行国务院领导，省、自治区、直辖市人民政府统筹规划实施，县级人民政府为主管理的体制。这是关于义务教育管理体制的新规定，其进一步明确了地方人民政府的管理职责，省级人民政府统筹经费、县级人民政府为主的管理体制能有效地改善县级人民政府负责义务教育的财政困难局面，从而促进义务教育的发展。

《义务教育法》第七条第二款规定，县级以上人民政府教育行政部门具体负责义务教育实施工作；县级以上人民政府其他有关部门在各自的职责范围内负责义务教育实施工作。该规定明确了县级以上人民政府教育行政部门和其他有关部门负责义务教育实施工作的职责。县级以上人民政府教育行政部门包括国务院、省、市、县教育行政部门，其他有关部门包括计划、财政、人事、劳动等行政部门。

(四) 教育督导

《义务教育法》第八条规定，人民政府教育督导机构对义务教育工作执行法律法规情况、教育教学质量以及义务教育均衡发展状况等进行督导，督导报告向社会公布。该条款是关于义务教育阶段的督导机构、督导内容和督导报告的规定，有利于进一步建立我国督导制度，促进义务教育发展。"人民政府教育督导机构"，明确了教育督导机构隶属于政府。关于义务教育阶段的督导内容，该条款规定了三方面：①义务教育工作执行法律法规情况；②教育教学质量；③义务教育均衡发展状况。依据本条规定，人民政府教育督导机构实施督导，应当提出督导报告。督导报告向社会公布，要求督导机构应当以公告、文告等适当方式，并且在网络、报刊等方便公众查阅的媒体上发布，加强社会对义务教育工作的监督和对教育督导工作的监督。

(五) 社会监督

义务教育关系到国家和民族的未来，关系到家庭和学生的希望，意义重大，影响深远。为了维护和促进义务教育的发展，《义务教育法》第九条规定，任何社会组织或者个人有权对违反本法的行为向国家机关提出检举或者控告。《义务教育法》进一步规定了责任人引咎辞职制度，发生违反本法的重大事件，妨碍义务教育实施，造成重大社会影响的，负有领导责任的人民政府或者人民政府教育行政部门负责人应当引咎辞职。

(六) 表彰奖励

《义务教育法》第十条规定，对在义务教育实施工作中做出突出贡献的社会组织和个人，各级人民政府及其有关部门按照有关规定给予表彰、奖励。这是《教育法》关于"国家对发展教育事业做出突出贡献的组织和个人，给予奖励"的规定在义务教育领域的具体体现，也是保障义务教育实施的重要法定措施。该条款的实施，能调动社会各界和义务教育工作者的积极性，推动义务教育事业的发展。

第二节　学前教育政策法规

我国实行幼儿教育、初等教育、中等教育、高等教育四级学校教育制度。而"幼儿园"是我国幼儿教育的主要办学形式，也是我国最重要的幼儿教育公共服务机构，其性质与地位决定了在开办与管理幼儿园方面要严格遵循法定程序和要求。

一、幼儿园的开办与管理

(一) 幼儿园的性质与地位

幼儿园的性质是对幼儿园的社会属性的界定。幼儿园的地位，就是幼儿园在我国幼儿教育体制和我国整个教育体制中的地位。

1. 幼儿园的性质

《幼儿园教育指导纲要(试行)》总则指出，幼儿园教育是基础教育的重要组成部分，是我国学校教育和终身教育的奠基阶段。《国务院关于当前发展学前教育的若干意见》也提出，学前教育是终身学习的开端，是国民教育体系的重要组成部分，是重要的社会公益事业。幼儿园是为3周岁以上学龄前幼儿实施保育和教育的机构。我国幼儿园具有以下几方面的特征。

(1) 幼儿园以3～6岁入小学前年龄段儿童为对象，在条件许可的情况下，也可以适当往下延伸。

(2) 幼儿园对幼儿实施保育和教育。这使得幼儿园不同于其他各级各类学校，即幼儿园既要对幼儿进行全面发展教育，又要注意幼儿安全与卫生保健。幼儿园同时具有教育机构和卫生保健机构的某些特征。

(3) 幼儿园实施基础普通教育。幼儿园的基础普通教育，完全不同于其他各种专门的定向培养与教育，也不同于其他阶段的基础普通教育。幼儿园要培养幼儿作为"人"的最基本和最一般的素质。幼儿园教育的目标、任务和内容应该具有启蒙性。幼儿园教育是其他后续教育的基础，要严禁超前教育，小学化，幼儿片面学习、发展与教育现象。

> **案例**
>
> 天津市教委《关于进一步规范幼儿园办园行为的通知》明确规定，幼儿园课程设置和教育内容要注意幼儿的健康教育和品德教育，注意对幼儿情感、态度、习惯和能力的培养。杜绝在课程设置上受市场利益驱动的影响和片面迎合家长的要求，灌输知识。严禁使用小学教材或讲授小学一年级内容。不得布置书面家庭作业，不得对幼儿进行任何形式的知识检测和考试，严禁"小学化"倾向。该通知还明确要求，禁止幼儿园以课题、实验研究为名，开展各种形式的违反幼教法法规精神、违背幼儿教育规律和幼儿年龄特点的特长班和实验研究活动。

(4) 幼儿园具有教育性和公益性。幼儿园既具有教育性质，又具有福利性质。幼儿园应体现公益性和普惠性。幼儿园既要促进幼儿身心的全面和谐发展，又要在条件许可的情况下，为幼儿家长参加工作和学习提供便利条件，为社区幼儿的学习与发展提供公共服务。

我国幼儿教育既是教育事业的一部分，又是儿童公益事业的重要组成部分。幼儿教育具有很强的服务性和福利性。幼儿教育对幼儿家庭、幼儿所在社区、社会和国家都有明显的益处。2010年，《国务院关于当前发展学前教育的若干意见》指出，学前教育是终身学习的开端，是国民教育体系的重要组成部分，是重要的社会公益事业；发展学前教育，必须坚持公益性和普惠性，努力构建覆盖城乡、布局合理的学前教育公共服务体系，保障适龄儿童接受基本的、有质量的学前教育；要大力发展公办幼儿园，提供"广覆盖、保基本"的学前教育公共服务。

2. 幼儿园的地位

在我国幼儿教育体系和整个国民教育体系中，幼儿园教育都具有举足轻重的地位。关于幼儿园的地位，可以从以下三方面进行把握。

(1) 幼儿园是我国最重要的幼儿教育公共服务机构。在我国的幼儿教育系统中，幼儿园是幼儿教育机构的主体部分，幼儿园教育在整个幼儿教育系统中处于核心的地位。当然，随着幼儿教育类型和层级的多样化，在正规幼儿教育和非正规幼儿教育之间，已有许多中间过渡性质的幼儿教育。正规、正式幼儿教育与非正规、非正式幼儿教育之间形成了一个连续性的序列。幼儿园虽然是正规和正式的幼儿教育机构的代表，但也出现走向社区、走向家庭的趋势。在幼儿园教育和社区教育之间、幼儿园教育和幼儿家庭教育之间，已出现许多过渡性质的托幼机构。总之，不同类型、不同层次的幼儿教育机构之间的界限越来越模糊，融合的趋势越来越明显。

我国倡导多种形式办学，扩大幼儿教育的公共资源。城乡可以根据地方实际情况开办不同类型的幼儿教育服务。《国务院关于当前发展学前教育的若干意见》指出，城镇小区没有配套幼儿园的，应根据居住区规划和居住人口规模，按照国家有关规定配套建设幼园。把扩大普惠性教育资源作为城市幼儿教育发展的着力点，要建好、用好、管理好城市小区配套资源；大力扶持各类幼儿园，发展公办园，积极扶持企事业单位办园、集体办园和普惠性的民办园。而农村地区，要做到乡镇和大村独立建园，小村设分园或联合办园，人口分散地区举办流动幼儿园、季节班等，配备专职巡回的指导教师，逐步完善县、乡、村学前教育网络。

幼儿园是我国最主要的幼儿教育办学形式和办学机构。幼儿园是正规的、定点的幼儿教育机构。当然，我国还有大量的非定点的幼儿教育组织，如流动蒙古包幼儿园等；许多社区也设立了亲子活动中心、母子俱乐部、儿童游戏室、儿童阅览室等非正规、非正式的幼儿教育组织。这些幼儿教育办学形式是我国幼儿教育公共服务体系中不可或缺的组成部分，也属于我国重要的幼儿教育资源。

(2) 幼儿园教育是国民教育体系的重要组成部分。按照《宪法》第十九条的规定，国家举办各种学校，普及初等义务教育，发展中等教育、职业教育和高等教育，并且发展学前教育。幼儿园教育是我国基础教育的第一环节，是我国学校教育体系的始端。

《关于幼儿教育改革与发展的指导意见》指出，幼儿教育是基础教育的重要组成部分，发展幼儿教育对于促进儿童身心全面健康发展，普及义务教育，提高国民整体素质，具有重要意义。该文件不仅强调了幼儿教育对幼儿个人的发展价值，还突出了幼儿教育的社会价值，以引起社会的关注和重视。

(3) 幼儿园教育是学校教育体系和终身教育体系的始端。《幼儿园教育指导纲要(试行)》指明，幼儿园教育是基础教育的重要组成部分，是我国学校教育和终身教育的奠基阶段。《国务院关于当前发展学前教育的若干意见》也明确指出，学前教育是终身学习的开端。

(二) 幼儿园的设立

我国坚持"政府主导，社会参与，公办民办并举"的幼儿教育事业发展方针。政府及其职能部门、军队、企事业单位与个人等，都可以创办幼儿园。幼儿园的设立涉及具体的办园基本条件和申请开办幼儿园的程序与手续问题。《国务院关于当前发展学前教育的若干意见》强调，严格执行幼儿园准入制度。各地根据国家基本标准和社会对幼儿保教的不同需求，制定各种类型幼儿园的办园标准，实行分类管理、分类指导。

1. 幼儿园开办的条件

根据《教育法》第二十七条的规定，幼儿园开办需要同时满足以下四个条件。

1) 有组织机构与章程

组织机构是把人力、物力和智力等按一定形式和结构，为实现共同的目标、任务或利益有秩序、有成效地组合起来而开展活动的社会单位。幼儿园组织机构是按幼儿教育目的和程序而组成的相互合作的层级、部门和个人所构成的系统。幼儿园组织机构起着协助幼儿园工作正常开展、促进幼儿园资源合理配置、提高家园合作效率、满足教职工生存与发展需要的作用。公办幼儿园和民办幼儿园通常具有不同的组织机构。幼儿园组织机构的建立要遵循设岗合理、分工协作、权责对等、合理统筹、民主管理等原则。

章程是组织、社团经特定的程序制定的关于组织规划和办事规则的法规文书，是一种根本性的规章制度。幼儿园的办园章程不仅要具有一定的规范性与全面性，以供园所内部人员遵守执行，作为园所运行与管理的基本依据，还要能够反映幼儿园的办园理念、办园目标、组织机构、课程设置、卫生保健、经营管理、教师权益、办园监督等基本情况。幼儿园的章程一般分为以下十个章节。

　　第一章，总则，包括明确幼儿园办学遵循的有关法律规定，幼儿园的名称、地址、性质(公办还是民办)和办园宗旨等。

　　第二章，举办者、开办资金和业务范围，包括明确举办者为个体、企业还是集体，开办资金为多少，招生区域范围，以及举办的层次、学制及办学形式，如三年制的全日制幼儿园。

　　第三章，幼儿园的组织管理体制，包括明确管理制度，如园长负责制；明确管理层的职权，如制订幼儿园的发展规划、业务活动计划、年度财务预算和决算方案等；明确日常会议制度和决议方式；对日常安全、教学、管理活动进行监督的制度等。

　　第四章，法定代表人，即明确幼儿园的法定代表人。

　　第五章，保育与教育管理，即明确幼儿园保教活动要求。

　　第六章，资产管理、教职工招聘制度，包括明确经费来源，与办学水平和教学质量有关的材料、财务状况需要报审批机关备案，办学经费使用要有明确规定，建立财会制度与资产管理制度，以及明确工作人员的工资和保险、福利待遇等。

　　第七章，幼儿园规章制度，包括明确人事管理、教学管理、教师管理、学生管理、财务管理、安全管理等制度。

　　第八章，幼儿园终止和终止后资产处理，包括明确按照幼儿园终止的条件与程序，向审批机关进行报案，并在登记管理机关、业务主管单位和有关机关的指导下成立清算组织，清理债权债务，处理剩余财产，完成清算工作等规定。

　　第九章，章程的修改程序，即明确幼儿园章程修改的基本步骤和要求。

　　第十章，附则，即明确章程经管理层决议通过的时间、章程生效时间等。

　　总之，幼儿园的组织机构与章程是幼儿园开办的前提条件，也是其内部运营的基础。

　　2) 有合格的教师

　　幼儿园按照国家相关规定设园长、副园长、教师、卫生保健人员、保育员、炊事员和其他工作人员等岗位，配足配齐教职工。《幼儿园教职工配备标准(暂行)》明确规定，幼儿园教职工包括专任教师、保育员、卫生保健人员、行政人员、教辅人员、工勤人员。幼儿园保教人员包括专任教师和保育员。幼儿园应当按照服务类型、教职工与幼儿、保教人员与幼儿的一定比例配备教职工，满足保教工作的基本需要。

　　全日制幼儿园教职工与幼儿比为1∶5～7，专任保教人员与幼儿比为1∶7～9，半日制幼儿园全园教职工与幼儿比为1∶8～10，专任保教人员与幼儿比为1∶11～13。6个班以下的幼儿园可设园长1名，6～9个班的幼儿园可设不超过两名园长，10个班及以上的幼儿园可设3名园长。幼儿园其他人员，如卫生保健、炊事、财会、安保等人员的配备，可以根据国家和地方相关规定来执行。

3) 有符合规定标准的教学场所及设施、设备等

幼儿园的开办需要满足一定的场地、设施的配备要求，1987年国家颁布的《托儿所、幼儿园建筑设计规范》对幼儿园的游戏场地、教学和生活用房等做了详细的规定，在此不再赘述。

> **案例**
>
> 辽宁省教育厅下发《辽宁省小规模幼儿园暂行管理规定(执行)》，其中规定，小规模幼儿园建筑面积在200平方米～900平方米，应有相对独立、安全稳定的园舍场地。户外活动区域应独立设置，并采取有效的防护隔离设施与其他区域分开。区域内应提供活动器械，有一定的绿化面积。利用民用建筑开办的小规模幼儿园，应设在首层，设置不少于两个单独安全出口，疏散通道严格执行消防规定。辽宁省根据本省具体情况设定小规模幼儿园的场地和建筑设施标准，严格遵守了《托儿所、幼儿园建筑设计规范》中的基本要求，对建筑场地的选择与幼儿园出入口和游戏场地布置等做出规定，并对不符合新标准的幼儿园下令整改甚至取缔，保证幼儿园的选址安全和预防安全隐患的发生。

4) 有必备的办学资金和稳定的经费来源

《教育法》第二十七条指出，设立学校及其他教育机构，必须"有必备的办学资金和稳定的经费来源"。幼儿园必须具备一定的资金实力，保证幼儿园能够正常运行，才能予以开办。幼儿园开办以后可继续多方筹资。

> **案例**
>
> 《天津市民办学前教育服务点设置标准(试行)》对办学主体、办学场所、办学规模、办学质量、师资水平等都做了具体的规定，其中，办学主体可以多元化，可以单独举办，也可以实行多种形式的联合办学。天津市政府下发关于民办幼儿园开办资金不低于50万元的标准，在一定程度上保证了幼儿园正常的资金运转，也有利于幼儿园达到设施配备标准。目前，已有多个省市制定了幼儿园开办的资金门槛，以保障幼儿园具有较雄厚的经济基础。

2. 幼儿园设立的程序

《中华人民共和国教育法》第二十八条规定，学校及其他教育机构的设立、变更和终止，应当按照国家有关规定办理审核、批准、注册或者备案手续。也就是说，我国幼儿园的设立需要登记注册，遵循上级管理机构的审批程序和要求。登记注册是主管部门对申请者提交的申请材料进行审核，在一定期限内给予答复并通知申请者的过程。注册的实质是确认申请者所办教育机构的法律地位和事实。登记注册具有以下多重意义。

(1) 设置门槛，督促幼儿园具备办园条件，保证办园质量。幼儿园登记注册的过程实际上是对幼儿园办学能力与资源的审核过程。国家鼓励多方办学，但并不是办学无法可

依，随意办学。举办幼儿园同样需要审核幼儿园举办方的资质和实力。只有在举办方完全具备办园条件的情况下，主管部门才会批准办园；如还没有完全达到举办条件，主管部门会建议缓办或不予批准。

(2) 提醒幼儿园完善内部管理体制，合法经营幼儿园。按照国家相关规定，幼儿园必须具备完善的组织机构和章程，也就是对幼儿园的行政管理、内部规章、人财物等管理要素的组织协调，都需要提前预设。举办者在理顺关系、确定办事原则和规范后才能办园，唯有如此，才能保证幼儿园开园后有序而合法地运行。

(3) 有利于政府及时掌握动态并给予管理和督导，宏观调控辖区内幼儿教育事业的发展。登记注册包含幼儿园备案程序，这有利于当地政府及时了解各级各类幼教机构发展情况；有利于当地政府整体规划，宏观调控当地幼儿教育事业发展；也有利于当地幼儿教育主管部门及时介入，给予幼儿园必要的管理、督导和服务。

幼儿园设立的具体流程如下。

1) 举办者提交办园申请，并附相关材料

按照我国相关文件的规定，申请筹办(设)幼儿园和正式承办幼儿园所需的材料略有不同，如果申请筹办幼儿园，需提交如下材料。

(1) 申办报告，内容主要包括举办者、培养目标、办学规模、办学层次、办学形式、办学条件、内部管理体制、经费筹措与管理使用等。

(2) 举办者的姓名、住址或名称、地址。

(3) 资产来源、资金数额及有效证明文件，并载明产权。

(4) 属捐赠性质的校产需提交捐赠协议，载明捐赠人的姓名、所捐资产的数额、用途和管理方法，以及相关有效证明文件。

如果申请正式开办幼儿园并招生开学，除提交以上四方面的材料外，还需提交以下材料。

(1) 筹设情况报告。

(2) 学校章程、首届学校理事会、董事会或者其他决策机构组成人员名单。

(3) 学校资产的有效证明文件。

(4) 园长、教师、财会人员的资格证明文件。

2) 审批机关对办园申请进行审批

幼儿园登记注册的机关应是县级以上人民政府教育行政部门，县级以上教育行政部门要建立幼儿园信息管理系统，对幼儿园实行动态监管。

筹设幼儿园和正式设立幼儿园的审批程序和重点略有不同。如筹办幼儿园，审批机关应当自受理筹设幼儿园的申请之日起三十日内以书面形式做出是否同意的决定。同意筹设的，发给筹设批准书；不同意筹设的，应当说明理由。

如果申请正式设立幼儿园，审批机关应当自受理之日起三个月内以书面形式做出是否批准的决定，并送达申请人。审批机关对批准正式设立的幼儿园发给办学许可证。审批机关对不批准正式设立的，应当说明理由。

正式批准幼儿园设立，审批关注的重点是幼儿园筹办的实际进展、情况及申请筹办时的承诺，与原来的申请书内容是否一致；另外，还要审查幼儿园的现实条件是否完全符合国家和地方的办学要求。为此，教育部门需要会同卫生、消防、公安、城建、民政等行政部门进行实地审核，全面检查与验收，验收合格后才能给予注册，颁发办学许可证。幼儿园必须在取得办学许可证以后方可办学招生。

> **案例**
>
> 　　正在筹建的某镇某幼儿园竟然已有小朋友在上课了，为了招生，园方还制作假的办学许可证和办学收费许可证，而办学许可证的编号是真的，但属于另外一家幼儿园，两家幼儿园是同一个老板。按照相关规定，幼儿园筹建期间不许招生。其法人代表向记者表示，四证"是我们当时复印的时候做错了，我们正在筹建中，这些学生也是从另一所幼儿园转来的，有什么问题"。该市教育局民管科的工作人员表示，幼儿园筹建期间不允许招生，制作假的办学许可证更是违法违规行为，将进行严查。其法人代表认为筹建期间就具有了办学招生的资格，不惜用假的办学许可证进行招生，并认为没有犯多大的错，低估了办学许可证的重要性。而作为已经开办过一所幼儿园的举办者，对办园的基本流程应该比较了解，筹建期间进行招生和制作假办学许可证属知法犯法的行为，应受到审批机关的处分，该幼儿园应被禁止继续招生。

3) 举办者办理相关登记，正式成立幼儿园

幼儿园举办者取得办学许可证之后，应在规定期限内(一般为1个月)到相关部门办理各种登记手续。具体而言，公办和民办幼儿园申办者都需要凭办学许可证办理如下登记手续和办学事务。

(1) 到民政部门或者人事部门登记。一般民办幼儿园到民政部门登记，公办幼儿园到人事部门登记。登记时需交验登记申请书、办学许可证、场所使用权证明、验资报告、拟任法定代表人身份证明、章程六项材料。登记机关应当自收到材料后在规定的工作日内做出准予登记或不予登记的决定。做出不予登记决定的，应当向申请人说明理由；做出准予登记决定的，由民政部门依法核发《民办非企业单位(法人)登记证》，或由人事部门进行人事登记。

(2) 举办者持《办学许可证》和《民办非企业单位(法人)登记证》或由等分别到地方税务、价格、质量技术监督部门办理《税务登记证》《收费许可证》和《组织机构代码证》，并刻制印章。

(3) 开立银行账户。幼儿园需要法人代表开设独立的银行账户，并保证所有人的收支活动在该账户进行。

总之，幼儿园举办方必须依法办理所有登记注册手续后方能正式宣传和招生，开展保教活动。幼儿园不得伪造、变造、买卖、出租、出借办学许可证。

《国务院关于当前发展学前教育的若干意见》强调，要分类治理、妥善解决无证办园问题。各地要对目前存在的无证办园情况进行全面排查，加强指导，督促整改。整改期间，要保证幼儿正常接受学前教育。经整改达到相应标准的，颁发办园许可证。整改后仍未达到保障幼儿安全、健康等基本要求的，当地政府要依法予以取缔，妥善分流和安置幼儿。

(三) 幼儿园的权利与义务

经过登记注册的合法幼儿园具备法人资格，具有受国家保护的诸多办学活动权利，也必须履行国家规定的相关义务。《教育法》第三十二条规定，学校及其他教育机构具备法人条件的，自批准设立或者登记注册之日起取得法人资格；学校及其他教育机构在民事活动中依法享有民事权利，承担民事责任；学校及其他教育机构中的国有资产属于国家所有；学校及其他教育机构兴办的校办产业独立承担民事责任。

1. 幼儿园的基本权利

幼儿园的权利是指法律所认定的幼儿园可以具有的正当的利益、主张、资格、力量或自由。尊重幼儿园的合法权利是对幼儿教育规律的尊重，也是对幼儿园和幼儿教育相对独立性的尊重。幼儿园是社会公共教育机构，幼儿园的权利实际上是国家教育权利的体现；幼儿园又是教育者对受教育者施加教育影响的场所，教师和幼儿之间存在民事关系。

依据《中华人民共和国教育法》第二十九条的规定，幼儿园可以行使下列权利。

1) 按照章程自主管理

幼儿园举办者在申办幼儿园时就已明确组织机构与章程。国家对幼儿园办园申请的批准即对幼儿园办园宗旨、原则、组织机构与管理、保教活动等方面规则的全面认可。幼儿园可以依法对园内的人、财、物、保教等方面进行管理。

2) 组织实施教育教学活动

幼儿园有权选择合法教材，有权安排幼儿园的一日保教活动，有权选择不同的课程模式和内容，有权综合运作多样化的教育教学方式与方法，有权进行教育教学改革和研究，也有权拒绝任何组织和个人对教育教学活动的非法干涉。

3) 招收学生或者其他受教育者

幼儿园每年秋季招生。平时如有缺额，可随时补招。幼儿园在法定招生规模、体检要求和招生范围内，有自主确定招生条件和程序的权利，可以独立完成幼儿园的招生和编班工作。

4) 对受教育者进行学籍管理，实施奖励或者处分

幼儿学籍管理主要包括以下两方面。

一方面，幼儿园要建立幼儿健康卡或档案。《托儿所幼儿园卫生保健工作规范》的"信息收集"部分，特别提出了以下要求。

(1) 托幼机构应当建立健康档案，包括托幼机构工作人员健康合格证、儿童入园(所)健康检查表、儿童健康检查表或手册、儿童转园(所)健康证明。

(2) 托幼机构应当对卫生保健工作进行记录，内容包括出勤、晨午检及全日健康观察、膳食管理、卫生消毒、营养性疾病、常见病、传染病、伤害和健康教育等记录。

(3) 工作记录和健康档案应当真实、完整、字迹清晰。工作记录应当及时归档，至少保存三年。

(4) 定期对儿童出勤、健康检查、膳食营养、常见病和传染病等进行统计分析，掌握儿童健康及营养状况。

(5) 有条件的托幼机构可应用计算机软件对儿童体格发育评价、膳食营养评估等卫生保健工作进行管理。

另一方面，幼儿园要建立有关幼儿学习与发展的个人档案袋或文件夹，及时观察评价幼儿学习与发展的情况，客观评价幼儿，并依据评价结果调整保教活动，以便促进幼儿的最佳发展。

幼儿学籍管理的内容可以是保教人员的评价、医生的记录，也可以是幼儿的各种作品。《幼儿园教师专业标准(试行)》规定，教师要有效运用观察、谈话、家园联系、作品分析等多种方法，客观、全面地了解和评价幼儿，教师应有效运用评价结果，指导下一步教育活动的开展。

5) 聘任教师及其他职工，实施奖励或者处分

幼儿园有权依据各级幼儿园教师法规和幼儿园内部规章开展人员的聘任工作；为教师营造支持性的环境；依法依规对园内教职工进行人事管理和考核，并实行奖励与惩罚措施。

6) 管理、使用本单位的设施和经费

幼儿园可以在法规许可和幼儿园规章范围内，独立管理、使用幼儿园的经费；健全制度，做到专人负责；将财产分类管理；确定财产取用登记制度；定期检查维修物品等。

幼儿园还具有国家法律、法规规定的教育机构所具有的其他权利。国家保护学校及其他教育机构的合法权益不受侵犯。《中华人民共和国教育法》第七十二条指出，结伙斗殴、寻衅滋事，扰乱学校及其他教育机构教育教学秩序或者破坏校舍、场地及其他财产的，由公安机关给予治安管理处罚；构成犯罪的，依法追究刑事责任。侵占学校及其他教育机构的校舍、场地及其他财产的，依法承担民事责任。

2. 幼儿园的基本义务

法律意义上的"义务"是与"权利"既对立又统一的一个概念，指法律对公民或法人必须做出或禁止做出一定行为的约束。教育机构的义务，是法律赋予教育机构必须做出或禁止做出一定行为的约束。《教育法》第三十条对学校及其他教育机构应当履行的义务做了详细的规定。

1) 遵守法律、法规

幼儿园作为社会组织，必须服从我国《宪法》和各项法规。《宪法》第五条规定，中华人民共和国实行依法治国，建设社会主义法治国家。国家维护社会主义法制的统一和尊严。一切国家机关和武装力量、各政党和各社会团体、各企业事业组织都必须遵守宪法和法律。一切违反宪法和法律的行为，必须予以追究。

幼儿园作为国家教育事业和公益事业的一部分，必须严格遵守国家的教育法规和福利事业相关法规，服从教育部门和民政部门的管理。幼儿园是对3~6岁儿童实施保育和教育的机构，我国积极发展0~3岁婴幼儿教养，所以幼儿园还必须遵从国家卫生保健部门的相关法规与管理。当然，其也要遵从其他相关部门的法规。

2) 贯彻国家的教育方针，执行国家教育教学标准，保证教育教学质量

幼儿园作为教育机构具有选择和从事保教活动的权利，但其开展的各项保教活动必

须贯彻国家的教育方针，执行我国各项有关幼儿保教活动的一切法规，要大力提高保教质量，为幼儿及其家长、社区提供高质量的教育服务。

3) 维护受教育者、教师及其他职工的合法权益

幼儿园作为幼儿接受保教的社会公共机构，一方面要强化自身的安全管理，做好卫生保健工作，爱护和尊重幼儿，维护幼儿合法权益；另一方面要尽可能让幼儿免除外来干扰，能安心、安全地学习生活。幼儿园也要善待幼儿园教师，为幼儿园教师安心从教和专业化发展提供有利条件，帮助幼儿园教师维护合法权益，提高幼儿园教师的社会地位与声望。

4) 以适当方式为受教育者及其监护人了解受教育者的学业成绩及其他有关情况提供便利

国家要求教育机构要为受教育者及其监护人了解受教育者情况提供便利条件。《中华人民共和国教育法》第三十条提出，学校及其他教育机构要以适当方式为受教育者及其监护人了解受教育者的学业成绩及其他有关情况提供便利。

5) 遵照国家有关规定收取费用并公开收费项目

2011年12月31日，国家发展改革委、教育部、财政部联合印发《幼儿园收费管理暂行办法》，要求各级各类幼儿园应按照相关要求收取费用，并对外公开收费项目，不得违规乱收费，而地方政府也根据此条例制定该地区各级各类幼儿园的具体收费管理实施细则。

> **案例**
>
> 湖北省物价局、省教育厅、省财政厅联合出台《湖北省幼儿园收费管理实施细则》(以下简称《细则》)，全面规范全省幼儿园收费管理。
>
> 《细则》规定，全省幼儿园收费项目实行省级管理，明确全省统一的幼儿园收费项目，即保育费、教育费、住宿费、代收费、服务性收费。明确各类幼儿园收费的定价形式和收费管理权限，即公办幼儿园保育费、教育费、住宿费实行政府定价；民办幼儿园保育费、教育费、住宿费实行市场调节价，收费标准由幼儿园根据办园成本，结合当地经济发展水平、居民经济承受能力等合理自主确定，报当地价格主管部门备案后执行；严禁幼儿园各种乱收费行为，规定幼儿园在正常教学时间内(除法定节日外)不得以开办实验班、特色班、兴趣班、亲子班、蒙氏班、课后班等或者以其他任何名目另外收取费用。不得收取与幼儿入学挂钩的赞助费、支教费、捐资助学费、建设费、教育成本补偿费等。不得以安全设备升级、配备保育人员为由，向在园儿童收取任何费用。

6) 依法接受监督

依法接受监督即要求幼儿园接受上级各管理机构的检查、督促和督导。幼儿园一般要接受来自教育、卫生、民政、物价等部门的检查和监督。另外，如果是附属幼儿园，还需要接受幼儿园所属机构的管理和监督。

(四) 幼儿园内部管理与岗位职责分工

幼儿园作为一个社会组织，其机构和人员的职责分工直接影响幼儿园运行的有序和效率，并最终影响幼儿园的生存与发展。

1. 幼儿园管理体制

幼儿园管理体制即幼儿园的组织结构和制度，其核心是内部组织系统的设置、管理层级和各职能部门职权的分配及相互协调。《幼儿园管理条例》第二十三条规定，幼儿园园长负责幼儿园的工作。由此可见，我国实行幼儿园园长负责制，即园长是幼儿园的法人代表和行政负责人，对内全面领导保教工作和行政工作，对全体教职工和幼儿负责；对外代表幼儿园，与幼儿园的行政主管部门、举办者、幼儿家长、社区等进行协调、沟通与合作，处理幼儿园各种外部关系与事务。

在园长的全面领导之下，许多幼儿园配有教学、行政和科研副园长、发展部主任、后勤主任、分园园长等"中层"领导岗位；再辅以各教研组组长和年级组长，共同构成幼儿园的管理层级与结构。各幼儿园对内部各层管理岗位的职责分工各异。

1) 园长的选聘与资格

幼儿园园长应具备五年以上相应教育教学经历和办学、管理能力，国家规定的其他任职条件具体如下。

(1) 应当贯彻国家教育方针，具有良好品德，热爱教育事业，尊重和爱护幼儿，努力学习专业知识和技能，提高文化和专业素养，为人师表，忠于职责，身心健康。

(2) 没有犯罪记录和精神病史。

(3) 应当具有教师资格、具备大专及以上学历、有五年以上幼儿园工作经验和一定的组织管理能力。我国正在研制幼儿园园长标准，许多地方早已推行幼儿园园长培训，发放园长资格证，并将之作为园长任命和聘用的条件之一。

2) 园长的主要职责

幼儿园园长全面负责幼儿园内外的各项工作，主要职责如下。

(1) 贯彻执行国家的有关法律、法规、方针、政策和地方的相关规定，负责建立并组织执行幼儿园的各种规章制度。

(2) 负责保育教育、卫生保健、安全保卫工作。

(3) 负责聘任、调配工作人员，指导、检查和评估教师及其他工作人员的工作，并给予奖惩。

(4) 负责工作人员的思想工作，组织业务学习，并为他们的学习、进修、教育研究创造必要的条件。

(5) 关心工作人员的身心健康，维护他们的合法权益，改善他们的工作条件和福利待遇。

(6) 组织管理园舍、设备和经费。

(7) 组织和指导家长工作。

(8) 负责与社区的联系和合作。

2. 幼儿园教师参与民主管理

我国虽然实行幼儿园园长负责制，但幼儿园内部管理要坚持民主集中制原则，幼儿园教职工均有权参与民主管理。《教师法》赋予教师参与学校民主管理的权利，其中第七条第五款规定，教师享有"对学校教育教学、管理工作和教育行政部门的工作提出意见和建议，通过教职工代表大会或者其他形式，参与学校的民主管理"的权利。幼儿园教职工参与民主管理，有利于调动幼儿园教职工对教育教学工作的主动性和积极性，培养他们对幼儿园的归属感和责任意识。其具体措施如下。

1) 设立园务委员会

幼儿园可以设立园务委员会，园务委员会由保教、卫生保健、财会等人员的代表及家长的代表组成。园长任园务委员会主任。园长定期召开园务会议，遇重大问题可临时召集人员开会，对规章制度的建立、修改、废除，全园工作计划，工作总结，人员奖惩，财务预算和决算方案，以及其他涉及全院工作的重要问题进行审议。

2) 建立教职工会议制度

我国小型幼儿园如果不设园务委员会，遇到上述重大事项，应由园长召集全体教职工或者教职工代表进行商议。教职工会议集体商议、投票和决策更具民主特征，决策更能集中大家的智慧，反映大多数教职工的利益需求。

3) 发挥基层党组织、共青团、工会、业务小组等的作用

幼儿园基层党组织应当发挥政治核心作用。园长应当充分发挥共青团、工会等其他组织在幼儿园工作中的作用。幼儿园一般设有各种业务小组，如按照年级分组，分为小班组、中班组、大班组等；按照职责分工，分为保教组、卫生保健组、行政组等，其中保教组又可分为健康组、语言组、社会组、科学组和艺术组，行政组可分为勤杂事务组、财务组、膳食组、资料组等。园长可以在宏观调控下，让幼儿园内部的这些"小组织"独立运行，职责具体到组、到人。

4) 教职工个人参与民主管理

幼儿园园长应该允许教职工个人通过各种适当方式发表意见，表达情绪，珍惜教职工参与管理的热情，尊重他们的建议。

3. 成立家长委员会，促进家长参与

2012年2月17日，教育部下发《关于建立中小学幼儿园家长委员会的指导意见》，要求中小学幼儿园必须成立家长委员会，提出建立家长委员会，对发挥家长作用，促进家校合作，优化育人环境，建设现代学校制度，具有重大意义。各地教育部门和中小学幼儿园要从办好人民满意的教育的高度，充分认识建立家长委员会的重要意义，把家长委员会作为建设依法办学、自主管理、民主监督、社会参与的现代学校制度的重要内容，作为发挥家长在教育改革发展中积极作用的有效途径，作为构建学校、家庭、社会密切配合的育人体系的重大举措，以更大的热情、更有效的措施，创造更好的条件，大力推进建立家长委员会工作。

家长委员会应在学校的指导下履行职责。其职责包括参与学校管理、参与教育工作，以及沟通学校与家庭。其中参与学校管理内容如下：对学校工作计划和重要决策，特别是

事关学生和家长切身利益的事项提出意见和建议；对学校教育教学和管理工作予以支持，积极配合；对学校开展的教育教学活动进行监督，帮助学校改进工作。

4. 幼儿园内部规章制度

幼儿园内部规章制度是幼儿园内部管理和保教活动规则的综合。幼儿园的内部规章制度一般包括管理制度、各类人员岗位职责与奖惩制度、工作人员一日作息制度、教研制度、幼儿一日生活制度、饮食制度、卫生保健制度、安全制度、财产制度、家园合作制度、幼小衔接制度等。

> **案例**
>
> 某省级示范幼儿园规章制度汇编，具体如下。一是管理篇，包括幼儿园员工职业道德规范、家委会章程、家长在园行为规范、安全管理制度、园车安全管理制度、化学易燃易爆物品管理制度、财务管理制度、请销假制度、工作考核及奖惩制度、年终考核量化积分标准、学习会议制度、财产管理制度、资料管理制度、档案管理制度等。二是保教篇，包括工作制度、教育教学制度、培训制度、教研制度等。三是保健篇，包括一日生活作息制度、全日观察制度、健康检查制度、保健登记统计制度、疾病预防制度、消毒及隔离制度、药品管理制度、幼儿伙食管理制度、安全目标管理责任书、安全防范预案、儿童心理卫生保健预案、意外事故应急预案、预防传染病及突发事件应急方案、预防流行性脑脊髓膜炎应急方案、预防流行性腮腺炎应急方案、预防"非典"等特殊流行性传染病预案、预防禽流感应急预案、肥胖幼儿观察及预防措施、一日活动生活常规要求、发展规划评估表、教育活动评价表等。四是人事篇，包括聘用职工管理办法，行政后勤人员岗位工作流程，高、中、初级教师学术水平评议实施细则，招生工作管理办法，教师自我成长档案，教师专业素质标准，新教师考核表，员工年终考核一览表，年终考核评议统计表，年终考核统计(奖金分配)一览表等。

幼儿园各项规章制度的制定与执行一定要做到依法依规、民主公平、科学合理，应让幼儿园各位教职工熟悉幼儿园内部规章，并努力做到依规行事。

5. 教职工的职责分工

幼儿园工作人员的选用是幼儿园人事管理的重要内容。幼儿园不仅要选择合适的分部门、分年级组负责人，还应该考虑各工作人员的岗位职责分配合理，责权利分明。

1) 幼儿园教师的职责

幼儿园教师对本班工作全面负责，主要职责如下。

(1) 观察、了解幼儿，依据《幼儿园教育指导纲要(试行)》和《3～6岁儿童学习与发展指南》，结合本班幼儿的发展水平和兴趣需要，制订和执行教育工作计划，合理安排幼儿一日生活。

(2) 创设良好的教育环境，合理组织教育内容，提供丰富的玩具和游戏材料，开展适宜的教育活动。

(3) 严格执行幼儿园安全、卫生保健制度，指导并配合保育员管理本班幼儿生活，做好卫生保健工作。

(4) 与家长保持经常联系，了解幼儿家庭的教育环境，商讨符合幼儿特点的教育措施，相互配合共同完成教育任务。

(5) 参加业务学习和保育教育研究活动。

(6) 定期总结评估保教工作实效，接受园长的指导和检查。

2) 保育员的职责

幼儿园保育员应当具备高中毕业及以上学历，并受过幼儿保育职业培训。幼儿园保育员的主要职责如下。

(1) 负责本班房舍、设备、环境的清洁卫生和消毒工作。

(2) 在教师指导下，照料和管理幼儿生活，并配合本班教师组织教育活动。

(3) 在卫生保健人员和本班教师指导下，严格执行幼儿园安全、卫生保健制度。

(4) 妥善保管幼儿衣物和本班的设备、用具。

3) 保健人员职责

从事幼儿园卫生保健工作的人员、医师应当取得卫生行政部门颁发的《医师执业证书》，护士应当取得《护士执业证书》，保健人员应当具备高中毕业及以上学历，经过卫生保健专业知识培训。幼儿园卫生保健人员对全园幼儿身体健康负责，其主要职责如下。

(1) 协助园长组织实施有关卫生保健方面的法规、规章和制度，并监督执行。

(2) 负责指导调配幼儿膳食，检查食品、饮水和环境卫生。

(3) 负责晨检和健康观察，做好幼儿营养、生长发育的监测和评价；定期组织幼儿健康体检，做好幼儿健康档案管理。

(4) 与当地卫生保健机构保持密切联系，协助做好疾病防控和计划免疫工作。

(5) 向幼儿园其他教职工和幼儿家长进行卫生保健宣传和指导。

(6) 妥善管理医疗器械、消毒用具和药品。

幼儿园其他人员，如门卫及保安、汽车司机、清洁工、物资保管员、计算机人员、采购员、食堂管理员、食堂主配班人员、食堂保管员等，依据国家和地方相关规定确定岗位职责。

(五) 我国各级政府及其职能部门对幼儿教育的管理

幼儿园作为教育机构，必须接受我国各级政府及其职能部门的管理和督导，也需要接受社会的监督。我国已就各级政府及其职能部门对幼儿教育事业发展的管理职责做出了明确分工。我国坚持实行地方负责，分级管理和有关部门分工负责的幼儿教育管理体制。2003年1月27日，由国务院办公厅转发，教育部、民政部、财政部等共同签署的《关于幼儿教育改革与发展的指导意见》对我国幼儿教育管理体制和政府职责分工做出了非常细致的规定。

1. 各级政府的职责分工

各级人民政府都有维护幼儿园的治安、安全和合法权益，动员和组织家长参与早期教育活动，指导家庭幼儿教育的责任。各级政府具体职责分工如下。

(1) 国家制定有关幼儿教育的法规、方针、政策及发展规划。

(2) 省级和地(市)级人民政府负责本行政区域幼儿教育工作，统筹制定幼儿教育的发展规划，因地制宜地制定相关政策并组织实施，积极扶持农村及老少边穷地区的幼儿教育工作，促进幼儿教育事业的均衡发展。

(3) 县级人民政府负责本行政区域幼儿教育的规划、布局调整、公办幼儿园的建设和各类幼儿园的管理，负责管理幼儿园园长、教师，指导教育教学工作。

(4) 城市街道办事处制订本辖区幼儿教育的发展计划，负责宣传科学育儿知识，指导家庭幼儿教育，提供活动场所、设备和设施，筹措经费，组织志愿者开展义务服务。

(5) 乡(镇)人民政府承担发展农村幼儿教育的责任，负责举办乡(镇)中心幼儿园，筹措经费，改善办园条件，发挥村民自治组织在发展幼儿教育中的作用，开展多种形式的早期教育和对家庭幼儿教育进行指导。

2. 各职能部门的职责分工

我国各级政府及其职能部门对幼儿教育的管理，坚持各级政府统筹，教育部门主管，有关部门协调配合，社区内各类幼儿园和家长共同参与的幼儿教育管理机制。发挥城市社区居委会和农村村民自治组织的作用，综合协调、动员并利用各种社会资源，促进幼儿教育事业健康发展。依据《关于幼儿教育改革与发展的指导意见》和《国务院关于当前发展学前教育的若干意见》，我国各级政府职能部门要完善政策，制定标准，从事管理、教研工作，加强对幼儿教育的监督管理和科学指导，认真贯彻幼儿教育的方针、政策，拟订有关行政法规、重要规章制度和幼儿教育事业发展规划并组织实施。

二、幼儿权利保护

幼儿权利是道德、法律或者习俗所认定的0～6岁儿童应具有的正当的利益、主张、资格、力量或自由。但幼儿在四个要素方面(即主张、资格、力量、自由)都存在有限性或者受到限制。幼儿及年龄更大一些的儿童都缺乏足够的权利。幼儿的权利，需要被成人意识到，充分理解和尊重，并加以保护。

(一) 幼儿权利的基本内容

幼儿享有生存权、发展权、受保护权、参与权、受教育权等权利。《中华人民共和国未成年人保护法》第三条规定，国家保障未成年人的生存权、发展权、受保护权、参与权等权利。未成年人依法平等地享有各项权利，不因本人及其父母或者其他监护人的民族、种族、性别、户籍、职业、宗教信仰、教育程度、家庭状况、身心健康状况等受到歧视。

1. 幼儿的生存权

生存的权利是首要人权。幼儿享有生命安全和生存保障的权利，以及有尊严地、健康快乐地生活的权利，具体如下。

1) 固有的生命权

生命权可以理解为以自然人的生命安全为内容的权利。它包括维护生命安全、排除妨害和请求司法保护。没有生命就没有生活，就没有活生生的人，一切人权就无从谈起，故生命权是作为人享受人权的基础。幼儿的生命权是其他权利的前提条件。《儿童权利公约》第六条指出，每个儿童均有固有的生命权，要最大限度地确保儿童的存活与发展。1948年联合国大会通过的《世界人权宣言》第三条指出，人人有权享有生命、自由和人身安全。

幼儿的生命权应该在其胚胎期就已获得。《中华人民共和国母婴保健法》第三十二条提出，严禁采用技术手段对胎儿进行性别鉴定，但医学上确有需要的除外。

2) 最高标准的健康权

《中华人民共和国民法典》第一百一十条规定，自然人享有健康权。按照我国《3~6岁儿童学习与发展指南》的规定，健康是指人在身体、心理和社会适应方面的良好状态。发育良好的身体、愉快的情绪、强健的体质、协调的动作、良好的生活习惯和基本生活能力是幼儿身心健康的重要指标。

健康权是以保护自然人机体生理机能正常运作和功能完善发挥为内容的人格权。健康包括健康维护权、劳动能力保护权和健康利益支配权。健康权与生命权和身体权密切相关。生命是身体和健康的前提与基础；身体是生命和健康存在的载体；健康则是公民享有生命权和身体权的重要保证，也是公民享有高质量的生命权和身体权的一项重要指标。如果健康受到损伤，势必对生命权和身体权的行使造成不利的影响。

《儿童权利公约》第二十四条指出，缔约国确认儿童有权享有可达到的最高标准的健康，并享有医疗和康复设施；缔约国应努力确保没有任何儿童被剥夺获得这种保健服务的权利。

《儿童权利公约》进一步强调，各国应致力充分实现这一权利，特别是应采取适当的措施，以降低婴幼儿死亡率；确保向所有儿童提供必要的医疗援助和保健，侧重发展初级保障；消除疾病和营养不良现象，包括在初级保健范围内利用现有的、可得的技术，提供充足的营养食品和清洁饮水，要考虑环境污染的危险和风险；确保向社会各阶层，特别是向父母和儿童介绍有关儿童保健和营养、母乳育婴优点、个人卫生和环境卫生及防止意外事故的基本知识，使他们受到这方面的教育，并帮助他们应用这种基本知识；开展预防保健、对父母的指导，以及计划生育教育和服务；废除对儿童健康有害的传统习俗；有关当局应对儿童身心健康状况定期审查等。

对幼儿健康权的维护，应从父母受孕成功、胎儿形成之时开始。《中华人民共和国母婴保健法》指明，为了保障母亲和婴儿健康，提高出生人口素质，应重视婴儿出生前后的卫生保健工作，包括婚前保健和孕产期保健两方面。

婚前保健服务包括下列内容。①婚前卫生指导：关于性卫生知识、生育知识和遗传病知识的教育。②婚前卫生咨询：对有关婚配、生育保健等问题提供医学意见。③婚前医学检查：对准备结婚的男女双方可能患影响结婚和生育的疾病进行医学检查。

孕产期保健服务包括下列内容。①母婴保健指导：对孕育健康后代，以及严重遗传性疾病和碘缺乏病等地方病的发病原因、治疗和预防方法提供医学意见。②孕妇、产妇保健：为孕妇、产妇提供卫生、营养、心理等方面的咨询和指导，以及产前定期检查等医疗保健服务。③胎儿保健，为胎儿生长发育进行监护，提供咨询和医学指导。④新生儿保健：为新生儿生长发育、哺乳和护理提供医疗保健服务。

另外，为保障婴儿出生以后的安全卫生，要强化儿童营养膳食、卫生防疫、食品、医疗、儿童物品等方面的安全管理。

3）充分的生活水准权

幼儿应该具有过上相当质量的生活的权利，而不是勉强维持生命。高质量的生活不仅是物质上的充足，还包括良好的心理与精神环境、道德条件和社会条件。《儿童权利公约》第二十七条做出了如下规定：缔约国确认每个儿童均有权享有足以促进其生理、心理、精神、道德和社会发展的生活水平；父母或其他负责照顾儿童的人负有在其能力和经济条件许可范围内确保儿童发展所需生活条件的首要责任；缔约国按照本国条件并在其能力范围内，应采取适当措施帮助父母或其他负责照顾儿童的人实现此项权利，并在需要时提供物质援助和支助方案，特别是在营养、衣着和住房方面。

2. 幼儿的发展权

幼儿一出生就取得了生存与发展的权利。幼儿发展权内涵非常广泛，一般包括姓名权、国籍权、肖像权、名誉权、隐私权、独特的身心权、活动权、休息与闲暇权等。《儿童权利公约》第七条指出，儿童出生后应立即登记，并有自出生起获得姓名的权利，有获得国籍的权利，以及尽可能知道谁是其父母并受其父母照料的权利。第八条指出，缔约国承担尊重儿童维护其身份包括法律所承认的国籍、姓名及家庭关系而不受非法干扰的权利。如有儿童被非法剥夺其身份方面的部分或全部要素，缔约国应提供适当协助和保护，以便迅速重新确立其身份。

幼儿具有独特的身心特点与规律，家庭、幼儿园及社会应该尊重幼儿的年龄特点和个体差异，尊重幼儿家庭差异和文化背景的不同，让幼儿拥有快乐的童年和健康的生活。《儿童权利公约》第二十九条第一款指出，教育儿童的目的应是最充分地发展儿童的个性、才智和身心能力。该公约第三十一条第一款指出，缔约国确认儿童有权享有休息和闲暇，从事与儿童年龄相宜的游戏和娱乐活动，以及自由参加文化生活和艺术活动。《中华人民共和国未成年人保护法》也指出，各项有关保护未成年人的工作都要"适应未成年人身心健康发展的规律和特点"。

3. 幼儿的受保护权

幼儿应受到保护，一是基于其道德和法律上的权利，幼儿拥有与成人一样的尊严和权利；二是因为幼儿的心智和体力较成人弱势，尚处于发育阶段，具有幼稚性、不成熟、未定型的特点。幼儿拥有与成人一样的生存、发展与教育的权利，但幼儿是幼小的人类个体，自身并不具有足够的自我保护和行使权利的知识与能力。他们的权利的实现有赖于成人社会的保护。幼儿的受保护权表现为成人社会要为幼儿提供安全卫生的生存环境，安全的生存环境包括家庭和社会环境。要禁止对幼儿的任何形式的虐待和忽视，保护幼儿免受经济、精神、药物、色情、贩卖等伤害。

《儿童权利宣言》指出，儿童因身心尚未成熟，在其出生以前和以后均需要特殊的保护和照料，包括法律上的适当保护。《儿童权利公约》第三十二至三十七条、第三十九条对儿童免受各种形式的伤害进行了明确的规定，保护儿童免遭一切形式的色情剥削和性侵犯之害；防止为任何目的或以任何形式诱拐、买卖或贩运儿童；保护儿童免遭有损儿童福利的任何方面的一切其他形式的剥削之害；不得非法或任意剥夺任何儿童的自由；让遭受伤害的儿童身心得以康复并重返社会，且这种康复和重返社会应在一种能促进儿童的健康、自尊和尊严的环境中进行。

《中华人民共和国宪法》第四十九条规定，婚姻、家庭、母亲和儿童受国家保护。《中华人民共和国未成年人保护法》第六条指出，保护未成年人，是国家机关、武装力量、政党、社会团体、企业事业组织、城乡基层群众性自治组织、未成年人的监护人和其他成年公民的共同责任。

4. 幼儿的参与权

幼儿的参与权是幼儿享有对涉及自身的一切事项发表意见的权利。幼儿的参与权在幼儿园表现为幼儿作为生活与学习的主人，可以按照自己的需要如厕和喝水；可以在教师的支持与指导下自主选择游戏活动并自由游戏；可以在保教活动中自主表现、探索和体验，富有创造性和想象力；教师应采纳并满足幼儿合理而正当的需要，等等。幼儿在家庭和社会生活中的参与权表现为表达自由、寻求和获得信息的自由、自主选择生活学习和娱乐的自由，等等。当然，幼儿的参与权不是绝对的，而是有限制的，是在成人支持与指导下的参与权。

《儿童权利公约》第十二条第一款提出，缔约国应确保有主见能力的儿童有权对影响到其本人的一切事项自由发表自己的意见，对儿童的意见应按照其年龄和成熟程度给以适当的看待。该公约第十二条第二款提出，儿童特别应有机会在影响到儿童的任何司法和政策诉讼中，以符合国家法律的诉讼规则的方式，直接或通过代表或适当机构陈述意见。该公约第十三条提出，儿童应有自由发表言论的权利；此项权利应包括通过口头、书面或印刷、艺术形式或儿童所选择的任何其他媒介，寻求、接受和传递各种信息和思想的自由，而不论国界。儿童的参与权与自由"可受某些限制约束，但这些限制仅限于法律所规定并为以下目的所必需：尊重他人的权利和名誉；保护国家安全或公共秩序或公共卫生或道德"。

5. 幼儿的受教育权

为保障幼儿身心的全面和谐发展，幼儿必须接受一定的教育。幼儿教育可以来自幼儿家庭、幼儿园和社区。我国尚未执行公共幼儿义务教育，应完善幼儿教育公共服务体系，逐步提高幼儿教育的普及率；让幼儿就近入园，接受基本的、有质量保证的幼儿教育；促进幼儿教育公平。

《中华人民共和国宪法》(以下简称《宪法》)第四十六条规定，中华人民共和国公民有受教育的权利和义务。国家培养青年、少年、儿童在品德、智力、体质等方面全面发展。《宪法》第十九条指出，国家举办各种学校，普及初等义务教育，发展中等教育、职业教育和高等教育，并且发展学前教育。2010年，《国务院关于当前发展学前教育的若干意见》指出，发展学前教育，必须坚持公益性和普惠性，努力构建覆盖城乡、布局合理的学前教育公共服务体系，保障适龄儿童接受基本的、有质量的学前教育。

(二) 幼儿权利保护的一般原则

幼儿权利保护的一般原则，即所有的幼儿法规必须遵循的基本要求与准则，是关于儿童的一切工作必须贯彻的基本精神。

1. 儿童优先原则

儿童优先原则，即在制定法律法规、政策规划和配置公共资源等方面优先考虑儿童的利益和需求。在处理涉及儿童的事务中，儿童的利益首先考虑，并确保儿童利益最大化。我国《幼儿园教师专业标准(试行)》第四十三条规定，幼儿园教师应"有效保护幼儿，及时处理幼儿的常见事故，危险情况优先救护幼儿"。这就是儿童优先原则的体现。

"儿童优先"包含以下四层意思。

(1) 在资源分配中，儿童应摆在首要位置。国家和国际社会应该尽一切努力，实现儿童权益保障的最大可能，保障儿童拥有充足的生存与发展资源。在资源有限的情况下，儿童应该被置于首要位置。《儿童权利公约》第四条指出，缔约国应采取一切适当的立法、行政和其他措施以实现本《公约》所确认的权利。关于经济、社会及文化权利，缔约国应根据其现有资源所允许的最大限度并视需要在国际合作范围内采取此类措施。

(2) 在利益冲突中，兼顾儿童利益。与成人相比，儿童处于弱势，需要成人保护。我们的社会是一个成人主导的社会。在这种情况下，当成人利益与儿童利益相冲突时，当长辈与后代在资源占有和使用相冲突时，成人应该考虑人类生存与发展资源的有限性，努力建设环境友好型、资源节约型社会，注意代际公平。

(3) 在危险情况下，首先救护儿童。儿童是成人保护的对象，儿童本身缺乏足够的发现和应对危险的能力，从生存机会最大化和生存机会均等的角度考虑，儿童要优先救助。《中华人民共和国未成年人保护法》第五十六条指出，公共场所发生突发事件时，应当优先救护未成年人。《儿童权利公约》也指明，确认世界各国都有生活在极端困难下的儿童，对这些儿童需要给予特别的照顾。

(4) 实现儿童利益最大化。任何国家、家庭、成人在处理与儿童相关的事务时，均应考虑综合多方资源，尽最大努力和一切可能，充分保障儿童拥有的各种权利。要从儿童身心发展特点和利益出发处理与儿童相关的具体事务。《儿童权利公约》第三条指出，关于儿童的一切行动，不论是由公私社会福利机构、法院、行政当局或立法机构执行，均应以儿童的最大利益为一种首要考虑。该公约第二十一条指出，凡承认和(或)许可收养制度的国家应确保以儿童的最大利益为首要考虑。

2. 平等无歧视原则

平等无歧视原则，即创造公平社会环境，确保儿童不因户籍、地域、性别、民族、信仰、受教育状况、身体状况和家庭财产状况受到任何歧视，所有儿童享有平等的权利和机会。儿童在尊严和权利上一律平等，不能因其天然条件，包括其自身和父母的因素而受到任何形式的歧视。平等意味着无歧视，但并不完全等同于无歧视。从内涵上来说，平等比无歧视更加周全，也更积极。

《世界人权宣言》第一条就指出，人人生而自由，在尊严和权利上一律平等。该宣言第二条接着指出，人人有资格享有本宣言所载的一切权利和自由，不分种族、肤色、性别、语言、宗教、政治或其他见解、国籍或社会出身、财产、出生或其他身份等任何区别。该宣言第七条进一步指出，人人有权享受平等保护，以免受违反本宣言的任何歧视行为以及煽动这种歧视的任何行为之害。

《儿童权利公约》第二条提出，缔约国应采取一切适当措施确保儿童得到保护，不受基于儿童父母、法定监护人或家庭成员的身份、活动、所表达的观点或信仰而加诸的一切形式的歧视或惩罚。《中华人民共和国未成年人保护法》第三条指出，未成年人依法平等地享有各项权利，不因本人及其父母或者其他监护人的民族、种族、性别、户籍、职业、宗教信仰、教育程度、家庭状况、身心健康状况等受到歧视。

幼儿平等无歧视表现为不论幼儿个人和家庭情况如何，都应受到良好的卫生保健、看护与照料，都应获得充足的学习和发展机会，都能接受基本的、有质量保证的幼儿教育。对城市流动幼儿、农村留守幼儿、贫困家庭中的幼儿、单亲或非婚生幼儿、残疾幼儿等要给予特别关照。

3. 尊重儿童的原则

尊重儿童原则，表现为对儿童各项权利、人格尊严和观点意见的尊重。成人应该尊重儿童的生命权、发展权、受保护权、参与权和受教育权；应该尊重儿童的人格尊严与名誉；应该尊重儿童的合理需要与正当要求，教育与指导要适应儿童的身心发展规律与特点。

《中华人民共和国未成年人保护法》第四条第二款指出，尊重未成年人人格尊严；第四款指出，适应未成年人身心健康发展的规律和特点。《中国儿童发展纲要(2011—2020年)》基本原则部分的第五条原则就是"儿童参与原则"，即鼓励并支持儿童参与家庭、文化和社会生活，创造有利于儿童参与的社会环境，畅通儿童意见表达的渠道，重视、吸收儿童意见。我国《幼儿园教师专业标准(试行)》指出，幼儿园教师要尊重幼儿人格，维护幼儿合法权益，平等对待每一个幼儿。不讽刺、挖苦、歧视幼儿，不体罚或者变相体罚幼儿，信任幼儿，尊重个体差异，主动了解和满足有益于幼儿身心发展的不同需求。《幼儿园教育指导纲要(试行)》"总则"第五条明确规定，幼儿园教育应尊重幼儿的人格和权利，尊重幼儿身心发展的规律和学习特点，以游戏为基本活动，保教并重，关注个别差异，促进每个幼儿富有个性地发展。

4. 教育和保护相结合原则

教育和保护相结合原则，即培养儿童作为权利主体行使权利的能力的同时，要尽一切努力维护儿童的合法权益。儿童是权利的主体，同时也是受保护的对象。保护儿童不仅要让儿童免受伤害，还要让儿童健康快乐地成长起来，将来发展为强大的权利主体。

《中国儿童发展纲要(2011—2020年)》"基本原则"第一条就是"依法保护原则"，指出"在儿童身心发展的全过程，依法保障儿童合法权利，促进儿童全面健康成长"。我国幼儿园教育一贯坚持保教结合、保教并重。

> **案例**
>
> 2019年6月8日下午3点,一名男童突然从小凳子上摔下去,小脸泛白,浑身抽搐,而且一直咬舌头。凭借多年的经验,当班李老师将自己的大拇指伸进男童嘴里,避免男童咬到舌头;吴老师按压男童的人中穴;任老师及时通知孩子的父母。男童醒了过来,随后男童的爸爸赶到,及时将男童送到医院进行治疗。男童的妈妈刘女士为此非常感动,她说:"几位老师守护、拯救孩子的心让我们感动!"而李老师告诉记者:"老师就应该一切为了学生,为了学生的一切,为了一切学生,这也是一个老师应尽的职责。"

5. 多方共担责任原则

多方共担责任原则,即国家、家庭、社会共同保护儿童的权利,共同担当儿童保护的职责与义务。

一方的权利就是另一方的责任与义务。儿童是受保护对象,所以任何儿童权利的确认,都意味着国家、社会、家庭有责任和义务尊重儿童所拥有的各项权利和固有尊严,保障儿童权利的实现。换言之,儿童的权利或利益的实现,有赖于国家、社会和家庭的儿童保护责任与义务的履行状况。

联合国《儿童权利公约》第三、四、五、九、十、十一、十八、十九、三十四、三十六等条款都涉及国家、家庭、父母和儿童的关系。在责任担当方面,家庭应负主要但非全部的责任;社会与国家要承担协助和支持之责,如第十八条规定,缔约国应尽其最大努力,确保父母双方对儿童的养育和发展负有共同责任的原则得到确认。父母或视具体情况而定的法定监护人对儿童的养育和发展负有首要责任。儿童的最大利益将是他们主要关心的事。《中华人民共和国未成年人保护法》和《中华人民共和国家庭教育法》也提出父母对于子女的抚养、照料和教育有引导之责。

但儿童教养和保护之责的划分,并不是一成不变的。当儿童家庭未能履行相应的责任,儿童受到忽视、虐待或者其他伤害时,社会和国家,乃至国际社会需要及时伸出援助之手,必要时甚至剥夺儿童家庭的亲权,实行国家干预。

总之,无论孩子父母、社会、国家还是国际社会最终如何分配儿童权利保护的责任和义务,都要坚持儿童利益最大化原则,坚持儿童优先,并确保所有行动对儿童而言都是积极而正当的。

不过,儿童、家庭和国家的关系非常复杂。一方面,为了儿童的利益,国家和社会不得不干预一些家庭事务;另一方面,每个儿童和家庭又有其隐私权和自主权。儿童与其父母、家庭的权利和利益息息相关,但也不乏有冲突的情况。当儿童的家庭陷入困境时,国家和社会不得不考虑是单方面支持儿童,还是顺带支持孩子母亲,或者进一步支持儿童的整个家庭。在国家和社会儿童保护资源有限的情况下,资源的目标定位的大小涉及儿童保护资源使用的公平与效率问题。

(三) 幼儿权利保护的主体及其法律责任

依据联合国《儿童权利公约》和《中华人民共和国未成年人保护法》，我国幼儿权利保护责任主体包括幼儿家庭、托幼机构、社会和司法部门四个方面。幼儿权利保护也就分为幼儿家庭保护、托幼机构保护、社会保护和司法保护四类。下面将分析幼儿家庭、托幼机构、社会和司法这四类幼儿权利保护主体的具体法律责任与义务。

幼儿家庭保护内容涉及家庭环境的创设、家庭看护和照料、父母的亲职教育等方面，具体内容如下。

1. 幼儿家庭保护

(1) 父母或者其他监护人应当创造良好、和睦的家庭环境，依法履行对幼儿的监护职责和抚养义务。

(2) 禁止对幼儿实施家庭暴力，禁止虐待、遗弃幼儿，禁止溺婴和其他残害婴幼儿的行为，不得歧视女性或者有残疾的幼儿。

(3) 父母或者其他监护人应当关注幼儿的生理、心理状况和行为习惯，以身示范，引导幼儿进行有益身心健康的活动。

(4) 父母或者其他监护人应当学习家庭教育知识，正确履行监护职责，抚养、教育幼儿。

(5) 有关国家机关和社会组织应当为幼儿的父母或者其他监护人提供家庭教育指导。

(6) 父母或者其他监护人应当尊重幼儿受教育的权利，使幼儿接受一定的社会公共服务。

(7) 父母因外出务工或者其他原因不能履行对幼儿监护职责的，应当委托有监护能力的其他成年人代为监护。

2. 托幼机构保护

托幼机构保护包括贯彻国家方针政策，尊重幼儿，遵循幼儿身心发展规律，与家长一道做好幼儿安全、卫生和保健工作等，具体内容如下。

(1) 托幼机构应当全面贯彻国家的教育方针，实施素质教育，提高教育质量，促进幼儿身心的全面发展。

(2) 托幼机构应当根据幼儿身心发展的特点，对他们进行社会生活指导和心理健康辅导。

(3) 托幼机构应当与幼儿的父母或者其他监护人互相配合，保证幼儿的睡眠、娱乐和体育锻炼时间，不得加重其学习负担。

(4) 托幼机构教职员工应当平等对待幼儿，尊重幼儿的人格尊严，不得对幼儿实施体罚、变相体罚或者其他侮辱人格尊严的行为。

(5) 托幼机构应当建立安全制度，加强对幼儿的安全教育，采取措施保障幼儿的人身安全。托幼机构不得在危及幼儿人身安全、健康的校舍和其他设施、场所中进行教育教学活动。安排幼儿参加集会、文化娱乐、社会实践等集体活动，应当有利于幼儿的健康成长，防止发生人身安全事故。

(6) 教育行政和其他部门及托幼机构应当根据需要，配备相应设施并进行必要的演练，增强幼儿的自我保护意识和能力。

(7) 托幼机构对幼儿在机构内或者本园组织的园外活动中发生人身伤害事故的，应当及时救护，妥善处理，并及时向有关主管部门报告。

(8) 托幼机构应当尊重幼儿受教育的权利，做好保育、教育工作，促进幼儿在体质、智力、品德等方面和谐发展。

3. 社会保护

社会保护包括来自国家、政府及其职能部门、各种社会团体组织、个人等方面的保护。幼儿包括一般幼儿、特殊幼儿和不幸幼儿三类。社会保护涉及幼儿安全、饮食、卫生、娱乐、学习、发展、教育等各方面，具体内容如下。

(1) 全社会应当树立尊重、保护、教育幼儿的良好风尚，关心、爱护幼儿，任何组织或个人不得披露幼儿的个人隐私。

(2) 国家鼓励社会团体、企业事业组织以及其他组织和个人，开展多种形式有利于幼儿健康成长的社会活动。

(3) 各级人民政府应当保障幼儿受教育的权利，以政府为主导，广泛动员社会参与，保障幼儿接受多种形式的、高质量的教育与服务；地方各级人民政府和有关部门应当积极发展幼儿事业，办好托儿所、幼儿园，支持社会组织和个人依法兴办哺乳室、托儿所、幼儿园。

(4) 各级人民政府和有关部门应当采取多种形式，培养和训练幼儿园、托儿所的保教人员，提高其职业道德素质和业务能力。

(5) 卫生部门和幼儿园应当对幼儿进行卫生保健和营养指导，提供必要的卫生保健条件，做好疾病预防工作。卫生部门应当做好儿童的预防接种工作，国家免疫规划项目的预防接种实行免费；积极防治儿童常见病、多发病，加强对传染病防治工作的监督管理，加强对幼儿园、托儿所卫生保健的业务指导和监督检查。

(6) 爱国主义教育基地、图书馆、儿童活动中心应当对幼儿免费开放；博物馆、纪念馆、科技馆、展览馆、文化馆、影剧院、体育场馆、动物园、公园等场所，应当按照有关规定对幼儿免费或者优惠开放。

(7) 国家鼓励新闻、出版、信息产业、广播、电影、电视、文艺等单位，以及作家、艺术家、科学家及其他公民，创作或者提供有利于幼儿健康成长的作品。出版、制作和传播专门以幼儿为对象的内容健康的图书、报刊、音像制品、电子出版物及网络信息等，国家给予扶持。

(8) 生产、销售用于幼儿的食品、药品、玩具、用具和游乐设施等，应当符合国家标准或者行业标准，不得有害于幼儿的安全和健康；需要标明注意事项的，应当在显著位置标明。

(9) 幼儿园周边不得设置营业性歌舞娱乐场所、互联网上网服务营业场所等不适宜幼儿活动的场所。

(10) 任何人不得在幼儿园、托儿所的教室、寝室、活动室和其他幼儿集中活动的场所吸烟、喝酒。

(11) 幼儿园、托儿所和公共场所发生突发事件时，应当优先救护幼儿。

(12) 禁止拐卖、绑架、虐待幼儿，禁止对幼儿实施性侵害；禁止胁迫、诱骗、利用幼儿乞讨或者组织幼儿进行有害其身心健康的表演等活动。

(13) 公安机关应当采取有力措施，依法维护幼儿园周边的治安和交通秩序，预防和制止侵害幼儿合法权益的违法犯罪行为；任何组织或者个人不得扰乱教学秩序，不得侵占、破坏幼儿园、托儿所的场地、房屋和设施。

(14) 县级以上人民政府及其民政部门应当根据需要设立救助场所，对流浪乞讨等生活无着的幼儿实施救助，承担临时责任；公安部门或者其他有关部门应当护送流浪乞讨幼儿到救助场所，由救助场所予以救助和妥善照顾，并及时通知其父母或者其他监护人领回。

(15) 无法查明父母或其他监护人的孤儿，以及其他生活无着的幼儿，由民政部门设立的儿童福利机构收留抚养。幼儿救助机构、儿童福利机构及其工作人员应当依法履行职责，不得虐待、歧视幼儿；不得在办理收留抚养工作中牟取利益。

4. 司法保护

按照《中华人民共和国未成年人保护法》的要求，公安机关、人民检察院、人民法院及司法行政部门，应当履行职责，在司法活动中保护未成年人的合法权益。

(1) 公安机关、人民检察院、人民法院和司法行政部门办理涉及未成年人案件，应当考虑未成年人身心特点和健康成长的需要，使用未成年人能够理解的语言和表达方式，听取未成年人的意见。对需要法律援助或者司法救助的未成年人，法律援助机构或公安机关、人民检察院、人民法院和司法行政部门应当给予帮助，依法为其提供法律援助或者司法救助。

(2) 人民法院审理继承案件，应当依法保护未成年人的继承权和受遗赠权。人民法院审理离婚案件，涉及未成年子女抚养问题的，应当尊重已满八周岁未成年子女的真实意愿，根据双方具体情况，按照最有利于未成年子女的原则依法处理。

(3) 父母或者其他监护人不履行监护职责或者侵害被监护的未成年人的合法权益，经教育不改的，人民法院可以根据有关人员或者有关单位的申请，撤销其监护人的资格，依法另行指定监护人。被撤销监护资格的父母应当依法继续负担抚养费用。

(4) 公安机关、人民检察院、人民法院讯问未成年犯罪嫌疑人、被告人，询问未成年被害人、证人，应当依法通知其法定代理人或者其成年亲属、所在学校的代表等合适成年人到场，并采取适当方式，在适当场所进行，保障未成年人的名誉权、隐私权和其他合法权益。

(四) 幼儿权利保护的基本途径

《儿童权利公约》第四条规定，缔约国应采取一切适当的立法、行政和其他措施以实现本公约所确认的权利。我国同大多数国家一样，儿童权利实施途径包括公力与私力、政府与民间，采取立法、行政、投入、监管、服务等方式。我国政府注重在国内着力的同时，也注意利用国际社会力量，谋求国际合作，在幼儿权利保护方面亦然。

1. 立法

我国已建立了比较丰富的幼儿权利保护法规。中国承认的国际人权公约包括《世界人权宣言》《儿童权利公约》等。

我国制定的法律包括《中华人民共和国宪法》《中华人民共和国未成年人保护法》

《中华人民共和国民法典》《中华人民共和国教育法》《中华人民共和国母婴保健法》等，其他法规包括《中华人民共和国儿童发展纲要(2011—2020年)》和《国家中长期教育改革和发展规划纲要(2010—2020年)》等。来自卫生部的有关幼儿卫生保健法规包括《新生儿疾病死亡评审规范(试行)》《中国7岁以下儿童生长发育参照标准》《全国新生儿疾病筛查工作规划》《全国儿童保健工作规范(试行)》《托儿所幼儿园卫生保健管理办法》《新生儿疾病筛查技术规范》《新生儿访视等儿童保健技术规范》《儿童眼及视力保健技术规范》等。出自教育部的法规更关注幼儿园的保教活动及相应的管理工作，如《幼儿园教育指导纲要(试行)》《3~6岁儿童学习与发展指南》等。

2. 行政

行政途径即我国各级政府及其职能部门针对幼儿所做的相关工作，包括建立管理体系、制订计划、编制财政规划、进行行政督导、提供服务几方面。

我国涉及幼儿相关事务的行政管理分散在民政部门、卫生部门、教育部门、司法部门、妇联等处，尚无独立的儿童行政管理体制。我国制定了儿童发展规划，如《中国儿童发展纲要(2011—2020年)》；财政投入包括国家对幼儿卫生保健、教育和福利三方面的投入。幼儿保教的行政督导已走向常规化和专业化，由国家督导部门负责，2012年12月，教育部已发布《学前教育督导评估暂行办法》和相关督导检测文件。我国政府通过直接开办儿童卫生保健机构、教育机构和福利机构，动员社会力量参与，通过奖补民办机构等方式扩大儿童社会工作内容范围，为儿童提供优质服务。

3. 社会服务

幼儿权利保护，除来自幼儿家庭和政府的资源外，还有大量资源散布在民间社会，具体包括幼儿亲属、社会组织、集体(村委会或居委会)、单位(主要是父母所在单位)、市场(包括生产者和消费者)等。

我国一贯有"慈幼"传统和大家庭生活的传统，孩子幼年照料大部分由爷爷奶奶、外公外婆或者其他亲朋好友辅助完成或代为独立完成。现在，中国的社会组织已慢慢发展起来，如在政府协助下成立的中国红十字会、中国儿童少年基金会、宋庆龄基金会等。我国还有大量的民间自发成立的儿童社会工作、儿童福利服务组织。所有这些社会组织是政府与社会沟通、衔接的桥梁与纽带，是政府提供儿童工作与服务的"毛细血管"，也是我国儿童工作的另外"半边天"，是我国儿童工作的重要组成部分。来自儿童所在社区的村(居)委会、儿童父母单位的各种福利、来自儿童消费市场的规范生产与经营等，也都是儿童权利实现的必要保证。

4. 国际合作

国际合作是各国为谋求儿童利益最大化和实现儿童权利保护的公平与一致而采取的联合行动。国际合作保护包括中国政府和民间与国际组织、其他国家和地区政府、国外其他民间组织和个人之间的沟通与合作，如联合国儿童基金会对我国幼儿卫生保健、教育、福利等都给予了极大支持。

三、幼儿园教师权益保护

幼儿园教师是幼儿教育的主体,是幼儿教育的具体设计者和实施者。高质量的教育取决于高质量的教师,一个国家和地区的教育水平,从根本上取决于教师队伍的整体素质。当前,我国幼儿教育事业快速发展,只有建设一支师德高尚、业务精良的幼儿园教师队伍,才能实现"努力办好人民满意的教育"的目标。因此,有关幼儿园教师的法律法规尤为重要。

(一) 幼儿园教师聘任

《幼儿园教师专业标准(试行)》指出,幼儿园教师是履行幼儿园教育工作职责的专业人员,需要经过严格的培养与培训,具有良好的职业道德,掌握系统的专业知识和专业技能。一般情况下,在其他幼儿教育机构从事教育工作的人员也被视为幼儿园教师。据此,幼儿园教师即在幼儿园及其他幼儿教育机构履行教育工作职责的专业人员。

1. 幼儿园教师含义

《中华人民共和国教师法》第三条规定,教师是履行教育教学职责的专业人员,承担教书育人、培养社会主义事业建设者和接班人、提高民族素质的使命。教师应当忠诚于人民的教育事业。据此,我们可从以下三个方面来理解幼儿园教师的含义。

1) 幼儿园教师是专业人员

这是对幼儿园教师身份的明确规定,也是国家对幼儿园教师职业的一种认可。所谓专业人员,是指专门从事某种专业技术工作的人。1989年,美国学者奥斯汀概括了专门职业的十四项特征,并指出了其中最重要的四项标准。①具有一整套完善的专门知识体系和技能体系作为专业人员从业的依据。②对于证书的颁发标准和从业条件有完善的管理与控制措施。③对于职责范围内的抉择有自主决策的权利。④有相当高的社会声望及经济地位。

2) 幼儿园教师是履行教育教学职责的专业人员

幼儿园工作岗位有很多种,只有直接承担教育教学工作的人,才是幼儿园教师。未履行教学职责的行政管理人员和教学辅助人员,如医务人员、保安、炊事员等,均不属于幼儿园教师。

3) 幼儿园教师是在幼儿园及其他幼儿教育机构从事教育教学工作的人员

《中华人民共和国教师法》第二条规定,本法适用于在各级各类学校和其他教育机构中专门从事教育教学工作的教师。只有在学校或其他教育机构任教的人员才能算真正的教师。如果公民取得了幼儿园教师资格证,但没有去幼儿园或其他幼儿教育机构任教,那他只是可能的幼儿园教师,而不是现实意义上的幼儿园教师。幼儿园教师不仅包括公办幼儿园及其他幼儿教育机构中的教师,还包括民办幼儿园及其他幼儿教育机构中的教师。

2. 幼儿园教师配备

幼儿园教师配备标准是幼儿园办园标准的重要内容。配备合适比例的幼儿园教师才能满足幼儿在园内生活、游戏和学习的需要,才能确保幼儿接受基本的、有质量保证的学前教育,促进幼儿健康成长。2013年教育部公布的《幼儿园教职工配备标准(暂行)》对幼儿园教师配备做出了详细规定。

1) 班级规模和师幼比

适宜的班级规模和师幼比是影响幼儿园班级教育质量的重要因素。根据《幼儿园教职工配备标准(暂行)》的相关要求,幼儿园各年龄组班级规模和专任教师与幼儿的配备比例如表3-1所示。

表3-1 幼儿园各年龄组班级规模和专任教师与幼儿的配备比例

年龄组	班级规模/人	专任教师/人	师幼比
小班(3～4岁)	20～25	2	1∶10～1∶12.5
中班(4～5岁)	25～30	2	1∶12～1∶15
大班(5～6岁)	30～35	2	1∶15～1∶17.5

2) 专任教师的配备

《幼儿园教职工配备标准(暂行)》明确规定,幼儿园应根据服务类型、幼儿年龄和班级规模配备数量适宜的专任教师和保育员,使每位幼儿在一日生活、游戏和学习中都能得到成人适当的照顾、帮助和指导。全日制幼儿园每班配备3名专任教师(或2名专任教师和1名保育员);半日制幼儿园每班配备2名专任教师,有条件的可配备1名保育员;寄宿制幼儿园一般每班配备3名专任教师和2名保育员。

《幼儿园教职工配备标准(暂行)》还提出,招收特殊需要儿童的幼儿园应根据特殊需要儿童的数量、类型及残疾程度,配备相应的特殊教育教师,并增加保教人员的配备数量。幼儿园应根据当地学前教育发展的实际情况,增设教师岗位类别和数量,满足本园发展和保教工作的需要,并确保在教师进修、支教、病产假等情况下有可供临时顶岗的保教人员。

3. 幼儿园教师选聘

《中华人民共和国教师法》第十七条规定,学校和其他教育机构应当逐步实行教师聘任制。教师的聘任应当遵循双方地位平等的原则,由学校和教师签订聘任合同,明确规定双方的权利、义务和责任。实施教师聘任制的步骤、办法由国务院教育行政部门规定。实行教师聘任制,可以促进教师的合理流动,增强教师的责任感,调动教师工作的积极性,有利于教师队伍的优化。

担任教师职务,必须具备一定的任职条件。教师任职条件一般包括以下几方面。

(1) 具备相应的教师资格。

(2) 遵守宪法和其他法律,具有良好的思想政治素质和职业道德,为人师表,教书育人。

(3) 具备相应的教育教学水平、学术水平,具有教育科学理论的基础知识,能全面地、熟练地履行职务职责。

(4) 满足学历、学位要求。

(5) 身体健康,能正常工作。

为保障幼儿的生命安全和维持幼儿园正常秩序,有犯罪记录者和精神病史者不得在幼儿园工作。幼儿园及其他幼儿教育机构在选聘幼儿园教师的过程中，应当考虑以下条件。

1) 幼儿园教师资格

教师资格制度是国家对教师实行的一种特定的职业许可制度，是国家对专门从事教育教学工作人员的最基本要求，也是公民获得教师岗位的法定前提条件。为加强幼儿园教师队伍建设，提高幼儿教育师资水平，近年来我国对幼儿园教师资格考试制度进行了改革。根据《国家中长期教育改革和发展规划纲要(2010—2020年)》关于加强教师队伍建设的意见，教育部已于2011年下半年开始在湖北、浙江两个省份开展中小学和幼儿园教师资格考试改造试点工作。此次两省的试点改革，有以下几点改变。

(1) 实行"学历"与"幼儿园教师资格证"分离制度。取消了以往幼儿园教师资格证随毕业证书一起发放的做法，规定2012年8月1日以后入学的所有专科及以上学历的学生，一律需要参加国家的幼儿园教师资格证考试。只有考试合格，身体、师德、任职或学习等符合相关文件要求，才能取得幼儿园教师资格证。中专学历不能参加教师资格证考试，专科及以上学历但不是学前教育专业的参考人员，需要经过专门集中培训才能参加资格证考试。

(2) 国家统一进行资格证考试。凡湖北省内(含户籍或工作单位在湖北省)、浙江省内(含户籍或工作单位在浙江省)申请幼儿园、小学、初级中学、高级中学、中等职业学校教师资格和中等职业学校实习指导教师资格的人员，必须参加国家教师资格考试。由教育部制定教师专业标准、教师资格考试标准和教师资格考试大纲，并负责命题工作，统一考试时间，规范考试科目，全面考查教师资格申请人的身心素质和教育教学能力。资格证考试包括笔试和面试。幼儿园教师资格考试笔试内容分为综合素质考试和保教知识与能力考试，各150分，实行计算机在线网上考试。面试内容包括说课、综合艺术能力展示等。

(3) 教师资格证实行五年一周期的定期注册。在五年之内从事幼儿教育工作、具有360学时的培训记录且每年考核合格的教师，方能续签幼儿园教师资格证。

(4) 实行资格证全国联网制度。幼儿园教师资格证全国通用，建立信息库进行网上管理。

(5) 推进新任教师公开招聘制度改革，逐步形成"国标、省考、县聘、校用"的教师准入和管理制度。2013年，此项工作已推广至河北省、上海市、广西壮族自治区、海南省、山东省和四川省。

2) 专业理念与师德

幼儿园教师的专业理念，指幼儿园教师"在理解教育工作本质的基础上形成的关于教育的观念和理性认识"。幼儿园教师应当贯彻国家教育方针，具有良好品德，热爱教育事业，尊重和爱护幼儿，努力学习专业知识和技能，提高文化和专业素养，为人师表，忠于职责，身心健康。《幼儿园教师专业标准(试行)》提出，幼儿园教师应热爱学前教育事业，具有职业理想，践行社会主义核心价值体系，履行教师职业道德规范。关爱幼儿，尊重幼儿人格，富有爱心、责任心、耐心和细心；为人师表，教书育人，自尊自律，做幼儿健康成长的启蒙者和引路人。

具体而言，幼儿园教师专业理念与师德要求包括：贯彻党和国家教育方针政策，遵守教育法律法规；理解幼儿保教工作的意义，热爱幼儿教育事业，具有职业理想和敬业精神；认同幼儿园教师的专业性和独特性，注重自身专业发展；具有良好职业道德修养，为人师表；具有团队合作精神；关爱幼儿，重视幼儿身心健康，将保护幼儿生命安全放在首位；尊重幼儿人格，维护幼儿合法权益，平等对待每一个幼儿；信任幼儿，尊重个体差异，主动了解和满足有益于幼儿身心发展的不同需求；重视生活对幼儿健康成长的重要价值，积极创造条件，让幼儿拥有快乐的幼儿园生活；注重保教结合，培育幼儿良好的意志品质，帮助幼儿形成良好的行为习惯；注重保护幼儿的好奇心，培养幼儿的想象力，发掘幼儿的兴趣爱好；重视环境和游戏对幼儿发展的独特作用，创设富有教育意义的环境氛围，将游戏作为幼儿的主要活动；重视丰富幼儿多方面的直接经验，将探索、交往等实践活动作为幼儿最重要的学习方式；重视自身日常态度言行对幼儿发展的重要影响与作用；重视幼儿园、家庭和社区的合作，综合利用各种资源。

幼儿园教师不得违背职业道德，损害幼儿的身心健康，否则将承担相应的后果甚至法律责任。

3) 专业知识和专业能力

根据《幼儿园教师专业标准(试行)》的要求，幼儿园教师必须具有相应的专业知识和专业能力。幼儿园教师必须具备的专业知识包括幼儿发展知识、幼儿保育和教育知识、通识性知识三方面。具体而言，幼儿园教师要了解和掌握关于幼儿发展的知识，以维护幼儿的身心健康，促进幼儿健康成长；幼儿园教师要具备一定的幼儿保育和教育知识，熟悉幼儿园教育的目标、任务、内容、要求以及基本原则，科学开展幼儿园一日保教活动；幼儿园教师要具有一定的自然科学和人文社会科学知识，了解中国教育基本情况，掌握幼儿各领域教育的特点和基本知识，不断提高自身文化素养，促进教育教学水平的提升。

幼儿园教师应具有环境的创设与利用能力、一日生活的组织与保育能力、游戏活动的支持与引导能力、教育活动的计划与实施能力、激励与评价能力、沟通与合作能力、反思与发展能力等。

4) 幼儿园教师劳动合同

劳动合同是指劳动者与用人单位之间确立劳动关系，明确双方权利和义务的书面协议。幼儿园及其他幼儿教育机构与幼儿园教师依法订立的劳动合同具有法律效力，对聘任双方均有约束力。幼儿园教师必须按劳动合同履行义务，完成合同规定的教育教学任务，幼儿园及其他幼儿教育机构必须按照规定向教师支付报酬，提供教学、科研、进修、学术交流等教师培训与专业发展的条件。

根据《中华人民共和国劳动合同法》(以下简称《劳动合同法》)的相关规定，幼儿园教师与幼儿园或其他幼儿教育机构订立劳动合同时应遵循以下原则。

(1) 合法原则。合法是劳动合同有效的前提条件。合法是指劳动合同的形式和内容必须符合法律、法规的规定。首先，劳动合同的形式要合法。依据《劳动合同法》的相关要求，劳动合同需要以书面形式订立，否则用人单位要承担不订立书面合同的法律后果，如《劳动合同法》第八十二条规定，用人单位自用工之日起超过一个月不满一年未与劳动者订立书面劳动合同的，应当向劳动者每月支付二倍的工资。其次，劳动合同的内容要合法。《劳动合同法》第十七条专门规定了劳动合同的九项内容及相关要求，如劳动合同期限、工作时间、劳动报酬、劳动保护等。幼儿园教师与用人单位订立劳动合同时必须遵循以上规定，否则当事人要承担相应的法律责任。

(2) 公平原则。公平原则是指劳动合同的内容应当公平、合理。幼儿园及其他幼儿教育机构与幼儿园教师签订的劳动合同在合法的同时，也要注意合同双方责、权、利的统一，对幼儿园教师的责、权、利的要求应适度，满足幼儿园教师的基本权益和我国按劳付酬的用人用工要求。

(3) 平等自愿原则。所谓平等原则是指劳动者和用人单位在订立劳动合同时法律地位是平等的，没有高低、从属之分。只有地位平等，双方才能自由真实地表达自己的意愿。

(4) 协商一致原则。协商一致原则即幼儿园及其他幼儿教育机构和幼儿园教师要对合同的内容达成一致意见。劳动合同应当是双方意见达成一致的结果，任何一方不能凌驾于另一方之上，不得把自己的意志强加给对方，也不能强迫命令、胁迫对方订立劳动合同。在订立劳动合同时，双方都要仔细研究合同的每项内容，进行充分的沟通和协商，解决分歧，最终达成一致意见。只有体现双方真实意志的劳动合同，双方才能忠实地履行合同的约定。

(5) 诚实守信原则。诚实守信原则是指在订立劳动合同时双方要诚实、讲信用，不得有欺诈行为。根据《劳动合同法》第八条规定，用人单位招用劳动者时，应当如实告知劳动者工作内容、工作条件、工作地点、职业危害、安全生产状况、劳动报酬，以及劳动者要求了解的其他情况；用人单位有权了解劳动者与劳动合同直接相关的基本情况，劳动者应当如实说明。现实中，有的幼儿园给幼儿园教师提供的工作条件和待遇与约定的不一样，也有幼儿园教师提供假文凭的情况，这些行为都违反了诚实守信原则。

幼儿园及其他幼儿教育机构自用工之日起即与幼儿园教师建立了劳动关系，应当订立书面劳动合同。劳动合同可以分为以下三类。①固定期限劳动合同，即用人单位与劳动者约定合同终止时间的劳动合同。如果幼儿园教师与幼儿园或其他幼儿教育机构签订的劳动合同中，明确约定了合同终止的时间，则该合同属于固定期限劳动合同。幼儿园教师与幼儿园或其他幼儿教育机构签订的大多是此类合同。②无固定期限劳动合同，即用人单位与劳动者约定无确定终止时间的劳动合同。有下列情形之一，劳动者提出或者同意续订、订立劳动合同的，除劳动者提出订立固定期限劳动合同外，应当订立无固定期限劳动合同：劳动者在该用人单位连续工作满十年的；用人单位初次实行劳动合同制度或者国有企业改制重新订立劳动合同时，劳动者在该用人单位连续工作满十年且距法定退休年龄不足十年的；连续订立两次固定期限劳动合同，且劳动者胜任本职工作、没有严重违反用人单位规章制度情形的。无固定期限劳动合同在一定程度上，医治了劳动合同短期化和空缺化的痛疾，有利于劳动关系的稳定，能更好地保护劳动者的合法权益。但是，无固定期限劳动合同并不等同于"铁饭碗"。③以完成一定工作任务为期限的劳动合同，是指用人单位与劳动者约定以某项工作的完成为合同期限的劳动合同。例如，幼儿园聘请某教师作为年度教学基本功大赛的舞蹈教练，聘期至大赛结束，该合同就属于以完成一定工作任务为期限的劳动合同。

幼儿园教师与幼儿园或其他幼儿教育机构协商一致，可以解除劳动合同。教师要解除劳动合同需提前三十日以书面形式通知幼儿园或其他幼儿教育机构，如果教师还在试用期内，则需提前三日通知用人单位。幼儿园或其他幼儿教育机构有下列情形之一的，幼儿园教师可以解除劳动合同：①未按照劳动合同约定提供劳动保护或者劳动条件的；②未及时足额支付劳动报酬的；③未依法为幼儿园教师缴纳社会保险费的；④用人单位的规章制度违反法律、法规的规定，损害劳动者权益的；⑤以欺骗、胁迫或乘人之危签订劳动合同的；⑥被依法追究刑事责任的。根据《中华人民共和国妇女权益保障法》《劳动合同法》等法律规定，任何单位不得因结婚、怀孕、产假、哺乳等情形，辞退女职工，单方解除劳动合同。在本单位连续工作满十五年，且距法定退休年龄不足五年的幼儿园教师，幼儿园或其他幼儿教育机构也不得随意辞退。

(二) 幼儿园教师工作时间和休息、休假

工作时间与休息、休假是相互依存的，如果工作时间占得多一点，休息、休假时间自然就少一些。幼儿园教师的工作时间和休息、休假必须遵循《劳动合同法》的相关规定。

1. 幼儿园教师的工作时间

根据《劳动合同法》和1995年5月1日发布施行的《国务院关于职工工作时间的规定》，我国目前原则上实行每日工作8小时、每周工作40小时这一标准工时制度。其中，国家机关、事业单位实行统一的工作时间，周六、周日为每周休息日。幼儿园应按照事业单位安排工作时间。

2. 幼儿园教师的休息、休假

国务院《职工带薪年休假条例》第二条规定，机关、团体、企业、事业单位、民办非企业单位、有雇工的个体工商户等单位的职工连续工作1年以上的，享受带薪年休假(以下简称年休假)。单位应当保证职工享受年休假。职工在年休假期间享受与正常工作期间相同的工资收入。该条例第三条规定，职工累计工作已满1年不满10年的，年休假5天；已满10年不满20年的，年休假10天；已满20年的，年休假15天。国家法定休假日、休息日不计入年休假的假期。

《国务院办公厅关于2013年部分节假日安排的通知》规定，我国法定节假日包括：元旦(3天)、春节(7天)、清明节(3天)、劳动节(3天)、端午节(3天)、中秋节(3天)、国庆节(7天)，共计29天。我国法定节假日具体的放假时间各年略有不同。总之，幼儿园应严格执行国家的节假日放假制度。

《职工带薪年休假条例》第四条规定，如果职工依法享受寒暑假，其休假天数多于年休假天数的，则不享受当年的年休假。《中华人民共和国教师法》第七条第四款规定，教师依法享有寒暑假期的带薪休假的权利。因此，一般情况下幼儿园教师不实行年休假制度，但如果幼儿园应家长之需没有寒暑假，幼儿园教师则可享受年休假。

3. 幼儿园教师的加班

《劳动合同法》第三十一条规定，用人单位应当严格执行劳动定额标准，不得强迫或者变相强迫劳动者加班。用人单位安排加班的，应当按照国家有关规定向劳动者支付加班费。法定的加班是根据用人单位需求的加班，不包括劳动者的自愿加班。

有关加班时间，《中华人民共和国劳动法》第四十一条规定，用人单位由于生产经营需要，经与工会和劳动者协商后可以延长工作时间，一般每日不得超过一小时；因特殊原因需要延长工作时间的，在保障劳动者身体健康的条件下延长工作时间每日不得超过三小时，但是每月不得超过三十六小时。

关于加班工资，《中华人民共和国劳动法》第四十四条规定，有下列情形之一的，用人单位应当按照下列标准支付高于劳动者正常工作时间工资的工资报酬：①安排劳动者延长工作时间的，支付不低于工资的百分之一百五十的工资报酬；②休息日安排劳动者工作又不能安排补休的，支付不低于工资的百分之二百的工资报酬；③法定休假日安排劳动者工作的，支付不低于工资的百分之三百的工资报酬。对于实行标准工时制的劳动者，如果在国家法定休假日加班，单位应当以不低于日工资基数的三倍支付加班工资，而在非国家法定休假日加班，单位当以公休日加班的标准给予其双倍工资。

4. 幼儿园教师依法执教

"依法执教" 这一概念最早是在1997年8月7日国家教育委员会和全国教育总工会颁布的《中小学教师职业道德规范》中提出的。依法执教是指教师要根据法治原则，严格依照法律规定开展教育教学活动，是教师教育教学权法治化的体现。幼儿园教师依法执教主要体现在以下几个方面。

1) 幼儿园教师的保教活动要符合法律法规的规定

幼儿园教师要依据《中华人民共和国教育法》《中华人民共和国教师法》《幼儿园工作规程》《幼儿园教育指导纲要(试行)》等法律法规的要求开展保教活动，活动的目标、内容、形式等都必须合法，如《中华人民共和国教师法》第七条赋予教师从事教育教学工作的权利，据此规定幼儿园教师在开展具体的教育教学活动时，可以比较自由地选择教育教学内容。但这并不意味着幼儿园教师选择教学内容时不受任何限制，《中华人民共和国教育法》第八条就明确规定"国家实行教育与宗教相分离"。

2) 依法行使教育教学改革权、对幼儿发展评定权等

《中华人民共和国教师法》第七条规定，教师有"开展教育教学改革和实验"的权利。但教师行使这项改革权要受到有关法律的约束，不是想怎么改就可以怎么改。譬如，幼儿园教师进行教学活动改革时就必须遵守2011年12月28日教育部颁发的《关于规范幼儿园保育教育工作防止和纠正"小学化"现象的通知》的相关规定。同样，依据相关规定，幼儿园教师享有评定幼儿发展的权利。这是幼儿园教师开展正常保教活动所必需的，但幼儿园教师在行使此项权利时必须遵守公平、公开、公正的原则，并接受必要的监督和约束。

3) 制止有害于幼儿或其他侵犯幼儿合法权益的行为

依《中华人民共和国民法典》规定，未成年人的父母或其他监护人对未成年人有监护职责。所以，在日常生活中，确保未成年人安全及合法权益的责任主要落在父母或其他监护人身上。但当该未成年人进入学校接受教育时，学校就负有对其确保安全的责任。《中华人民共和国教师法》第八条第五款规定，教师在教育教学过程中有义务"制止有害于学生的行为或者其他侵犯学生合法权益的行为"，该条例对幼儿园教师也不例外。

> **案例**
>
> 读幼儿园大班的晶晶跟奶奶一起住，他们家所在的胡同只住了两户人。两天前，邻居家来的客人将一个装有手机和几千元现金的提包落在了停在门口的摩托车上，几分钟后想起来时，提包已经不见了。邻居向派出所报了案，并提出可能是晶晶的奶奶拿走了提包。由于事发当天，晶晶因病没有去幼儿园，留在家里跟奶奶在一起，负责办案的警察便希望通过问晶晶获得线索。不过，警察来到幼儿园要求找晶晶了解情况时，幼儿园园长却拒绝了他们的要求。根据《儿童权利公约》和《中华人民共和国未成年人保护法》的儿童优先原则，要求成人或社会做决定时，应考虑符合儿童的最大权益。《中华人民共和国未成年人保护法》明确规定了家庭、学校和社会对保护未成年人所应承担的各种义务。幼儿园作为保育、教育机构，在保教过程中，除要求本园教职工应当依法从教，尊重、保护幼儿的各项合法权益外，还应特别注意在保教工作中防范社会上的其他人员(如家长、其他部门的人员等)可能对幼儿合法权益的侵害。因此，幼儿园园长拒绝警察的要求合法。

5.育龄女性幼儿园教师的休假与劳动保护

幼儿园教师以女性居多，受生理因素和生育影响，育龄妇女可以享受特殊的假期和劳动保护，而当前我国幼儿园教师在女性特殊休假和劳动保护方面存在诸多问题，故需特别强调。

2012年4月18日，国务院颁布的《女职工劳动保护特别规定》第六条提出，女职工在孕期不能适应原劳动的，用人单位应当根据医疗机构的证明，予以减轻劳动量或者安排其他能够适应的劳动。对怀孕7个月以上的女职工，用人单位不得延长劳动时间或者安排夜班劳动，并应当在劳动时间内安排一定的休息时间。怀孕女职工在劳动时间内进行产前检查，所需时间计入劳动时间。该规定第九条指出，对哺乳未满1周岁婴儿的女职工，用人单位不得延长劳动时间或者安排夜班劳动。用人单位应当在每天的劳动时间内为哺乳期女职工安排1小时哺乳时间；女职工生育多胞胎的，每多哺乳1个婴儿每天增加1小时哺乳时间。该规定第十条建议，女职工比较多的用人单位应当根据女职工的需要，建立女职工卫生室、孕妇休息室、哺乳室等设施，妥善解决女职工在生理卫生、哺乳方面的困难。

> **案例**
>
> 张老师于2016年到××幼儿园任教，工作中一直兢兢业业，深受园领导、同事及幼儿和家长的好评。2019年2月1日，她开始休产假，假期至2019年5月1日止。6月19日，张老师回到幼儿园工作，因孩子尚处于哺乳期，工作时间内需要请假回家哺乳孩子。2019年10月13日，幼儿园领导正式通知张老师，她被幼儿园解雇了，理由是其因为哺乳孩子耽误了幼儿园的教学工作。幼儿园严重违反了《中华人民共和国妇女权益保障法》和《劳动合同法》的相关规定。对于该园的违法行为，张老师可以向当地教育行政部门或其他政府部门进行申诉。

(三) 幼儿园教师工资和社会保险

《中华人民共和国教育法》第三十四条规定，国家保护教师的合法权益，改善教师的工作条件和生活条件，提高教师的社会地位。教师的工作报酬、福利待遇，依照法律、法规的规定办理。工资和社会保险是教师生活的重要保障。

1. 工资与幼儿园教师工资

工资也称为薪酬或薪金，有广义和狭义之分。广义上的工资是指职工的一切劳动报酬，即在劳动关系中，企业、事业、机关、团体等用人单位按照劳动者劳动的数量和质量，以法定方式支付给劳动者的各种形式的物质补偿。这些补偿包括当期支付的工资和延期支付的职工福利等。可见，广义上的工资不仅是职工劳动应得的当期工资，还包括后期支付的各种福利待遇。工资和其他劳动报酬或劳动收入(如农民劳动报酬、个体劳动收入、劳务报酬等)相比具有如下特征。

(1) 工资是职工基于劳动关系所获得的劳动报酬。也就是说，职工所从事的不是独立劳动，而是由用人单位或雇主指定、安排并接受统一管理的劳动，职工完成相应的劳动任务而获得的劳动报酬即为工资。

(2) 工资是用人单位对职工履行劳动义务的一种物质补偿，支付工资是用人单位必须履行的基本义务。

(3) 工资数额的确定必须以劳动法、劳动政策、劳动合同的规定为依据。

(4) 工资必须以法定方式支付，并且应当是持续的、定期的，禁止非法扣除、拖欠职工工资。

幼儿园教师的工资是幼儿园教师通过进行教育教学工作所获得的劳动报酬。工资是幼儿园教师生活的基本物质保障，国家必须保障幼儿园教师按时获取工资报酬，以及正常的晋级增薪，享受国家规定的福利待遇和寒暑假期的带薪休假。《中华人民共和国教师法》第二十五条、第二十六条、第二十七条对教师的工资水平、增薪制度、津贴、补贴等方面做出了原则性的规定。

2. 幼儿园教师工资水平

《中华人民共和国教师法》第二十五条明确规定，教师的平均工资水平应当不低于或者高于国家公务员的平均工资水平，并逐步提高。教师平均工资用法律的形式是难以确定的，因此有必要借助于一个参照标准。教师作为教育教学的专业人员，在确定其劳动报酬和福利待遇标准时，既要考虑教师劳动的特点和社会价值，也要考虑社会经济发展水平及教育事业发展的需要。幼儿园教师的服务对象是身心发展还很不成熟的幼儿，由于其独立生活能力还比较差，因此，幼儿在园一日生活的各个环节都需要教师的支持、帮助和指导。相对于中小学教师而言，幼儿园教师的劳动更为全面、细致、繁重。国家在制定幼儿园教师劳动报酬时必须考虑以上因素。

党中央、国务院历来高度重视教师队伍建设，注重切实保障教师的合法权益和待遇。《国务院关于加强教师队伍建设的意见》和教育部《关于加强幼儿园教师队伍建设的意见》指出，幼儿园教师待遇、地位要不断提高，保障教师工资足额按时发放，公办幼儿园教师执行统一的岗位绩效工资制度，享受规定的工资倾斜政策，企事业单位办、集体办、民办幼儿园教师工资和社会保险由举办者依法保障。

2012年，国务院颁布的《女职工劳动保护特别规定》第五条指出，用人单位不得因女职工怀孕、生育、哺乳降低其工资、予以辞退、与其解除劳动或者聘用合同。

3. 幼儿园教师的晋级增薪制度

《中华人民共和国教师法》第二十五条规定，建立正常晋级增薪制度，具体办法由国务院规定。正常的晋级增薪制度，对于调动广大教师的工作积极性具有十分重要的意义。

晋级增薪要与对幼儿园教师的考核挂钩，幼儿园或其他幼儿教育机构要建立健全教师考核评价制度，完善重师德、重能力、重业绩、重贡献的教师考核评价标准，探索实行幼儿园、幼儿、家长、教师和社会等多方参与的评价办法，引导教师潜心幼儿教育事业。考核应当客观、公正，充分地听取教师本人、其他教师、家长、幼儿的意见。根据对教师工作的评估结果，实行相应的晋级增薪。

幼儿园教师的晋级增薪主要从基本工资、工作补贴和奖金三方面来体现。基本工资由岗位工资、薪级工资和教龄津贴构成，根据教师本人工作年限、任教年限和所聘专业技术职务确定，随着教师工作年限的增加和专业技术职务的晋升，工资水平也会随之提升。工作补贴根据专业技术职务核定，随着幼儿园教师专业技术职务的提升，相应的工作补贴也随之上涨。奖金则根据办园效益和幼儿园教师的个人工作量、工作业绩等确定并发放。

4. 幼儿园教师的津贴、补贴

津贴是对劳动者在特殊条件下的额外劳动消耗或额外费用支出而支付给劳动者的劳动报酬。补贴是指为了保障劳动者的生活水平不受特殊因素的影响而支付给劳动者的劳动报酬。补贴与劳动者的劳动没有直接联系，发放的主要依据是国家有关政策规定，如物价补贴、边远地区生活补贴等。

《中华人民共和国教师法》第二十六条规定，中小学教师和职业学校教师享受教龄津贴和其他津贴，具体办法由国务院教育行政部门会同有关部门制定。中小学教师包括幼儿园教师，因此本规定也适用于幼儿园教师。幼儿园教师的教龄津贴，是鼓励教师长期安心从事幼儿教育事业的一项措施。幼儿园教师的其他津贴，如特殊教育津贴、园长津贴、教研组长津贴、年级组长津贴、班长津贴等，是对这些岗位教师多付出劳动的一种补偿性报酬。

《中华人民共和国教师法》第二十七条规定，地方各级人民政府对教师以及具有中专以上学历的毕业生到少数民族地区和边远贫困地区从事教育教学工作的，应当予以补贴。这是一种地区补贴，也是国家为促进少数民族地区和边远贫困地区教育发展而采取的一项有力举措。国务院《关于加强教师队伍建设的意见》及教育部《关于加强幼儿园教师队伍建设的意见》均强调，对长期在农村基层和艰苦边远地区工作的教师实行工资倾斜政策。中央在基建投资中安排资金，支持加快建设农村艰苦边远地区学校教师周转宿舍。鼓励地方政府将符合条件的农村教师(也包括农村幼儿园教师)住房纳入当地住房保障范围统筹予以解决。以上政策规定都是国家对幼儿园教师补贴的具体表现形式。

> **案例**
>
> 记者从太原市教育局了解到，太原市政府出台了《关于进一步加强农村幼儿教育工作的意见》，提高农村幼儿园教师待遇。
>
> 该意见要求太原各县(市、区)、各乡(镇)要根据国家关于幼儿园人员编制标准，足额配齐农村幼儿园教职员工，并要有计划地把农村幼儿园教师逐步纳入全额拨款事业编制。农村民办幼儿园教职员工在职称评定、评优选模等方面享受与其他公办幼儿园的同等待遇。该意见还要求采取个人缴纳、集体补助、政府补贴等方式，为在职村办幼儿园教师办理养老保险。女教师年满55周岁，男教师年满60周岁开始领取养老保险金。同时，各县(市、区)政府要监督保障农村幼儿园教师工资的发放，农村幼儿园教师工资不得低于当地最低工资标准，并要做到按月发放。

5. 民办幼儿园教师的工资及福利待遇

随着民办教育的快速发展，民办幼儿园数量迅猛增长，民办幼儿园教师队伍成了一个不可忽视的群体。《中华人民共和国民办教育促进法》第二十八条规定，民办学校的教师、受教育者与公办学校的教师、受教育者具有同等的法律地位。《国务院关于加强教师队伍建设的意见》多次强调，要建立健全民办学校教师管理相关制度，依法保障和落实民办学校教师在培训、职务(职称)评审、教龄和工龄计算、表彰奖励、社会活动等方面与公办学校教师享有同等权利。据此规定，民办幼儿园应当依法保障教职工的工资、福利待遇，按规定为教师足额缴纳社会保险费和住房公积金。教育主管部门要保障民办幼儿园教职工在业务培训、职务聘任、教龄和工龄计算、表彰奖励、社会活动等方面依法享有与公办幼儿园教职工同等权利。要确保幼儿园教师同工同酬，不因幼儿园是民办还是公办、教师"在编"还是"不在编"而存在工资水平差异。民办幼儿园及其他幼儿教育机构不得非法拖欠、克扣幼儿园教师工资。

> **案例**
>
> 2019年7月20日上午，某幼儿园10余名老师，由于不满园长陶某克扣工资等原因，停课约2小时。全园老师约30名，当日早晨近一半的人罢课，不上课是为抗议园长陶某无故克扣工资等行为。老师们介绍，他们与园方签有聘用合同，但其中只规定老师的义务，未注明工资数额和奖惩标准。姚老师说，她来此工作逾4个月。面试时，园长陶某说前三个月会依表现发工资，最高不超过7500元，3个月后每月7600元，但在第4个月，陶某未说明原因，仍只发7500元。园长陶某随意克扣教师工资侵害了教师按时获取足额劳动报酬的权利。幼儿园应根据《劳动合同法》《中华人民共和国教育法》《中华人民共和国教师法》等相关规定，重新和教师订立劳动合同，依法明确规定工资数额及相关福利待遇，此前克扣教师的工资应予以补偿。

6. 幼儿园教师"五险一金"

《中华人民共和国社会保险法》赋予公民享受社会保险待遇的合法权益，其第二条规定：国家建立基本养老保险、基本医疗保险、工伤保险、失业保险、生育保险等社会保险制度，保障公民在年老、疾病、工伤、失业、生育等情况下依法从国家和社会获得物质帮助的权利。第四条规定，个人依法享受社会保险待遇，有权监督本单位为其缴费情况。按照社会保险新规，用人单位欠缴社保费或处3倍罚款。

《国务院关于加强教师队伍建设的意见》第十八条强调，要健全教师社会保障制度，按照事业单位改革的总体部署，推进教师养老保障制度改革，按规定为教师缴纳社会保险费及住房公积金。据此规定，幼儿园及其他幼儿教育机构有义务为教师缴纳各项社会保险和住房公积金，以保障幼儿园教师在年老、疾病、工伤、失业以及生育等情况下的生活不受影响，并有基本住房保障。

1) 养老保险

幼儿园教师应当参加基本养老保险，保险金额应按照本园职工工资额的20%计算，教师个人缴费金额为核定缴费基数的8%。按照国家新的保险法规，单位缴费不足15年的，允许个人缴费到15年，转入新农保或城镇居民养老保险。

2) 医疗保险

《中华人民共和国社会保险法》第二十三条明确规定，职工应当参加职工基本医疗保险，由用人单位和职工按照国家规定共同缴纳基本医疗保险费。同时，《国务院关于建立城镇职工基本医疗保险制度的决定》明确规定，用人单位缴费率应控制在职工工资总额的6%左右，职工缴费率一般为本人工资收入的2%。随着经济发展，用人单位和职工缴费率可做相应调整。

3) 工伤保险

根据《中华人民共和国社会保险法》的相关解释，幼儿园教师应当参加工伤保险，工伤保险费由用人单位缴纳，幼儿园教师本人无须缴纳工伤保险费。国家根据不同行业的工伤风险程度确定行业的差别费率，并根据使用工伤保险基金、工伤发生率等情况在每个行业内确定费率档次。行业差别费率和行业内费率档次由国务院社会保险行政部门制定，报国务院批准后公布施行。

4) 失业保险

失业保险是指国家通过立法强制实行的，由社会集中建立基金，对因失业而暂时中断生活来源的劳动者提供物质帮助的制度。依据《中华人民共和国社会保险法》和《失业保险条例》的相关规定，幼儿园教师应当参加失业保险，保险费由幼儿园教师和幼儿园或其他幼儿教育机构共同承担，其中幼儿园或其他幼儿教育机构按照本单位职工工资总额的2%缴纳失业保险费，幼儿园教师按照本人工资的1%缴纳失业保险费。

5) 生育保险

生育保险是国家通过社会保险立法，对生育职工给予经济、物质等方面帮助的一项社会政策。由于从事幼儿教育工作的教师绝大多数为女性，因此，生育保险对于幼儿园教师具有重要的现实意义。《中华人民共和国社会保险法》第五十三条规定，职工应当参加生育保险，由用人单位按照国家规定缴纳生育保险费，职工不缴纳生育保险费。根据企业职工生育保险试行办法的相关规定，生育保险费的提取比例最高不得超过本单位工资总额的1%。

6) 住房公积金

根据《住房公积金管理条例》的相关规定，住房公积金由职工和用人单位共同缴纳，职工和单位住房公积金的缴存比例均不得低于职工上年度月平均工资的5%；有条件的城市，可以适当提高缴存比例。依据相关规定，幼儿园教师个人缴存的住房公积金和幼儿园或其他幼儿教育机构为其缴存的住房公积金，属于教师个人所有，用于教师购买、建造、翻建、大修自住住房，任何单位和个人不得挪作他用。

为进一步健全农村教师的各项社会保障制度，《国务院关于加强教师队伍建设的意见》明确要求，中央在基建投资中安排资金，支持加快建设农村艰苦边远地区学校教师周转宿舍。鼓励地方政府将符合条件的农村教师住房纳入当地住房保障范围统筹予以解决。

> **案例**
>
> 2018年3月，徐老师应聘到某幼儿园工作。2018年8月16日，该幼儿园才与其签订了聘用合同。直到徐老师2019年8月30日离职，该幼儿园都没有按照相关规定给她缴纳社保。另一名在该园任职过的教师李某反映，2018年8月31日，她应聘到这家幼儿园任教，幼儿园负责人总是找理由拒绝给员工缴纳社保，在对该幼儿园的考核制度等种种问题存在不满的情况下，她在合同期满后就离职了。两位教师就缴纳社保问题多次与幼儿园负责人沟通未果后，向当地劳动人事争议仲裁委员会请求帮助。2019年10月29日和11月12日，当地劳动人事争议仲裁委员会依据《中华人民共和国社会保险法》和《中华人民共和国劳动法》中的相关规定，要求被申请人为申请人徐老师和李老师分别补缴社会保险。幼儿园拒不履行劳动仲裁决定，理由为：徐、李与该幼儿园签订的聘用合同规定"乙方试用期满后，工作满一年以上，将享有养老保险补贴。满一年后补贴社保的50%，满三年后补贴社保的70%。此社保由园方年底统一购买，乙方自己补足的部分将从每月工资中扣除。如合同期未满，中途离职，离职者不能享受"。根据《中华人民共和国社会保险法》的规定，为职工参保是用人单位的法定义务。该园规定的"乙方试用期满后，工作满一年以上，将享有养老保险补贴"显然是不合法的。另外，根据《中华人民共和国社会保险法》第八十三条的规定，个人与所在用人单位发生社会保险争议的，可以依法申请调解、仲裁，提起诉讼。因此，两位申请人可以向法院申请强制执行。

(四) 幼儿园教师专业发展

幼儿园教师专业发展是基于职务与工作的成长过程，其不仅表现为幼儿园教师内在业务能力的不断增强，还表现为幼儿园教师职称职务的提高、评优评奖和社会地位与待遇的提升。幼儿园教师的专业发展既依赖于教师个人的努力，也依赖于外在客观条件的保障。

1. 幼儿园教师专业发展的制度建设

2012年9月，《国务院关于加强教师队伍建设的意见》颁布，明确提出"要大力提高教师专业化水平"，并从五个方面进行规范，其中诸多内容涉及幼儿园教师。下面择其要点进行陈述。

1) 完善幼儿园教师专业发展标准体系

根据各级各类教育的特点，出台幼儿园、小学、中学、职业学校等学校教师专业标准，如2011年12月，教育部颁布了《幼儿园教师专业标准(试行)》，这是国家对合格幼儿园教师专业素养的基本要求，也是引领幼儿园教师专业发展的基本准则；制定幼儿园园长、普通中小学校校长、中等职业学校校长专业标准和任职资格标准。为进一步促进幼儿园教师专业发展，提升幼儿园教师"国培计划"培训质量，2012年5月，《"国培计划"课程标准(试行)》正式颁布实施，对"幼儿园教师国家级培训计划"各类项目的培训目标和建议课程设置均做出了详细论述。国家将制定师范类专业认证标准，开展专业认证和评估，规范师范类专业办学，建立教师培养质量评估制度。

2) 提高幼儿园教师培养质量

2011年10月，为落实教育规划纲要，深化教师教育改革，规范和引导教师教育课程与教学，培养造就高素质、专业化教师队伍，教育部颁布了《教师教育课程标准(试行)》。该标准在育人为本、实践取向、终身学习理念的指导下，对幼儿园职前教师教育课程目标与课程设置做出了详细规定。要求根据幼儿园教师专业特点开设儿童发展、幼儿游戏与指导、0~3岁婴儿的保育与教育、幼儿园教育环境创设、师幼互动方法与实践、教师专业发展、音乐技能、舞蹈技能、美术技能等模块课程，并对不同层次类型学校(三年制专科、五年制专科、四年制本科)学生应修学分做出了具体规定。完善学前教育专业师范生招生制度，科学制订招生计划，确保招生培养与幼儿园教师岗位需求有效衔接，实行提前批次录取，选拔乐教、适教的优秀学生攻读学前教育专业；发挥教育部直属师范大学免费师范生教育的示范引领作用，鼓励支持地方结合实际实施免费师范生教育制度，扩大免费师范生学前教育专业招生规模，以满足当前国家对幼儿园教师的需求；扩大学前教育硕士、博士招生规模，培养高层次的幼儿园教师，目前，学前教育专业所培养的学生已涵盖大专、本科、硕士、博士等所有学历层次；创新教师培养模式，建立高等学校与地方政府、幼儿园联合培养教师的新机制，发挥好行业企业在培养"双师型"教师中的作用；加强幼儿园教师养成教育和教育教学能力训练，落实学前教育专业师范生教育实践不少于一学期制度；鼓励综合性大学毕业生从事幼儿园教师工作。

3) 建立幼儿园教师学习培训制度

实行五年一周期不少于360学时的教师全员培训制度，推行教师培训学分制度，采取顶岗置换研修、园本研修、远程培训等多种培训模式，大力开展幼儿园教师特别是农村幼儿园教师培训工作；推动信息技术与教师教育深度融合，建设教师网络研修社区和终身学习支持服务体系，促进教师自主学习；继续实施"幼儿园教师国家级培训计划"，进一步完善幼儿园教师培训项目，以更新幼儿园教师教育观念，提升其专业能力。

4) 完善幼儿园教师培养培训体系

《国务院关于当前发展学前教育的若干意见》明确提出，要完善学前教育师资培养培训体系。构建以师范院校为主体、综合大学参与、开放灵活的幼儿园教师教育体系，办好中等幼儿师范学校和高等师范院校学前教育专业，建设一批幼儿师范专科学校，积极探索初中毕业起点五年制学前教育专科学历教师培养模式；推动高等学校设立幼儿园教师发展中心，开展有针对性的教师教学培训，促进教育教学研究，提供多样化教师教学咨询指导服务，并推广教学改革创新成果；依托现有资源，加强幼儿园教师培养培训基地建设，如通过高等学校与幼儿园的合作，建立幼儿园教师发展学校等；推动各地结合实际，规范建设县(区)域教师发展平台。

5) 培养造就高端教育人才

实施幼儿园名师、名园长培养工程，探索幼儿园园长职级制，改进特级教师评选和管理工作等。《教育部关于进一步加强中小学校长培训工作的意见》提出要严格执行新任校长持证上岗制度，新任校长或拟任校长必须参加不少于300学时的任职资格培训；实行五年一周期不少于360学时的在任校长全员培训制度，并规范校长培训证书制度。《湖北省学前教育三年行动计划(2011—2013年)》明确提出，在实施"楚天中小学教师校长卓越工程"中，每年遴选一定数量的园长和骨干教师进行重点培养。

2. 幼儿园教师培养培训

《中华人民共和国教师法》第七条第六款专门规定，教师享有"参加进修或者其他方式的培训"的权利。赋予教师这一权利是适应时代发展的需要，也是提高教师专业化水平的必要条件。

1) 幼儿园教师培养培训的责任主体

幼儿园教师培训的责任主体包括各级人民政府、教育行政部门，各级各类幼儿园教师教育培训机构、幼儿园、社会相关部门(如财政部、卫生部等)及幼儿园教师本人。《中华人民共和国教师法》第十九条规定，各级人民政府教育行政部门、学校主管部门和学校应当制定教师培训规划，对教师进行多种形式的思想政治、业务培训。这一规定要求各级政府把组织教师培训作为一项重要工作，切实加强领导，创造有利条件，保障教师培训工作顺利进行。如自2011年以来，教育部和财政部联合实施了针对中西部农村幼儿园教师和园长的"幼儿园教师国家培训计划"，各省教育行政部门针对幼儿园骨干教师、转岗教师开展了"省培计划"，幼儿园为本园教师开展了园本培训等。《国务院关于当前发展学前教育的若干意见》也强调，要完善幼儿教育师资培养培训体系，提升幼儿园教师培养培训质量，满足幼儿园教师职前职后的多样化的学习和发展需求。当然，接受教育培训既是幼儿园教师享有的权利，也是必须履行的义务。

2) 幼儿园教师培养培训的内容

要建设一支师德高尚、热爱儿童、业务精良、结构合理的幼儿园教师队伍，幼儿园教师的培训内容就必须包括思想政治和业务培训。思想政治培训内容主要包括中国特色社会主义理论、社会主义核心价值体系、党的基本路线、形势政策及教师职业道德教育等。幼儿园教师的业务培训内容主要包括知识结构的优化、教育观念的更新、保教能力的提升、终身学习与持续发展意识和能力的提高等。与中小学教师不同的是，《幼儿园教师专业标准(试行)》明确提出幼儿园教师应具有相应的艺术欣赏与表现知识、环境创设与利用的能力，以及游戏活动的支持与引导能力等。因此，幼儿园教师培训内容应当体现其专业特点，如开展幼儿园玩具设计与制作培训、幼儿园艺术教育活动实施的培训、幼儿园游戏活动引导的培训等。通过培训不断提高幼儿园教师的专业素养，造就一支以幼儿为本、师德为先、能力为重、具有终身学习意识和能力的幼儿园教师队伍。

3) 幼儿园教师的培训类型与方式

按照幼儿园教师入职时期划分，幼儿园教师培训分为职前、入职和职后培训；按照幼儿园教师培训承办主体划分，可以分为国家级培训，省、地、县级培训，园本培训等；按照受训对象划分，可以分为幼教管理干部培训、幼儿园园长培训、幼儿园教师培训、幼儿园保健人员培训等；按照培训承接主体划分，可以分为院校培训、基地培训、网络培训等。《国务院关于当前发展学前教育的若干意见》及《国务院关于加强教师队伍建设的意见》均强调要采用多种形式开展幼儿园教师培训工作，如我国"幼儿园教师国家级培训计划"就包括农村幼儿园教师短期集中培训、农村幼儿园"转岗教师"培训和农村幼儿园骨干教师置换脱产研修三类培训项目。要充分利用省域内外高水平师范院校、综合大学、幼儿师范专科学校、幼儿师范学校和教师培训机构，采取集中培训、"送培到县""送教上门"、远程培训等多种方式对农村幼儿园教师进行培训，不断创新幼儿园教师培训模式。

4) 幼儿园教师职务(职称)评审

教师职务是根据学校教学、科研等实际工作需要设置的，有明确职责、任职条件和任期，并具备专门的业务知识和相应的学术技术水平才能负担的专业技术工作岗位。2012年11月，教育部、中央编办、财政部、人力资源社会保障部等发布的《关于加强幼儿园教师队伍建设的意见》，指出要完善幼儿园教师职务(职称)评聘制度。合理确定幼儿园教师岗位结构比例。完善符合幼儿园教师工作特点的评价标准，重点突出幼儿园教师的师德、工作业绩和保教能力。结合事业发展和人才发展规划，合理确定幼儿园高级、中级、初级岗位之间的结构比例。对长期在农村基层和艰苦边远地区工作的幼儿园教师，在职务(职称)方面实行倾斜政策。确保民办和公办幼儿园教师公平参与职务(职称)评聘。按照有关规定，我国教师职务系列分为高等学校教师职务、中等职业学校教师职务、中学教师职务、小学教师职务和技工学校教师职务多个系列。在我国的教育系统中，幼儿教育没有独立的职称晋升系列，幼儿园教师被纳入中小学教师的职称晋升系列，参照中小学教师职称晋升的专业要求及标准参与评审。教育部《关于深化中小学教师职称制度改革指导意见》明确提出，设置统一的中小学教师职务系列，并增设正高级职称，统一后的中小学教师职称(职务)名称依次为三级教师、二级教师、一级教师、高级教师和正高级教师。自此，幼儿园教师队伍中也将有相当于大学教授级别的教师。

(五) 幼儿园教师劳动争议与法律救济

如前文所述，按照国家相关法规，幼儿园教师享有多项权益，但在现实工作中并不是每位幼儿园教师的每项权益都能完全得以保障和落实。一旦幼儿园教师权益受损，就会产生劳动争议和法律救济。

1. 劳动争议

劳动争议又称劳动纠纷、劳资争议或劳资纠纷，它是指劳动关系当事人之间因劳动权利和义务问题所发生的争议。

根据争议的性质不同，幼儿园教师与用人单位的劳动争议主要包括权利争议和利益争议。

1) 权利争议

权利争议是指基于法律、集体合同或劳动合同的规定，当事人因主张权利是否存在或有无受到侵害或有无履行合同约定义务等而发生的争议。这种争议是围绕着既定权利的实施而发生的。也就是说，引发争议的权利是法律上早已规定的，或在集体合同或劳动合同上已经约定好的权利。用人单位剥夺或损害了法律赋予劳动者的权利，或没按集体合同或劳动合同的约定履行自己的义务，由此而引发的劳动争议都属于权利争议。如幼儿园不按规定给教师缴纳社会保险，劳动聘用期结束却不允许教师辞聘等，这些都属于权利争议。由于幼儿园教师多为女性，因此幼儿园教师与用人单位发生的权利争议有其特定的表现形式，如孕期、产期或哺乳期内被辞退，不为教师缴纳生育保险，安排哺乳期内教师加班等。

> **案例**
>
> 2018年11月底，某幼儿园老师居某与徐某向所在幼儿园提出，按合同规定享受孕妇有关福利，没想到园方竟提出要与她们解除合同。1个月后，园方在园内张贴了开除这两名怀孕教师的公告，并把开除通知送到她们手上。两人不服园方这一决定，向有关部门反映，希望维护自己的合法权益，却屡屡遭拒。无奈之下，她们只好于2019年4月起诉到区法院。《中华人民共和国母婴保健法》《中华人民共和国劳动法》都明确规定了用人单位不得以结婚、怀孕、产假、哺乳为由，辞退女职工或者单方解除劳动合同。该幼儿园在教师怀孕期间单方解除劳动合同的行为，显然违反了有关法律规定。因此，该幼儿园不仅不得以怀孕、产假、哺乳为由辞退两名教师，同时还要依法保障两名教师的相关福利待遇。

2) 利益争议

利益争议一般是指因为确定或变更劳动者的权利和义务而发生的劳动争议，即当事人对将来构成彼此间权利和义务的劳动条件，主张继续保持现有条件或应予以变更而发生的争议。如果说权利争议是对既定权利的争议，那么利益争议就是对有待确定的权利和义务的争议。利益争议一般不会发生在劳动合同的确定中，如果在劳动合同的签订中发生争议，双方便不可能签订劳动合同。所以，利益争议较多发生在劳动关系运行过程中集体合同的订立或变更环节，如幼儿园教师怀孕后被削减工资，工作岗位被调整为保育员或工勤人员等。

《中华人民共和国劳动法》第七十七条规定，用人单位与劳动者发生劳动争议，当事人可以依法申请调解、仲裁、提起诉讼，也可以协商解决。据此规定，我国劳动争议的处理方式主要有以下几种。

(1) 协商，是指劳动争议双方当事人直接接触，以诚相待，通过对话相互理解、让步，最终达成谅解，从而解决劳动争议的一种方式。协商可以贯穿劳动争议处理的任何阶段，劳动争议发生后，只要双方当事人愿意协商解决，都可以协商解决。协商不是处理劳动争议的必经程序，双方当事人可以不经协商而直接申请调解或向劳动争议仲裁委员会申请仲裁。

(2) 调解，由第三方居中主持，通过疏导、说服，促使当事人双方互相谅解、相互谦让，解决纠纷。第三方对调解协议的达成具有主导作用。

> **案例**
>
> 　　2018年6月1日，郑老师应聘到一家私人幼儿园工作，应聘时双方约定，一经录用，幼儿园会签订劳动合同，缴纳"五险一金"，但工作一年后，幼儿园没有跟郑老师签订劳动合同，"五险一金"也没有缴纳。工作13个月后，郑老师与园长协商缴纳保险并签订书面劳动合同，但被拒绝。于是，郑老师辞职，带着幼儿园的法人资格证书复印件等相关证据，到当地法院提起诉讼，要求幼儿园支付其从2018年6月至2019年7月的两倍工资；补缴社会保险、医疗保险、工伤保险、生育保险、住房公积金。当地法院认为此案可以通过诉前调解解决，于是立即联系了当地劳动关系协调委员会办公室，启动了三方协调机制。后经劳动人事争议仲裁委员会的调解，郑老师拿到了幼儿园支付的经济补偿金，双方在劳动争议调解书上签字。

(3) 仲裁，根据性质不同，仲裁可以分为民间仲裁和国家仲裁。在我国，劳动争议仲裁属于国家仲裁，即由法律规定的仲裁机关，以公正的第三人的身份，行使国家仲裁权，对当事人之间的劳动争议依法进行裁决。仲裁与调解虽然都有第三人的参与，但两者的方式是有差异的。在调解方式中，第三人只能通过自己的说服，促成双方当事人达成调解协议，而不能直接强行对双方当事人之间的权利和义务关系做出裁决。而在仲裁方式中，第三人享有仲裁权，即使不能促使双方当事人达成和解协议，也可以直接裁决。

(4) 诉讼，是指人民法院在劳动争议当事人参与下依法对劳动争议进行的裁决。在诉讼过程中，由国家司法机关代表国家行使审判权，对当事人之间的劳动纠纷进行审理并做出裁决。与其他几种方式相比，诉讼更具有权威性。

2. 法律救济

法律救济是指法律关系主体的相关权益受到损害时，特定机关通过一定的程序和途径对其利益进行恢复和补救的一种法律制度。法律救济的最终目的是补救权益受损者的合法权益，这也是法律救济的基本功能。权益受损者才是法律救济的对象，如果法律救济不能保护受损者的合法权益，对其权益损失进行补救，法律救济就失去了存在的意义。教育法律救济是指教育法律关系主体的合法权益受到侵犯并造成损害时，通过法定的程序和途径进行裁决，纠正、制止或矫正侵权行为，使受害者的权利得以恢复，利益得到补救的法律制度。教育法律救济是法律救济制度的重要组成部分。教育法律救济对于保护教育法律关系主体的合法权益，推动我国教育法制建设具有重要意义。

在教育领域中主要运用的法律救济渠道包括教育申诉制度、教育行政复议和教育行政诉讼等。

1) 教育申诉制度

教育申诉制度是指作为教育法律关系主体的个体及教育行政相对人，对学校或其他教育机构及有关政府部门做出的处理不服，或其合法权益受到侵害时，向有关教育行政部门或其他政府部门申诉理由，请求重新做出处理的制度。

根据《中华人民共和国教师法》的相关解释，教师可以提起申诉的问题主要包括以下三个方面。

(1) 教师认为学校或其他教育机构侵犯其合法权益的，可以提出申诉。这里的合法权益主要包括教师在职务聘任、教学科研、工作条件、民主管理、培训进修、考核奖惩、工资福利待遇、退休等各方面的合法权益。只要教师认为自己的合法权益受到损害，就可以提出申诉。

(2) 教师对学校或其他教育机构做出的处理决定不服的，可以提出申诉。在这里需要说明的是，对于学校或其他教育机构做出的处理决定，无论是否侵害了教师的合法权益，只要教师对处理不服，就可以提出申诉。

(3) 教师认为当地人民政府的有关行政部门侵犯其合法权益的，可以提出申诉。被申诉对象不能是人民政府，只能是政府的有关职能部门，如教育行政部门等。

教师申诉的受理机关因被诉对象的不同而有所不同。教师如果是对学校或其他教育机构提出申诉，受理申诉的机关为主管的教育部门；如果教师是对当地人民政府的有关行政部门提出申诉，受理申诉的机关可以是同级人民政府或上一级人民政府对口的行政主管部门。但是，申诉必须向行政机关提出，而不应向行政机关的个人提出。

2) 教育行政复议

教育行政复议是指教育行政相对人认为教育行政机关做出的具体行政行为侵犯了其合法权益，依法向做出该行为的上一级教育行政机关或法律、法规规定的其他行政机关提出申诉，受理行政机关对发生争议的具体行政行为进行复查，并决定是否应给予相对人以救济的法律制度。

教育行政复议与教育申诉制度的不同在于，提出教育行政复议的相对人，不仅包括教师、学生等自然人，还可以是其他行政管理相对人，如学校或其他教育机构等法人。教育行政复议具有以下特征。

(1) 教育行政复议是一种特殊的行政行为。教育行政复议是行政机关依法行使职权，解决教育行政纠纷的行政行为，而不是司法机关解决纠纷的诉讼活动。行政管理相对人的申请是教育行政复议的前提条件，有申请才会有教育行政复议。

(2) 教育行政复议的提出以行政机关的具体行政行为为对象。对抽象行政行为不服，则不能申请教育行政复议。

(3) 教育行政复议的申请人只能是教育行政管理相对人，被申请人只能是做出具体行政行为的行政机关。

(4) 除法律有规定的外，教育行政复议决定不是终局决定。一般情况下，教育行政复议实行一级复议制，相对人对复议决定不服，不得再申请复议，但可以依法向人民法院提起行政诉讼。

(5) 教育行政复议案件的审理不适用于调解。调解的基础是双方地位平等，在教育行政复议中，相对人和行政机关之间的地位并不平等，而且行政机关行使的是国家行政权力，无权自由处分，所以调解在教育行政复议中不适用。

3) 教育行政诉讼

教育行政诉讼是指公民、法人或其他组织认为行政机关的具体行政行为侵犯了其教育法规所保护的合法权益，而以行政机关为被告提起诉讼。人民法院在双方当事人和其他诉讼参与人的参加下，进行审理做出判决。

教育行政诉讼具有以下特征。

(1) 教育行政诉讼的原告为认为行政机关的具体行政行为侵犯其合法权益的公民、法人或其他组织，被告是做出具体行政行为的行政机关。

(2) 教育行政诉讼必须是行政机关行使职权做出的具体行政行为，而当事人不服的诉讼。教育行政诉讼目的在于判断行政机关的具体行政行为是否合法。

(3) 教育行政诉讼具有救济和监督双重性质。通过诉讼，一是可以保护相对人的合法权益，给予相对人受损的合法权益以救济；二是可以监督行政机关，不滥用职权。

(4) 教育行政诉讼不得用调解作为审理和结案方式。行政机关享有公共权力，必须代表公共利益，依法行事。法院如果在审理案件时采取调解的方式，实际上就是对相对人做出让步，让相对人承认侵害合理，这不利于案件的公正审理。

一般来说，人民法院受理教育行政诉讼只需满足两个条件，就可以提起行政诉讼：①人民法院只受理对行政机关具体行政行为不服的案件；②只要相对人"认为"行政机关和行政机关工作人员的具体行政行为侵犯了其合法权益，就可以提起诉讼。

第三节 小学教育政策法规

一、小学的权利和责任

(一) 小学的法律地位

在不同的法律关系中，小学具有不同的法律地位。在行政法律关系中，小学依法律法规授权对教师和学生实行管理时，是行政主体；在接受政府及行政机关行政管理时，小学是行政相对人；在民法法律关系中，小学是独立的法人。

1) 小学的行政主体地位

对学校行政主体地位的研究是从公立高等学校开始的，最先确认高等学校行政主体地位的是司法判例，即著名的"田永案"。审理此案的北京市海淀区人民法院认为，学校享有根据章程自主管理的权利，行使对受教育者颁发相应的学业证书的权利，学校在行使这些法律授予的权利时，属于法律法规授权组织，具备行政主体资格。随后学界对高等学校的行政主体资格从理论上又进行了探讨，进一步确认了高等学校的行政主体地位。

高等学校具有行政主体地位，那么公立小学是否与高等学校一样也具有行政主体地位呢？目前关于这方面的研究还是空白的。本书认为，教育法赋予学校的权利(虽然是"权利"，但有些"权利"具有"权力"的性质，如学业证书授予权、对教师和学生的奖励处分权)不仅仅针对大学，也针对中小学。大学和中小学只有人才培养层次的差别，没有法律地位的差别；只有权利范围大小的不同，没有权利性质的不同。大学作为法律法规授权组织，取得行政主体资格，小学也应当具备行政主体资格。

值得注意的是，从当代行政法的实际方法进程看，依授权来判断是否是行政主体的论证方法逐步被削弱，人们更倾向于从实际管理行为出发，审视管理者对被管理者的权利造成何种影响。若管理者对被管理者的重要权利乃至基本权利造成较大影响，而这种管理行为又可获得法律在某种程度上的授权(即使是某种模糊的概括权)，管理者也将被认为是一个行政主体。从目前法律确认的"授权"标准看，它在理论和实践中也被不断放宽，只要一项权能通过规范分析论证为法律授权，基于权利保障的需要，即可将管理者纳入行政主体的范围。从小学的实践权能看，小学虽然不像行政机关享有对外的公共管理权力，也不像大学拥有更多的办学自主权，但是小学的招生权、学籍管理权、学业证书授予权等，足以对学生的受教育权产生影响。如果小学不具备行政主体资格，小学就不能成为行政诉讼的被告，学生的基本权利就得不到法律救济。因此，小学在行使以上权利时，应当将其纳入行政主体的范围。

赋予小学行政主体地位的意义如下。

(1) 有利于小学独立行使教育管理权，以自己的名义独立行使行政权是行政主体的重要特征。法律赋予包括小学在内的所有学校以章程自主管理，对学生和教师实施奖励和处分，招收学生，对学生进行学籍管理和颁发学业证书的权利，这是所有学校依法享有的基本权利，应该得到充分的落实和尊重。应当看到，小学与大学相比，其自主办学的空间还是很小的，许多本应属于小学的权力还掌握在当地教育行政部门手中。但是，我们相信，随着教育管理体制改革的进一步深入和学校办学自主权的进一步落实，会有更多的权力下放到小学校，小学作为行政主体的表征也会越来越明显。

(2) 有利于学生的权利救济。赋予小学行政主体地位不是为了促进小学教育管理行政化，其真实的意图在于更好地保护学生的正当权益。因为在我国行政诉讼中，行政诉讼的主体之一必须是行政主体，如果小学不是行政主体，学生的基本权利受到学校侵害时，学生就缺乏行政诉讼的途径，学校的管理行为也缺乏法律的审查和监督。赋予小学行政主体地位，一方面，要充分尊重和落实小学的办学自主权，认可小学的教育管理权；另一方面，小学的管理也不能游离于司法审查的范围之外，应当接受法律监督和审查，以便更好地保护学生的权益。

2) 小学的行政相对人地位

小学进行教育教学活动时，与其他社会组织一样受到政府及其他行政机关行政权力的管理，这些机关包括教育行政部门，也包括其他行政部门，例如，国土资源、人力资源与社会保障、卫生与食品安全、物价等部门。在小学与行政机关的关系中，行政机关是行政主体，小学是行政相对人。行政机关享有行政管理权，小学作为被管理的对象，应当接受行政机关管理，但是小学作为行政相对人，也享有行政参与权、行政受益权与行政保护权。行政参与权是指学校依法参与国家行政管理活动的权利，行政受益权是指学校依法从行政机关的管理活动中获得利益的权利。小学作为行政相对人的权利受到侵害时，可通过行政复议、行政诉讼的途径寻求救济。

3) 小学的法人地位

我国《教育法》赋予了学校法人地位，小学作为法人，同样具有法人的基本内涵和本质特征。

《教育法》第三十二条规定，学校及其他教育机构具备法人条件的，自批准设立或者登记注册之日起取得法人资格。那么小学取得法人资格的条件是什么呢？综合《中华人民共和国民法通则》第三十七条规定的法人条件和《教育法》第二十七条规定的学校设立条件，小学成为法人的条件为以下几项。

(1) 依法成立，是指依法律规定而成立。首先学校的设立合法，其设立的目的、宗旨要符合国家和社会公共利益的要求。教育尤其是义务教育具有公益性，《教育法》规定，教育活动必须符合国家和社会公共利益，必须与宗教相分离。这是国家设立学校的目的和宗旨，也是合法设立学校的前提条件。

(2) 法人成立的程序合法，《教育法》规定学校法人设立的程序是依批准设立或依登记注册设立，不论是依批准设立还是登记注册设立，都履行一定的审批程序。一般来说，公立学校由政府批准设立，私立学校由相关职能部门审批登记注册。不管是何种方式，都需要登记注册取得法人资格证书。

(3) 有组织机构和章程。学校只是一个名称，其组织机构才是实体，学校的意思表示和教育活动是通过其组织机构来完成的，没有组织机构，学校的管理就无法进行，每所小学都应当有自己的组织机构，如教务部门、学生部门、师资管理部门、总务后勤部门等都是必需的。章程是每一所学校最重要、最基本的制度，每所小学都必须制定学校的章程。

(4) 有合格的教师。教师是学校的第一资源，学校的教育理念和教育目标需要通过教师实现，没有好的教师，就不可能培养出优秀的学生。合格的教师是教育教学质量的保证。

(5) 有符合规定标准的教学场所及设施、设备，必要的办学资金和稳定的经费来源。学校的教学场所、设施、设备、办学经费等是学校的基本办学条件，没有这些条件，学校的教育教学活动就无法开展。学校的这些基本条件还必须符合规定的标准。目前国家没有统一制定小学办学条件标准，但由于中等及中等以下教育由地方人民政府管理，所以各省市制定了相应的标准，如《山东省普通小学基本办学条件标准(试行)》，该标准规定了学校设置与规划、学校建设用地标准、学校校舍建设标准、学校装备标准、师资配备标准、公用经费标准。这些标准是小学设立并取得法人资格的基本条件。

小学取得法人地位后，它就具有民事权利能力和民事行为能力。

民事权利能力是指法人依法享受民事权利和承担民事义务的资格。小学取得法人资格后，也就取得了享有法律赋予学校的权利和承担义务的资格。小学享有的民事权利包括财产权、人身权。就财产权而言，《教育法》第三十二条规定，学校及其他教育机构中的国有财产属于国家所有。除国家所有的财产外，小学在自主办学过程中形成的财产归学校所有，同时学校对国家的财产享有管理权、使用权。就人身权而言，凡不以自然人身体或身份为前提的人身权，小学法人可以享有，如名称权、名誉权、受遗赠权等。知识产权具有人身权和财产权的双重性质，以小学名义产生的知识产权归小学所有。小学的民事义务由法律规定或与其他法人、自然人约定，如积极赔偿的义务，履行协议的义务，不侵害他人财产的义务等。

民事行为能力是指法人能以自己的行为取得民事权利和承担民事义务的资格。小学取得民事行为能力的时间和范围与其取得民事权利能力的时间和范围是一致的，即一旦小学取得了民事权利能力，其民事行为能力也随之确定。小学民事行为能力的范围包括：①在法律规定的办学范围内从事教育活动，不得以营利为目的；②切实维护教师和学生的合法权益，不得侵犯教师和学生的人身权和财产权；③履行与教师的聘约，以及与其他法人的协议。

民事责任能力是指法人对自己侵权行为承担民事责任的能力。小学在民事活动中，如果以学校名义或其工作人员以学校名义对他人或其他组织的权益造成侵害，学校应当承担民事责任。这里需要强调的是小学工作人员侵权由学校承担责任时，其工作人员的行为必须是职务行为。根据相关规定，法人或者其他工作人员因职务行为或者授权行为发生的诉讼，该法人或其他组织为当事人。《学生伤害事故处理办法》第二十七条规定，因学校教师或者其他工作人员在履行职务中的故意或者重大过失造成的学生伤害事故，学校予以赔偿后，可以向有关责任人员追偿。也就是说，小学教师和其他工作人员在履行职务中的侵权行为，其责任由学校承担，学校承担责任后，学校内部可根据情况向具体的侵权者追究责任。

(二) 小学的权利、义务和法律责任

1. 小学的权利

这里所讨论的小学的权利专指《教育法》赋予小学实施教育管理的权利。《教育法》第二十九条赋予所有学校九项权利，这九项权利也是小学所享有的法定权利，具体可总结归纳如下。

1) 依章程自主管理权

学校享有按照章程自主管理的权利。依章程自主管理是学校办学自主权的充分体现。学校章程是学校依法自主办学、实施管理和履行公共职能的基本准则，是学校全面规范学校的办学宗旨、目标任务、内部管理体制和运行机制、各主体的权利和义务等重要事项的规范性文件。章程在学校制度中具有非常重要的地位，有学者认为它是国家法律、法规之"下位法"，应当属于国家法律、法规的范围，是学校之"宪法"，为学校最高行动纲要

与基本行为依据。学校依章程自主办学，是学校办学自主权的充分体现，有利于形成学校自主办学、民主管理、科学发展的良性运行机制，有利于提高办学水平和社会效益、培养合格的社会主义建设者和接班人。

目前，教育部制定了《高等学校章程制定暂行办法》，各省市也相应制定了中小学校章程制定办法或指导意见。从以上办法和意见看，章程的内容包括：①学校名称和校址；②办学宗旨与办学理念，主要规定学校的办学目的、办学规模、培养目标、学校教育的基本原则及发展规划等内容，同时可以结合学校实际，规定校训、校徽、校歌、校庆纪念日等；③学校内部管理机制和运行机制，主要规定校内设立的主要管理机构，以及其职能和运行方式，要具体明确校长的职权、责任及履行职责的方式，党组织在学校中的地位、作用及工作方式，副职领导及主要机构负责人的职责，学校重大事项的决策程序和办法，教职工、学生和家长参与学校民主管理监督的方式和途径等；④教职工管理，主要规定教师和其他教育工作者的来源、聘任或解聘、权利和义务、晋职、奖惩，教师队伍建设的目标和任务等；⑤学生管理，主要规定学生入学及学籍管理、日常管理、权利和义务等；⑥教育教学管理，主要规定教育教学工作的主要内容、实施方式、基本要求等；⑦校产和财务管理，主要规定校产、经费使用和管理的机构、使用程序和原则、教职工福利待遇及分配原则等；⑧需要在学校章程中规定的其他事项；⑨学校章程的修订，主要规定学校章程的修订权限、程序和办法，学校章程的解释权归属和正式实施时间。

2) 教育教学权

教育教学权是指学校组织实施教育教学活动的权利。教育教学权是学校最基本的权利。教育教学活动是学校的基本活动，也是学校最主要的功能。它反映了教育的本质，是学校法人区别于其他法人的本质特征。教育教学活动的内容体现在确定人才培养的目标，制定人才培养方案、课程设置方案与课程标准，教科书选用及教育教学改革等方面的内容。教育教学权对于大学和小学来说，其权利的范围有所不同，大学的自主程度远大于小学。小学作为实施义务教育的学校，课程设置、课程标准、教科书由国家统一确定。小学的任务就是按照国家的教育方针和教育行政部门颁布的教育教学标准，组织实施具体的教育教学活动，其自主权主要体现在人才培养模式探索、课程进度安排、校本课程开发、教学效果评价、教育教学改革，以及对学生进行考试、考核等。

3) 招生权

学校有权招收学生或者其他受教育者。自主招生权是学校享有的重要权利。学校有权根据自己的办学宗旨、培养目标、发展规划，以及实际办学条件和能力，依据国家有关规定进行招生。经教育行政主管部门许可，学校可规定具体的招生办法，自主确定招生人数、录取标准、是否录取等。学校的自主招生权也并非没有限制，招生须保证公平、公正、公开，设置的招生条件不得与法律、法规有抵触，教育行政主管部门监督学校的招生活动。《义务教育法》规定适龄儿童、少年免试入学、就近入学。另外，对于父母或法定监护人在非户籍所在地工作或居住的适龄儿童、少年，可以在该非户籍所在地接受义务教育。

4) 学籍管理和奖励处分权

学校有对受教育者进行学籍管理的权利。不管是大学生还是中小学生，都要取得学籍，学生的学籍是学生的一种在学身份。小学生的学籍管理主要包括入学与报名注册、成绩考核、纪律与考勤、留级、降级、退学、休学与复学、转学等方面的管理。学生进入学校接受教育的同时，也必须接受学校的管理。学籍管理是学校对学生进行有效管理的手段，一方面，有利于提高学校管理水平与教育教学质量；另一方面，对学生形成制度上的约束，从而使其有效地接受教育。

学校有对受教育者实施奖励或处分的权利。学校可根据国家有关规定，结合本校实际，制定具体的奖励与处分办法。"奖惩分明"是教育的有效手段，学校实施奖励或处分，也是加强对学生管理的体现，促使学生约束自身行为，但学校对学生的处分必须符合有关教育法规的规定。《义务教育法》第二十七条规定，对违反学校管理制度的学生，学校应当予以批评教育，不得开除。因此，小学对违纪学生处理的形式主要是批评教育，不得开除其学籍，除非法律有特别的规定。

5) 颁发学业证书权

学校有对受教育者颁发相应学业证书的权利。国家授权学校对受教育者颁发相应的学业证书，这是由学校代表国家行使学业证书管理职权。学校有权依据国家有关学业证书管理的规定，对经考核成绩合格的受教育者，按其类别颁发毕业证、结业证等学业证书。学校向受教育者颁发相应的学业证书，要遵循公正、公开的原则，并接受主管机关和受教育者的监督。

6) 聘任教师及奖励处分权

学校有聘任教师及其他职工的权利。聘用制是事业单位人事管理的基本制度，也是学校对教师管理的三大基本制度之一。《教师法》第十七条规定，教师的聘任应当遵循双方地位平等的原则，由学校和教师签订聘用合同，明确双方的权利、义务和责任。因此，聘任教师是学校的事务。学校有权在上级管理部门核定的编制范围内，从本校的办学条件、办学需要出发，制定本校教职工的聘任管理办法，自主决定聘任、解聘教师和其他职工。需要指出的是，目前小学聘任教师的权利大部分掌握在当地教育行政部门的手中，有的小学甚至根本没有人事权和聘用权。现在小学招聘教师首先必须经过人事和教育行政部门组织的统一考试，通过考试、公开招聘是对的，但是否一定需要教育行政部门来主持值得商榷。教育法赋予学校依章程自主管理和聘任教师的权利，聘任教师理应由学校全权负责，只不过学校应遵守公开聘任程序，接受行政部门和社会的监督。

学校有对教师及其他职工实施奖励和处分的权利。对教师及其他职工实施奖励、处分是学校维护正常教育教学活动的制度保证。《教师法》《事业单位人事管理条例》等法律、法规对教师实施奖励、处分的具体情形、方式做了相应规定。

7) 管理财产权

学校有管理、使用本单位的设施和经费的权利。学校作为法人，依法享有财产权。学校的财产主要来源于国家的投入和自主办学所得，国家投入的国家资产，所有权归国家，学校享有管理权、使用权。对学校自主办学取得的财产，学校享有所有权、管理权、使用权。学校的财产包括场地、教室、宿舍等教育基本设施，图书资料、实验仪器等教学设备，以及办学经费。学校对这些财产进行管理和使用，但是学校管理和使用这些财产也应遵守国家有关国有资产管理、教育经费投入的规定，保证国家资产不流失。用于教学、科研的资产，学校不得随意改变使用目的，不得用于抵押或为他人担保。对于财政性教育经费，社会组织和个人的捐赠，学校必须用于教育，不得挪用、克扣。

8) 拒绝非法干涉权

学校有拒绝任何组织和个人对教育教学活动非法干涉的权利。为了保证学校教育教学活动的顺利进行，维护正常的教学秩序，必须对来自行为机关、企业事业单位、社会团体、个人等方面影响教育教学活动正常进行的任何行为予以阻止。较为常见的非法干涉活动有侵占、破坏学校场地、校舍、财产，向学校违法收取或摊派费用，要求学校从事与其教育教学无关的活动或事务，寻衅滋事、扰乱学校教育教学秩序等。

> **案例**
>
> 2018年5月某天，某学校学生黄某因与同学肖某打架，受伤严重，经抢救无效死亡。学校在事件发生后，及时安抚家长，并组织专人处理此事。但死亡学生家长周某、卢某在与学校协商赔偿问题无果的情况下，不顾校方阻拦，私自将学校校门砸开，抬尸进校，并停放在教学楼大厅，致使学校无法上课。经侦查，某检察院以聚众扰乱社会秩序罪将周某、卢某起诉至某法院。法院判决：周某、卢某构成聚众扰乱社会秩序罪，判处有期徒刑一年，缓刑一年。

教育法赋予学校有拒绝任何组织和个人对教育教学活动非法干涉的权利。为了维护学校的这一权利，保证学校正常的教育教学秩序，《教育法》第七十二条规定，结伙斗殴，寻衅滋事，扰乱学校及其他教育机构教育教学秩序或者破坏校舍、场地及其他财产的，由公安机关给予治安管理处罚；构成犯罪的，依法追究刑事责任。《学生伤害事故处理办法》第三十六条规定，受伤害学生的监护人、亲属或者其他有关人员，在事故处理过程中无理取闹、扰乱学校正常教育教学秩序，或者侵犯学校、学校教师或者其他工作人员的合法权益的，学校应当报告公安机关依法处理；造成损失的，可以依法要求赔偿。上述案件中周某、卢某砸开校门，抬尸进校，致使学校无法上课，严重影响了学校教育教学秩序，构成聚众扰乱社会秩序的刑事犯罪，应当承担刑事责任。

9) 法律、法规规定的其他权利

这项权利是一项兜底性规定，指除前述八项权利外，学校还享有现行法律、法规和规章规定的其他权利，同时，还包括将来法规规定的有关权利。学校除了是行政主体地位，还是行政相对人和法人，学校作为行政相对人的权利和法人的权利分别由有关行政法和民法规定。

《教育法》第二十九条最后一款还规定，国家保护学校及其他教育机构的合法权益不受侵犯。这意味着学校权利是有国家强制力做保障的。

2. 学校的义务

小学的义务是指教育法等法规要求小学应履行的责任。《教育法》第三十条规定的学校及其他教育机构应当履行的六方面的义务，也是小学应当履行的义务，具体如下。

1) 遵守法律、法规

《宪法》第五条规定，一切国家机关和武装力量、各政党和各社会团体、各企业事业组织都必须遵守宪法和法律。一切违反宪法和法律的行为，必须予以追究。任何组织或者个人都不得有超越宪法和法律的特权。遵守法律、法规是学校作为一个社会组织所必须遵守的原则，遵守法律、法规是学校开展教育教学活动的前提，也是学校自治权的底线。

2) 贯彻国家的教育方针，执行国家教育教学标准，保证教育教学质量

这一义务是国家实现人才培养目标的重要保障，也是实现各地区教育平等，共同发展现代化高水平教育的关键手段。《教育法》第五条指出我国的教育方针是：教育必须为社会主义现代化建设服务，必须与生产劳动相结合，培养德、智、体、美、劳等方面全面发展的社会主义建设者和接班人。这一方针明确了我国教育的总方向是教育必须为社会主义现代化建设服务，整个教育事业要与国民经济发展的要求相适应，并在教育与生产劳动相结合的内容和方法上不断有新的发展。教育培养目标的重要标准是在德、智、体、美、劳等方面全面发展，我国总的教育培养目标是培养社会主义事业的建设者和接班人。这一要求是从宏观上要求学校建立正确的发展方向与目标。

执行国家教育教学标准则是从微观上实现保证教育教学目标的具体做法。教育部制定印发了《义务教育学校管理标准(试行)》，其目的在于：①制定管理标准是落实规划纲要、提高管理水平的重要举措；②制定管理标准是实现管理育人、构建和谐校园的迫切要求；③制定管理标准是规范办学行为、推进科学治理的现实需要，制定管理标准，基本可以回应解决学校管理"管什么"的问题，为学校依法办学、科学管理提供参考和依据，有利于地方教育部门规范学校办学行为，提高学校管理水平；④制定管理标准是转变政府职能、理顺政校关系的基础。

3) 维护受教育者、教师及其他职工的合法权益

这项义务包括两方面的含义：①要求学校自身不得侵犯受教育者、教师及其职工的合法权益，如不得克扣、拖欠教职工工资，不得拒绝符合入学标准的受教育者入学等；②当其他社会组织和个人侵犯了学校受教育者、教师及其他职工的合法权益时，学校有义务以合法方式，积极协助有关单位查处违法行为的当事人，维护本校成员的合法权益。

4) 以适当方式为受教育者及其监护人了解受教育者的学业成绩及其他有关情况提供便利

学校应以适当方式为受教育者及其监护人了解受教育者的学业成绩及其他有关情况提供便利，这一义务体现了以下几方面。①学校应让受教育者及其监护人了解的内容是学业成绩和其他有关情况。学业成绩是学生受教育状况的重要体现，同时，学校承担的育人职责，也要求学生德智体美全面发展，除学业成绩外，学生的其他表现如道德、心理等状况也需向监护人告知。②了解的对象除了受教育者本人外，还包括其监护人。这一方面，是基于监护人对子女受教育情况的"知情权"；另一方面，中小学教育除在校的教育外，家长与学校的配合合作也十分重要。③学校提供这种便利时应采取适当方式，应考虑保护学生的隐私权、名誉权，避免采取发放排名表、张贴红黑榜等方式。

5) 遵照国家有关规定收取费用并公开收费项目

学校是公益性的社会组织，不以营利为目的，义务教育阶段的办学经费来源于国家财政。《义务教育法》第二条规定，实施义务教育学校不收学费、杂费。国家建立义务教育经费保障机制，保证义务教育制度实施。因此，小学等义务教育学校不得巧立名目乱收费，所有除学费、杂费外的收费项目必须得到主管部门批准，且公开透明。

6) 依法接受监督

法律授权学校行使一定的教育管理权力，有权力就有监督，对学校的监督来源于政府、教育主管部门、社会各界。法律、法规虽然授予了学校办学自主权，但办学自主权并非没有边界，任何没有监管的权力都会导致权力的滥用。因此，学校接受监督是保障学校在国家教育方针指引下实现国家教育目标的必要措施，也是保护受教育者、教师、教职工合法权益的必要手段。

3. 小学的法律责任

小学的法律责任是指小学违反教育法规的行为所引起的应当由其依法承担的惩罚性的法律后果。学校的法律责任在《教育法》《义务教育法》《未成年人保护法》等法规中做了明确规定，根据上述三部法律的规定，小学需要承担的法律责任包括以下几个方面。

1) 拒绝招收具有接受普通教育能力的特殊儿童入学的法律责任

特殊儿童是指身心发展上有各种缺陷的残疾儿童，我国对残疾儿童的教育非常重视，先后制定了《中华人民共和国残疾人保障法》(以下简称《残疾人保障法》，1990年制定，2018年修订通过)和《中华人民共和国残疾人教育条例》(1994年制定，2017年1月11日国务院第161次常务会议修订通过)。1989年国务院办公厅转发了国家教委等八部委《关于发展特殊教育若干意见》，指出把残疾少年儿童教育切实纳入普及义务教育的工作轨道。各级教育部门要把残疾少年儿童教育同当地实施义务教育工作统一规划，统一领导，统一部署，统一检查，并提出了"随班就读"(接收虽有一定残疾，但可以在普通班学习的残疾儿童)和在普通班级附设"特教班"(接收在普通班学习困难较大的残疾儿童)两种新形式。根据以上法规，我国对待残疾儿童教育的方法是：较严重的残疾儿童在特教教育学校接受教育，一些肢体残疾、轻度智力残疾的儿童到普通学校随班就读。为此，《义务教育法》第十九条规定，普通学校应当接收具有接受普通教育能力的残疾适龄儿童、少年随班就读，并为其学习、康复提供帮助。如果学校拒绝接收具有接受普通教育能力的儿童入学，则违反了《义务教育法》，也违反了《残疾人保障法》。

2) 分设重点班和非重点班的法律责任

《义务教育法》第二十二条规定，县级以上人民政府及其教育行政部门应当促进学校均衡发展，缩小学校之间办学条件的差距，不得将学校分为重点学校和非重点学校。学校不得分设重点班和非重点班。这是国家促进义务教育均衡发展，实现教育公平的重要举措。作为义务教育学校，在教育活动中要贯彻面向全体学生的原则，不得通过设置重点班的方式搞所谓的"精英教育"。对学生进行区别教学、区别对待，不利于促进全体学生的全面发展，也有悖教育公平，违反义务教育基本原则。因此，对义务教育分重点班和非重点班的行为，是一种违反《义务教育法》的行为。

3) 违反规定开除学生的法律责任

《义务教育法》第二十七条规定，对违反学校管理制度的学生，学校应当予以批评教育，不得开除。《未成年人保护法》第二十八条规定，学校应当保障未成年学生受教育的权利，不得违反国家规定开除、变相开除未成年学生。

4) 选用未经审定教科书的法律责任

义务教育是由国家统一实施的教育，国家统一制定义务教育课程标准，统一审定教科书。教科书不是一般的书籍，它要根据国家的教育方针和课程标准编写，精选必备的基础知识和基本技能。所以《义务教育法》第三十九条规定，国家实行教科书审定制度。教科书的审定办法由国务院教育行政部门规定。未经审定的教科书，不得出版、选用。学校违反规定，不执行国家课程标准，不使用国家统一审定的教材，就是违反《义务教育法》。这里需要指出的是，现在有些学校为帮助学生了解地方文化，自主开发一些校本课程和教材，这是被允许也是应被当鼓励的，但前提条件是国家规定的基本课程的教材应当保证学生学习。

5) 违规办学的法律责任

《教育法》第七十五条规定，违反国家有关规定，举办学校或者其他教育机构的，由教育行政部门予以撤销；有违法所得的，没收违法所得；对直接负责的主管人员和其他直接责任人员，依法给予行政处分。现在，企业事业组织、社会团体、其他社会组织及公民个人都可以举办学校，但是必须依法举办，必须符合国家有关规定。这里的"依法"和"国家有关规定"就是《教育法》第二十七条规定的条件，即有组织机构和章程；有合格的教师；有符合规定标准的教学场所及设施、设备等；有必备的办学资金和稳定的经费来源。不管是政府，还是社会组织和个人举办学校都应符合这些条件，并执行法定的审批程序，取得办学许可证。如果违反国家规定举办学校，举办者将承担法律责任。

6) 违规收费的法律责任

义务教育的收费问题一直是政府非常重视和社会特别关注的问题。为了治理义务教育乱收费的现象，让学生家长明明白白地缴费，让社会明明白白地监督，《教育部国家发展改革委财政部关于在全国义务教育阶段学校推行"一费制"收费办法的意见》于2004年发布。"一费制"是指在严格核定杂费、课本和作业本费标准的基础上，一次性向学生收取费用。"一费制"政策的实行对规范学校办学行为，减轻广大群众的负担起到积极作用。2006年修订的《义务教育法》更进一步地规定义务教育不收学费、杂费。那么对于除学费、杂费外其他应收取的费用，同样需要落实"一费制"，接受社会监督。除此之外，学校不得向学生收取其他费用。《义务教育法》第二十五条规定，学校不得违反国家规定收取费用，不得以向学生推销或者变相推销商品、服务等方式谋取利益。该法第五十六条规定，学校违反国家规定收取费用的，由县级人民政府教育行政部门责令退还所收费用；对直接负责的主管人员和其他直接责任人员依法给予处分。学校以向学生推销或者变相推销商品、服务等方式谋取利益的，由县级人民政府教育行政部门给予通报批评；有违法所得的，没收违法所得；对直接负责的主管人员和其他责任人员，依法给予处分。

7) 侵占、挪用教育经费的法律责任

《义务教育法》第四十九条规定，义务教育经费严格按照预算规定用于义务教育；任何组织和个人不得侵占、挪用义务教育经费。该法第五十四条规定,侵占、挪用义务教育经费的,由上级人民政府或者上级人民政府教育行政部门、财政部门、价格行政部门和审计机关根据职责分工责令限期改正;情节严重的,对直接负责的主管人员和其他直接责任人员依法给予处分。《教育法》第七十一条第二款规定,违反国家财政制度、财务制度,挪用、克扣教育经费的,由上级机关责令限期归还被挪用、克扣的经费,并对直接负责的主管人员和其他直接责任人员,依法给予处分;构成犯罪的,依法追究刑事责任。这一法律责任的违法主体比较广泛,不仅包括行政机关及其他工作人员,还包括学校的校长及财务人员,有时也可能涉及学校专门项目的负责人。义务教育经费是国家对义务教育的投入,学校必须依法管理好、使用好,对于专项经费要专款专用,不得侵占、挪用,违反规定的要承担行政责任,数量较大、构成犯罪的还要承担刑事责任。

8) 不改造、修缮危险校舍的法律责任

《义务教育法》第十六条规定学校建设,应当符合国家规定的办学标准,适应教育教学需要;应当符合国家规定的选址要求和建设标准,确保学生和教职工安全。《教育法》第七十三条规定,明知校舍或者教育教学设施有危险,而不采取措施,造成人员伤亡或者重大财产损失的,对直接负责的主管人员和其他直接责任人员,依法追究刑事责任。校舍和教育教学设施安全是保证学生安全的重要因素,现实中因校舍和教育教学设施安全隐患导致学生伤害事故的现象时有发生,建设符合国家标准的校舍和设施,及时修缮危房,确保学生和教职工安全是学校应尽的职责。明知校舍或者教育教学设施有危险,而不采取措施,造成人员伤亡或者重大财产损失的,属于过失犯罪,需要承担刑事责任。

> **案 例**
>
> 2016年12月7日晚,某市私立学校下晚自习后,一拥而出的学生们在教学楼昏暗的楼梯间发生了踩踏事故,造成8名学生死亡、多人受伤的重大事故。
>
> 该市人民检察院认为,A校校长叶某、政教处干事彭某、政教处主任陈某犯教育设施重大安全事故罪,遂将三人公诉至该市人民法院。庭审中,叶某及其辩护人认为,自身已经履行职责,踩踏事件属于意外,自己不应承担责任。该市法院审理后认为,三名被告同任校安全领导小组成员,明知学校教学楼就读学生严重超编,楼梯灯光不符合安全标准,却对教学楼存在的安全隐患不报告,直接导致了踩踏事件的发生,被告人所提出的无罪辩护理由均不能成立,法院不予采纳。鉴于三名被告人在案发时采取了积极的抢救措施,案发后能积极配合党委、政府及时妥善处理伤亡学生的善后处理工作,且三名被告人一贯表现较好,故依法可对其从轻处罚。2017年4月27日,该市法院一审以教育设施重大安全事故罪分别判处被告人叶某有期徒刑一年六个月;判处彭某、陈某各有期徒刑一年,缓刑一年。

9) 未履行保护未成年人义务的法律责任

保护未成年学生是学校应尽的义务,《未成年人保护法》第三章专门规定了学校保护未成年人的具体内容,如尊重未成年人的受教育权利,不得开除未成年人;尊重未成年人的人格尊严,不得侮辱未成年人人格,不得对未成年人实施体罚和变相体罚;保护未成年人的人身安全等。

根据《未成年人保护法》第一百一十九条、第一百二十九条的规定，学校未尽到保护义务而侵犯未成年人权益要承担相应的法律责任。

(三) 学校事故及侵权责任

1. 学校事故

学校事故又称学生伤害事故，是指学生在学校学习、生活期间发生的人身损害事故。学校事故包括学校在校内实施的教育教学活动和学校在校外组织的活动中发生的事故。学校在校内、校外组织的教育教学活动非常广泛，凡是以学校名义组织的活动，不管是在校内，还是在校外，若发生学生伤害事故，都属于学校事故。其次，即使不由学校组织，但是事故发生在学校负有管理责任的校舍、场地和其他教育教学设施、生活设施内，也属于学校事故。学校事故属于人身损害。民法中的损害包括人身损害和财产损害，学校事故只包括对学生人身的损害，而且仅限于生命权、身体权、健康权的损害，不包括人身权中其他权利的损害。

2. 学校事故中的侵权责任

侵权责任是指行为人违反法律规定的义务而应承担的法律后果。学校事故中的侵权责任作为民事侵权责任的一种，既具有民事侵权责任的一般特征，也有自己的特征。

(1) 侵权责任是一种民事责任。学校事故主要是针对生命权、身体权和健康权的伤害，但是造成这些伤害所要承担的法律责任既可能是民事责任，也可能是刑事责任。侵权责任只涉及民事责任。

(2) 侵权责任是一种法定责任。学校事故中的侵权责任都是法规明文规定的，这些规定主要体现在《中华人民共和国民法典》《学生伤害事故处理办法》等法规中。

(3) 侵权责任是一种财产责任。学校事故虽然是一种人身伤害，但是责任承担的方式是损害赔偿，而且这种损害赔偿主要是经费赔偿。

学校事故发生后，加害人如有过错就要承担侵权责任，民事侵权责任的承担方式有很多种，如停止侵害、消除危险、消除影响、恢复名誉、赔礼道歉、赔偿损失等，对于学校事故而言，主要的责任承担方式是赔偿损失，而且是人身损害赔偿。人身损害赔偿主要包括财产损害赔偿和精神损害赔偿。

3. 学校事故中各主体的侵权责任

1) 学校有过错应当承担责任的情形

《学生伤害事故处理办法》第九条规定，因下列情形之一造成的学生伤害事故，学校应当依法承担相应的责任：①学校的校舍、场地、其他公共设施，以及学校提供给学生使用的学具、教育教学和生活设施、设备不符合国家规定的标准，或者有明显不安全因素的；②学校的安全保卫、消防、设施设备管理等安全管理制度有明显疏漏，或者管理混乱，存在重大安全隐患，而未及时采取措施的；③学校向学生提供的药品、食品、饮用水等不符合国家或者行业的有关标准、要求的；④学校组织学生参加教育教学活动或者校外活动，未对学生进行相应的安全教育，并未在可预见的范围内采取必要的安全措施的；

⑤学校知道老师或者其他工作人员患有不适宜担任教育教学工作的疾病，但未采取必要措施的；⑥学校违反有关规定，组织或者安排未成年学生从事不宜未成年人参加的劳动、体育运动或者其他活动的；⑦学生有特异体质或者特定疾病，不宜参加某种教育教学活动，学校知道或者应当知道，但未予以必要的注意的；⑧学生在校期间突发疾病或者受到伤害，学校发现但未根据实际情况及时采取相应措施，导致不良后果加重的；⑨学校教师或者其他工作人员体罚或者变相体罚学生，或者在履行职责过程中违反工作要求、操作流程、职业道德或者其他有关规定的；⑩学校教师或者其他工作人员在负有组织、管理未成年学生的职责期间，发现学生行为具有危险性，但未进行必要的管理、告诫或者制止的；⑪对未成年学生擅自离校等与学生人身安全直接相关的信息，学校发现或者知道，但未及时告知未成年学生的监护人，导致未成年学生因脱离监护人的保护而发生伤害的；⑫学校有未依法履行职责的其他情形的。

另外，《中华人民共和国民法典》第一千一百九十九条规定，无民事行为能力人在幼儿园、学校或者其他教育机构学习、生活期间受到人身损害的，幼儿园、学校或者其他教育机构应当承担责任，但能够证明尽到教育、管理职责的，不承担责任。《中华人民共和国民法典》第一千二百条规定，限制民事行为能力人在学校或者其他教育机构学习、生活期间受到人身损害，学校或者其他教育机构未尽到教育、管理职责的，应当承担责任。以上两条规定说明，对无民事行为能力人，只要发生人身伤害，法律推定学校承担责任，如果学校认为不应当承担责任，需要举例证明；对于限制行为能力人，学校未尽到教育、管理职责的，应当承担责任，反之如果尽到教育、管理职责的，可以免责或减轻责任。

2) 学校无过错不承担责任的情形

《学生伤害事故处理办法》第十三条规定，下列情形下发生的造成学生人身损害后果的事故，学校行为并无不当的，不承担事故责任；事故责任应当按有关法律法规或者其他有关规定认定：①在学生自行上学、放学、返校、离校途中发生的；②在学生自行外出或者擅自离校期间发生的；③在放学后、节假日或者假期等学校工作时间以外，学生自行滞留学校或者自行到校发生的；④其他在学校管理职责范围外发生的。

3) 学校免责的情形

根据《学生伤害事故处理办法》第十二条规定，因下列情形之一造成的学生伤害事故，学校已履行了相应职责，行为并无不当的，无法律责任：①地震、雷击、台风、洪水等不可抗的自然因素造成的；②来自学校外部的突发性、偶发性侵害造成的；③学生有特异体质、特定疾病或者异常心理状态，学校不知道或者难于知道的；④学生自杀、自伤的；⑤在对抗性或者具有风险性的体育竞赛活动中发生意外伤害的；⑥其他意外因素造成的。

4) 学校承担责任的特殊规定

如果学校教师或者其他工作人员在执行职务过程中对学生造成了伤害，由于教师或其他工作人员的行为是职务行为，故其侵权责任由学校承担。《中华人民共和国民法典》第一千一百九十一条就此做了规定，用人单位的工作人员因执行工作任务造成他人损害的，由用人单位承担侵权责任。用人单位承担侵权责任后，可以向有故意或者重大过失的工作人员追偿。对于教师或者其他工作人员在执行职务中因主观故意对学生造成的人身伤害，学校赔偿后，可以向责任人追偿，如《学生伤害事故处理办法》第二十七条规定，因学校教师或者其他工作人员在履行职务中的故意或者重大过失造成的学生伤害事故，学校予以赔偿后，可以向有关责任人员追偿。

5) 学生和未成年学生监护人的侵权责任

《学生伤害事故处理办法》第十条规定，学生或者未成年学生监护人由于过错，有下列情形之一，造成学生伤害事故，应当依法承担相应的责任：①学生违反法律法规的规定，违反社会公共行为准则、学校的规章制度或者纪律，实施按其年龄和认知能力应当知道具有危险或者可能危及他人的行为的；②学生行为具有危险性，学校、教师已经告诫、纠正，但学生不听劝阻、拒不改正的；③学生或者其监护人知道学生有特异体质，或者患有特定疾病，但未告知学校的；④未成年学生的身体状况、行为、情绪等有异常情况，监护人知道或者已被学校告知，但未履行相应监护职责的；⑤学生或者未成年学生监护人有其他过错的。

6) 社会人员的侵权责任

《中华人民共和国民法典》第一千二百零一条规定，无民事行为能力人或者限制民事行为能力人在幼儿园、学校或者其他教育机构学习、生活期间，受到幼儿园、学校或者其他教育机构以外的第三人人身损害的，由第三人承担侵权责任；幼儿园、学校或者其他教育机构未尽到管理职责的，承担相应的补充责任。幼儿园、学校或者其他教育机构承担补充责任后，可以向第三人追偿。《学生伤害事故处理办法》第十一条规定，学校安排学生参加活动，因提供场地、设备、交通工具、食品及其他消费与服务的经营者，或者学校以外的活动组织者的过错造成的学生伤害事故，有过错的当事人应当依法承担相应的责任。

7) 教师或者其他工作人员的侵权责任

《学生伤害事故处理办法》第十四条规定，因学校教师或者其他工作人员与其职务无关的个人行为，或者因学生、教师及其他个人故意实施的违法犯罪行为，造成学生人身损害的，由致害人依法承担相应的责任。

二、小学生的权益及保护

(一) 小学生的法律地位

学生的法律地位是指学生的法律身份或在教育法律关系中的主体资格，小学生作为学生中的特殊群体，既具有所有学生共有的法律地位，同时其作为未成年人，又具有自己特殊的法律地位。小学生的法律地位主要表现在以下三方面。

(1) 小学生是公民。《宪法》第三十三条规定，凡具有中华人民共和国国籍的人都是中华人民共和国公民。小学生作为中国公民，享有宪法等法律赋予中国公民的基本权利，如基本人权、部分政治权利、人身权、财产权、受教育权等，但是由于小学生未满18周岁，故不享有选举权和被选举权。

(2) 小学生是受教育者。小学生作为受教育者与非义务教育阶段的其他学生具有相同的法律地位。受教育者的法律地位主要由教育法所规定，具体体现在教育法赋予受教育者的相关权利和义务中。

(3) 小学生是未成年人。未成年人是指未满18周岁的人，小学生一般在六七岁至十二三岁，都是未成年人。我国法律对未成年人予以特别保护，除《义务教育法》等法律外，国家还专门制定了《未成年人保护法》和《预防未成年人犯罪法》。

(二) 小学生的权利

小学生兼有多种法律地位，决定了其享有多方面的权利。概括起来，小学生的权利主要包括受教育权、人身权、财产权。

1. 受教育权

小学生的受教育权主要由《宪法》《教育法》《义务教育法》等法律规定。

1) 平等接受义务教育权

除《宪法》和《教育法》赋予公民平等的受教育权外，《义务教育法》又对适龄儿童、少年平等接受义务教育做了具体规定。平等接受义务教育是受宪法保护的每位适龄儿童、少年都享有的基本权利。理解平等接受义务教育权需把握以下三点。

(1) 接受义务教育的主体是适龄儿童、少年。根据《义务教育法》规定，适龄儿童、少年接受义务教育的下限年龄一般为6周岁。条件不具备地区为7周岁。特殊情况下，其还可以适当延缓。对于适龄儿童、少年的上限年龄，《义务教育法》没有做出明文规定。鉴于义务教育的基础性和义务教育资源的有限性，对接受义务教育的年龄应做一定的限制，对此，《义务教育法》做了间接规定，即接受义务教育的必须是儿童或者少年。

(2) 获得义务教育的机会是平等的。我国义务教育是向所有具有中国国籍的适龄儿童、少年开放的，不管适龄儿童、少年的性别、民族、种族、家庭财产状况、家教信仰如何，都享有平等接受义务教育的机会。对于一些特殊儿童、少年，包括视力残疾、听力残疾和智力残疾的儿童、少年，有严重不良行为的适龄儿童、少年，进行文艺、体育等专业训练的适龄儿童、少年等，国家和社会也应为其提供接受义务教育的机会。

(3) 获得义务教育的质量要大致平等。和其他阶段的教育相比，义务教育有公平性的特点，即义务教育作为一项公共产品，各个实施义务教育的学校提供义务教育的质量应当是相对均衡的。目前，我国义务教育非均衡发展的现象还比较严重，地区之间、城乡之间、学校之间的差距仍然存在，因此促进义务教育均衡发展，使受教育者获得平等的教育是义务教育发展的艰巨任务。

2) 参加教育教学活动权

参加教育教学活动是学生最重要、最基本的权利，也是学生享有《宪法》赋予其受教育权的集中体现。学生参加教学计划安排的各种活动，如课堂教学、讲座、课堂讨论、观摩、实验、见习、实习、测验和考试等，这是学生接受教育和获得知识的基本途径，也是提高人才培养质量的基本保证，任何组织和个人都不得以任何借口非法剥夺学生参加教育教学活动的权利。为了保障学生参加教育教学活动权，《义务教育法》第五条第三款进行了强调，依法实施义务教育的学校应当按照规定标准完成教育教学任务，保证教育教学质量。

3) 使用教学设施设备和图书资料权

学校的教学设施、设备、图书资料是学生接受教育和学校开展教育教学活动的基本条件。学校作为实施教育的机构有义务向学生提供符合国家标准的教育教学设施，提供教学需要的教学仪器设备，提供必要的图书资料，学生则有权利免费使用这些设施、设备和图书资料。对于不具备基本办学条件的学校和其他办学机构，教育行政机关有权予以取缔。

4) 获得学金权

获得学金权是为了保障学生实现受教育权，让贫困家庭学生获得经济资助和鼓励学生取得优异的学习成绩而设立的。奖学金、贷学金和助学金体现了国家为学生完成学业所提供的物质性帮助，是学生的一项重要权利。奖学金、贷学金和助学金的来源以政府提供为主要渠道，同时学校、企业、社会团体及个人在国家政策鼓励下，也可以对学生提供资助。对于小学生而言，《义务教育法》实施以后，我国义务教育学费、杂费全免，现在基本上不存在贷学金和助学金，但是奖学金在一些地方还是以各种形式予以保证。

5) 获得公正评价权

获得公正评价权由两个方面的具体权利组成：一是学生在就学期间获得公正的学业成绩评价和品行评价的权利；二是学生在完成规定学业后，有获得相应的学业证书的权利。学生在学业成绩和品行上获得公正评价是学生的一项基本权利，学生有权在德、智、体等方面获得按照国家统一标准的一视同仁的客观评价，这也是学校应履行的义务，学生的学业成绩和品行评价将会对他们一生的成长产生巨大的影响和作用，特别是在中小学教育阶段，有时甚至与他们以后的升学息息相关。为此，学校和教师应当本着认真负责的精神，科学合理、实事求是、公正公平地对学生进行学业成绩和品行评价。

获得公正评价权还包括获得学业证书的权利。学业证书是学生达到一定学识水平的证明，是学生继续学习的重要依据。为此，国家建立了教育考试制度、教育证书制度等，学生按规定达到一定学识水平可获得相应证书。

6) 申诉诉讼权

申诉诉讼权是指学生获得法律救济的权利，包括申诉权和诉讼权两种具体权利，其适用情况有所区别。当学生对学校的处分不服时，可以申诉；当学生认为学校、教师侵犯其人身权、财产权等合法权益时，可以申诉或者提起诉讼。其中，诉讼包括行政诉讼和民事诉讼。

2. 人身权

公民的人身权包括人格权、身份权。人格权又分为物质上的人格权和精神上的人格权，前者包括身体权、健康权、生命权等，后者包括姓名权、肖像权、自由权、名誉权、隐私权、贞操权等。身份权包括配偶权、亲权、荣誉权、知识产权等。小学生作为未成年人，其人身权受到法律的特别保护。法律重点保护的未成年的人身权主要包括以下几个方面。

1) 生命健康权

生命健康权即生命权、身体权和健康权的总称，是公民对自己的生命安全、身体组织完整和生理机能及心理状态的健康所享有的权利。生命、身体、健康是人本身存在的前提，生命健康权是一个公民最基本、最重要的权利。学校中因教师体罚学生、学生间打斗、体育课和其他一些因素可能会导致学生人身伤害事故的发生，对学生的身体健康乃至生命造成损害。2002年教育部颁布的《学生伤害事故处理办法》对学生人身伤害事故的责任、处理、赔偿损失等，做了较为系统的规定。有必要说明的是，《学生伤害事故处理办法》作为教育部制定的一个部门规章，只能用来约束和调整教育领域的内部事务，法院判案时一般只作参考。法庭在审理这类学生伤害事故案件时，更依据《中华人民共和国民法典》中的一些规定。

2) 人格尊严权

人格是人能够作为权利、义务主体的资格，人格又称为人格权，是人身权最基本的内容之一。我国《宪法》第三十八条明确规定，中华人民共和国公民的人格尊严不受侵犯，禁止用任何方法对公民进行侮辱、诽谤和诬告陷害。学生也是公民，其人格尊严权同样受法律的确认和保护。《义务教育法》第二十九条规定，教师应当尊重学生的人格，不得歧视学生，不得对学生实施体罚、变相体罚或者其他侮辱人格尊严的行为，不得侵犯学生的合法权益。在学校，教师侵犯学生人格尊严权的现象主要是由教师批评教育方式不当造成的，如当众羞辱、辱骂学生，给学生起侮辱性绰号等。

3) 隐私权

隐私权是指个人享有的私人生活安宁与私人生活信息依法受到保护，不受他人侵扰、知悉、使用、披露、公开的权利。隐私权的客体是隐私，它是指公民不愿让人了解和介入的事实或活动。这些事实或活动是不违法但又不愿被他人知悉的。凡个人不愿告诉别人或不愿公开的生活秘密，都属于个人隐私，如日记、信件、生理方面的疾病，以及曾经受过的污辱、经历过的痛苦、生活习惯、生活方式、消遣方面的爱好等，还包括学生不愿公开的考试分数。未成年人的隐私权保护尤其受到重视。《未成年人保护法》第六十三条规定，任何组织或者个人不得隐匿、毁弃、非法删除未成年人的信件、日记、电子邮件或者其他网络通信内容。除因国家安全或者追查刑事犯罪依法进行检查的需要；或者无民事行为能力未成年人的父母或者其他监护人代未成年人开拆、查阅；或者紧急情况下为了保护未成年人本人的人身安全。现在，随着法律意识的不断增强，尊重学生隐私的呼声越来越高。学校和教师要从承认和保护学生隐私权的角度，正确处理和协调好学生隐私权与学校、教师管教权的关系。学校和教师在教育、管理学生时，应注意教育方式，保护学生隐私。

> **案例**
>
> 2018年期末考试结束，某学校在工商银行办事处和镇政府门口张贴两张"成绩汇报"，除公布了本校部分学生的高分成绩外，还将该校读书的4名学生的不理想考分做了公布，引起4名学生及其监护人的不满。一周后，该学校又将此"成绩汇报"上交镇党政办公室。为此，4名学生状告学校侵犯其名誉权，要求其承担相应的民事责任。某县人民法院审理认为：该学校公开张贴"成绩汇报"，虽然是为了吸收生源，主观上无侵害原告名誉权的意思，但在客观上公布了原告不愿公开的成绩，侵犯了原告的隐私权，依法应承担民事责任。据此，做出如下判决：被告在本判决生效后5日内，在同一地点以公告形式向4位原告赔礼道歉，公告内容交法院审核，此公告应保留3天。

4) 名誉权

名誉是指特定的公民或法人的品行、才能、信誉等人格价值的一种社会评价。名誉权是指公民和法人依法享有的，要求对自己的名誉给予客观、公正的社会评价，并维护自己的名誉不受他人非法贬低的权利。

法律保护一切公民的名誉权，包括学生群体。不论学生的年龄怎样，也不论学生本人是否意识到自己的名誉问题，作为教师在管教学生时，不得侮辱、诽谤学生名誉，不得侵犯学生的名誉权。

3. 财产权

财产权是指以实现财产利益为内容，直接体现某种物质利益的权利。对学生来说，由于他们绝大多数是消费人群，所以他们在学校期间主要涉及的是财产所有权或者使用权。所有权是指所有人对自己的财产依法享有的占有、使用、收益、处分，并禁止他人非法侵犯的权利。对自然人而言，所有权可以是原始取得的，如劳动所得、非劳动的合法收入；也可以是继受取得的，如买卖、赠予。学生的财产主要来自父母和其他亲属的赠予，包括各种学习用品、生活用品，也包括监护人交给学生支配的生活费用。

学校、教师侵犯学生财产权的行为主要包括损坏学生财物、没收学生财物、乱罚款等。没收财产是指国家机关依据法律规定，对实施违法犯罪行为的人，没收其财产的一种处罚措施。学校是事业单位，不是国家机关，学生在上学时携带不应当携带的物品，学校是没有法律依据予以没收的。但如果学生所携带的物品影响学生的学习，教师可以暂时收缴、保管。为了维持课堂教学秩序，教师有权利责令学生交出影响学习的玩具等物品，而教师对这些物品仅仅是负保管义务。在对学生的行为进行必要的教育之后，或交还给学生本人，或交给学生的家长。但是，如果学生携带危险物品或者学校明令禁止学生携带的物品，如匕首、刀，以及不宜青少年阅读的书籍等，则另当别论。一旦教师发现，教师不但有权收缴并交到学校，而且应当对携带危险物品或违禁物品的学生及其家长进行批评教育，个别的危险物品应当交当地公安部门处理。教师的这种权利是基于学校维护校园公共安全的职责而产生的。

(三) 小学生的义务

一定权利的享有对应一定义务的履行。学生是教育法律关系中的重要主体，享有法律规定的权利，同时为了保证正常的社会秩序和教育教学活动的顺利进行，提高教育教学质量，学生也必须履行相应的义务。

学生的义务可分为两部分：①《宪法》和其他法律赋予每个公民的义务；②学生作为受教育者所应当承担的特殊义务。由于小学生是未成年人，而且是无行为能力或限制行为能力人，因此，对未成年学生作为公民所应履行的义务不是人们关注的重点，所关注的是小学生作为受教育者所应履行的义务。《教育法》规定学生的义务包括以下方面。

1. 遵守法律的义务

遵守法律法规是所有公民的义务，小学生也不例外。小学生虽然法律意识还不强，但可以通过学校和家长的引导和教育，让学生知道一些最基本的法律义务，如不得打架斗殴、辱骂他人，不得盗窃、故意破坏财物，不得索要他人财物等，以养成良好的遵守法律的行为习惯。

2. 养德修行的义务

一个国家的文明程度取决于这个国家的公民素质，而公民素质的形成又需要从小加以培养。对于正在成长的小学生，有必要从小培养其遵守学生行为规范，尊敬师长，使其养成良好的思想品德和行为习惯。国家教育行政机关制定、颁发了《中小学生守则》《小学生日常行为规范》，这些规范集中体现了国家对不同阶段的学生在政治、思想和品德方面的基本要求，应当教育小学生自觉遵守。

3. 努力学习的义务

努力学习，完成规定的学习任务是每个学生应履行的义务，这是学生区别于其他公民的一项特殊义务，是由受教育者的身份和地位所决定的。学生应当以学为主，学生进入学校就意味着其首要任务就是学习科学文化知识，完成学业对处在义务教育阶段的小学生来说带有强制性。完成规定的学习任务是指学生在学习期间应当按照相应的教学计划、教学大纲和教师的安排完成规定的学习任务。不同层次和不同类型学校的学生，其学习任务有所不同。学生应当认真对待各项学习任务，认真学习，努力取得优良成绩。

4. 遵守学校管理制度的义务

学校为了保证教育教学工作的顺利进行，需要制定相关的管理制度，作为管理对象的学生有义务遵守所在学校的各项管理制度，具体包括：遵守学校的思想政治教育管理制度；遵守学校的教学管理制度；遵守学校的学籍管理制度；遵守学校的体育、卫生、图书仪器、校园管理制度等。

(四) 学生惩戒

惩戒即通过对不合规范行为施以否定性的制裁，从而避免其再次发生，以促进规范行为的产生和巩固。惩戒中的"惩"即惩罚、惩处，是其手段。"戒"即戒除、防止，是其目的。在学生惩戒中，惩和戒是紧密结合在一起的，是通过施罚使学生感到痛苦而戒除其不合规范的行为。

学生惩戒有其存在的合理性。规模化、制度化的教育及其活动需要赋予学校和教师一定的权力来维持学校教育教学活动的正常进行。学生在其走向自律之前，他律是必经途径之一，学生对外在规范的学习与掌握必然不是一帆风顺的，存在不断试误的过程。学生惩戒，正是学校和教师以社会代言人的身份对学生进行引导与矫正，其存在是必要的、合理的，符合教育活动发展的需要。合理的惩罚制度不仅是合法的，还是必要的。合理的惩罚制度有助于形成学生坚强的性格，能培养学生抵抗诱惑和战胜诱惑的能力。

1. 惩戒的特点

在学校教育教学活动中，学生惩戒具有以下特点。①惩戒主体是特定的，即具有教书育人职责的学校和教师，其他未经法律法规授权的个人和组织不能成为惩戒的主体。只有合法的主体才能行使相应的惩戒权，做出适当的惩戒行为。②惩戒的对象是学生违纪的行为或违反学生行为规范的行为，而不是学生个人或其身体心灵，这是由惩戒的教育性质决定的。惩戒是为了教育学生戒除其不符合社会、学校规范的行为，促进其健康成长，其针对的只能是学生的不良行为而不是学生个人。③惩戒具有制裁和教育的双重性质，其主要目的是教育。学校的职能是教育学生，因此学校和教师所施行的惩戒在本质上是教育性的，其出发点是为了使学生受到教育，而不仅仅是通过施加惩罚使学生感到痛苦和耻辱。④惩戒的范围只针对学生不合规范的行为或不良行为，因此惩戒不包括行政处罚和刑事处罚。行政处罚和刑事处罚是一种法律责任，而惩戒是一种教育措施。

2. 惩戒与体罚

"惩戒"与"体罚"是一对联系紧密的词汇，在实践中也经常被人们混用。体罚常指利用各种方式对学生加以惩罚，使其身心感到痛苦，以促使其为避免痛苦而改变错误。在行使形式上，体罚可分为直接体罚和变相体罚。直接体罚是直接以学生的身体为对象，表现为有形暴力形式，如殴打。变相体罚是以侵害学生的身体为内容或给予肉体上的痛苦或极端疲劳，如罚站、罚跪等。体罚作为一种极端的惩戒形式，在教育实践中往往与对学生肆意打骂、伤害和侮辱学生人格联系在一起，一直是有争议的且受到广泛的批评和谴责。

我国现行教育法律对于体罚是明确禁止的。《未成年人保护法》第二十七条规定，学校、幼儿园的教职员工应当尊重未成年人人格尊严，不得对未成年人实施体罚、变相体罚或者其他侮辱人格尊严的行为。《教师法》第三十七条规定，教师体罚学生，情节严重，构成犯罪的，依法追究刑事责任。《义务教育法》第二十九条第二款规定，教师应当尊重学生人格，不得歧视学生，不得对学生实施体罚、变相体罚或者其他侮辱人格尊严的行为，不得侵犯学生合法权益。

体罚和惩戒虽然都以教育学生为目的，但体罚带有主观上的故意，而且会对学生的身体和心理造成损害或痛苦，会直接侵害学生的人身权利。而惩戒则不同，它不存在主观上的恶意，最终目的是纠正学生不合规范的行为，从而避免其再次发生。因此，教育法规只禁止体罚，并不禁止惩戒。

3. 惩戒的形式

惩戒的形式因各国教育传统及观念的不同而有所差异，国外不少国家对学生惩戒的类型有具体的规定，如言语责备、隔离措施、剥夺某种特权、没收、留校、惩戒性转学、警告、停学、开除及体罚等。我国教育法规虽然对学生惩戒没有系统的规定，但从现有的教育法规规定和教育实践看，学生惩戒大致包括为矫治、纪律处分和一般性惩戒措施三种。

1) 矫治

《中华人民共和国预防未成年人犯罪法》规定了对有严重不良行为的未成年人进行矫治的措施，这些措施包括：予以训诫；责令赔礼道歉、赔偿损失；责令具结悔过；责令定期报告活动情况；责令遵守特定的行为规范，不得实施特定行为、接触特定人员或者进入特定场所；责令接受心理辅导、行为矫治；责令参加社会服务活动；责令接受社会观护，由社会组织、有关机构在适当场所对未成年人进行教育、监督和管束；其他适当的矫治教育措施。

2) 纪律处分

《教育法》授予学校对学生实施处分的权利，《普通高等学校学生管理规定》只对高等学校对学生处分的类型做了规定，包括警告、严重警告、记过、留校察看、开除学籍五种。但是义务教育学校对学生的纪律处分有哪些类型，目前并没有统一立法。由于《义务教育法》排除了义务教育学校开除学生的做法，因此一些中小学参照普通高等学校的做法，对学生的纪律处分设定了警告、严重警告、记过、留校察看等类型。

3) 一般性惩戒措施

这里所称的一般性惩戒措施是指除矫治、纪律处分外的惩戒措施。它是各国教育法认可的和我国教育实践中常见的一些惩戒措施，主要包括言语责备、隔离措施、剥夺某种特权、没收、留校等。

(五) 权利救济

权利的赋予和权利的救济如同鸟之双翼，两者同等重要。在教育活动中，学生是弱势群体，其权益受到侵犯的现象经常出现，因此，学生的权利救济是教育法研究和社会关注的重点。从我国现行法律和司法实践看，学生权利救济的途径主要有调解、申诉、行政诉讼、民事诉讼。

1. 调解

在我国，调解通常是指在第三方主持下，以国家法律、法规、规章、政策及社会公德为依据，对纠纷双方进行斡旋、劝说，促使双方互相谅解，进行协商，自愿达成协议，消除纷争的活动。调解是在中立第三方的参与下进行的民事纠纷解决活动。如果在没有第三方的情况下，纠纷双方当事人自行和解，则不属于调解的范畴。调解有法院调解、仲裁调解、人民调解、行政调解、民间调解五种。担任调解人的可以是法院、仲裁机构、人民调解委员会、行政机关、社会组织或个人。

学校中发生的民事纠纷大多可采用非诉讼调解的途径加以解决。《学生伤害事故处理办法》肯定了调解制度，发生学生伤害事故，学校与受伤害学生或者学生家长可以通过协商方式解决；双方自愿，可以书面请求主管教育行政机关进行调解。学校与学生双方请求主管教育行政机关进行的调解，属于行政调解。

我国的调解制度中法院调解、仲裁调解、人民调解达成的协议都具有法律效力，民间调解和行政调解达成的协议则不具有法律效力。民间调解和行政调解所达成的协议，双方当事人可以反悔。

2. 申诉

学生申诉制度是指学生在合法权益受到损害时，依据法律规定，向有关部门提出申诉，请求处理的制度。学生申诉制度与教师申诉制度在特征、程序等方面是一样的，下面就两者不同之处进行补充。

1) 学生申诉的范围

《教育法》第四十三条规定，受教育者享有下列权利：对学校给予的处分不服向有关部门提出申诉，对学校、教师侵犯其人身权、财产权等合法权益，提出申诉或者依法提起诉讼。这一规定明示学生申诉的范围包括：学生对学校给予的处分不服的，可以申诉；学生认为学校侵犯其人身权、财产权等合法权益的，可以申诉；学生认为教师侵犯其人身权、财产权等合法权益的，可以申诉。

2) 学生申诉的参加人

(1) 申诉人。学生申诉制度的申诉人，主要包括认为其合法权益受到侵害的学生本人及其监护人。成年学生与未成年学生作为申诉人的情况有所不同。对于成年学生而言，申诉人就是他本人。对于未成年学生而言，其申诉行为由其法定代理人即监护人代为进行或辅助其进行。

(2) 被申诉人。学生申诉制度中的被申诉人，一般是指学生所在的学校、教师及其他工作人员。

(3) 受理机关。一般而言，申诉的受理机关是做出处分或侵权行为的上一级机关，如学生对学校的处分不服，或认为学校侵犯其合法权利，向学校的上级机关——主管教育行政机关申诉。

3. 行政诉讼

《教育法》第四十三条规定，受教育者享有下列权利：对学校、教师侵犯其人身权、财产权等合法权益，提出申诉或者依法提起诉讼。《教育法》的这一规定不仅设定了学生申诉制度，还为学生设定了诉讼制度。学生可以提起行政诉讼的事项包括：开除学生；学籍管理中降级、留级和强令学生转学；等等。

4. 民事诉讼

学生的民事诉讼是指学生与学校、教师或者学生与学生之间因人身和财产纠纷，向人民法院提起诉讼的制度。

由于民事诉讼是有关人身与财产的纠纷，因此民事诉讼的受案范围主要分为两类：一类是侵害学生人身权引起的纠纷，如教师体罚或变相体罚学生导致的伤害、学校食品安全造成的伤害、学校设施安全导致的学生伤害、教师侮辱学生人格、学校或教师侵犯学生隐私等；另一类是侵害学生财产权引起的纠纷，如学校收取学生学费或其他费用、侵占学生物品、侵犯学生知识产权等纠纷。目前实践中最为多见的是侵害学生生命权、身体权、健康权、隐私权和侵害学生人格尊严而引起的纠纷。

三、小学教师的权益及保护

(一) 小学教师的法律地位

教师的法律地位是指教师在教育法律关系中的法律身份或主体资格。从法律上讲，小学教师的法律地位与中学教师和大学教师的法律地位是相同的。我国关于教师法律地位的界定，代表性的有四种观点：一是公务员；二是劳动者；三是特别公务员；四是公务劳动者。

在未形成一致意见之前，我们可以从实务的角度对教师的法律地位做简单概括：首先，教师是公民，其法律地位由《宪法》规定；其次，教师是事业单位工作人员，其法律地位由《事业单位人事管理条例》等人事法规规定；最后，教师是教育者，其法律地位由《教育法》《教师法》等教育法规规定。

(二) 小学教师的权利

教师的权利是指法律对教师在履行国家教育教学职务时，必须享有的权利，是得到法律许可和保障的，是不可侵犯和剥夺的。《教育法》第三十三条和第三十四条规定，教师享有法律规定的权利，国家保护教师的合法权益，改善教师的工作条件和生活条件，提高教师的社会地位。《教师法》第七条对教师的权利做了具体规定，这些权利可以总结概括如下。

1. 教育教学权

进行教育教学活动，开展教育教学改革和实验，简称教育教学权。这是教师的最基本权利。作为教师，有权依据其所在学校的教学计划、教育工作量等具体要求，结合自身教学特点自主地组织课堂教学；有权依照教学大纲的要求确定其教学内容、进度，不断完善教学内容；有权针对不同的教育教学对象，在教育教学的形式、方法、具体内容等方面进行改革和实验。任何人不得非法剥夺在聘教师行使这一基本权利，而不具备教师资格的人不得享有这项权利。虽取得教师资格，但尚未受聘或已被解聘的人员，此项权利的行使处于停顿状态，待任用时方能行使这一权利。学校及其他教育机构依法解聘教师的，不属于侵犯教师教育教学权利的行为。

2. 科学研究权

从事科学研究，进行学术交流，参加专业的学术团体，在学术活动中发表意见，简称科学研究权，也称学术自由权。这是教师作为专业技术人员所享有的一项基本权利。作为教师，在完成规定的教育教学任务的前提下，有权进行科学研究与技术开发、撰写学术论文、著书立法；有权参加有关的学术交流活动，参加依法成立的学术团体并在其中兼任工作；有权在学术研究中发表自己的学术观点。教师在行使此项权利时，要注意处理好教学与科研的关系，使之相辅相成，更好地提高教育教学质量。

3. 指导评定权

指导学生的学习和发展，评定学生的品行和学业成绩，简称指导评定权。这是与教师在教育教学过程中的主导地位相适应的一项基本权利。作为教师，有权根据教育规律和学生的身心发展特点和教育规律，因材施教，有针对性地指导学生的学习，并在学生的升学、就业等方面给予指导；有权对学生的思想品德、学习、文体活动、劳动等方面给予客观公正的评价；有权运用正确的指导思想和科学的方式方法，使学生的个性和能力得到充分发展。教师在行使指导评定权时，要注意加强对学生各方面的管理，将关心爱护学生与严格要求相结合，促进学生德、智、体、美、劳等方面全面发展。

4. 获取报酬待遇权

按时获取工资报酬，享受国家规定的福利待遇以及寒暑假期的带薪休假，简称获取报酬待遇权。这是教师的基本物质保障权利。教师的工资报酬，一般包括基础工资、职务工资、课时报酬、奖金、教龄津贴、班主任津贴及其他各种津贴在内的工资性收入。福利待遇主要包括教师的医疗、住房、退休等方面的各项待遇和优惠,以及寒暑假期的带薪休假。作为教师,有权要求所在学校及其主管部门根据国家教育法律、教师聘用合同的规定按时、足额地支付工资报酬;有权享受国家规定的福利待遇。要动员全社会力量,采取有效措施,依据法律的规定,切实保障教师这一基本权利的行使。

5. 民主管理权

对学校教育教学、管理工作和教育行政部门的工作提出意见和建议,通过教职工代表大会或者其他形式,参与学校的民主管理,简称民主管理权。这是教师参与教育管理的民主权利,是《宪法》中所规定的"公民对任何国家机关和国家工作人员,有提出批评和建议的权利"的具体体现,有利于调动教师参政议政的自觉性和积极性,发挥教师的主人翁作用,加强对学校和教育行政部门工作的监督。作为教师,有权通过教职工代表大会、工会等组织形式及其他适当方式,参与学校民主管理,讨论学校改革、发展等方面的重大事项,保障自身的民主权利和切身利益,推进学校的民主建设。以教职工代表大会为例,教师的参与管理权体现在以下方面:听取校长的工作报告,讨论学校年度工作计划、发展规划、改革方案、教职工队伍建设等重大问题;讨论职工奖惩办法及其他与教职工有关的基本规章制度;讨论教职工的住房分配及其他有关教职工的一些福利事项;监督学校管理工作。教师在行使民主管理权时,应注意遵循民主集中制的原则,并充分发挥自己对学校、教育行政部门工作的监督作用。

6. 进修培训权

参加进修或者其他方式的培训,简称进修培训权。这是教师享有的继续教育的权利。现代社会和科技的飞速发展,要求教师及时更新知识,不断提高自身素质。作为教师,有权参加进修或其他多种形式的培训,以提高思想政治觉悟和业务水平。教育行政部门、学校及其他教育机构,应采取多种形式,开辟多种渠道,努力为教师的进修培训创造有利条件,切实保障教师权利的实现。《国家中长期教育改革和发展规划纲要(2010—2020年)》规定,对教师实行每五年一周期的全员培训制度,现在国家开始实施"国培计划",这些都是对保护教师进修培训权的具体落实。

> **案例**
>
> 陈某是某学校的二级教师,工作十多年了,一直没有参加过进修或其他方式的培训。2018年9月,学校有一次教师进修机会,陈某向学校提出要去进修。学校以没人替他上课为由,不同意他的请求。陈某认为校长故意和自己作对,于是与学校发生了纠纷,经常缺课。学校扣发陈某9月一个月的工资及奖金。陈某认为处理不公,向区教育委员会提出申诉。教师参加进修培训是教师的一项法定权利,学校应当依法给予保护和尊重。按照规定,教师每五年就需要进修一次,这是提高教师教育教学水平的基本保证。教师陈某十多年未进修,学校应当依法给予其进修提高的机会。陈某认为学校的安排不合理,可以向主管教育行政部门提出申诉。但是,陈某经常缺课则是一种错误的做法,学校对经常缺课的陈某进行扣发工资的处理是合法的。

(三) 小学教师的义务

教师享有法律规定的权利，同时必须履行法律规定的义务。教师的义务是指教师在教育教学活动中依法应当履行的责任。教师必须依法"为"或"不为"一定的行为，这种约束的目的在于促使教师忠实地履行自己的法定义务。《义务教育法》第二十八条、第二十九条规定，教师享有法律规定的权利，履行法律规定的义务，应当为人师表，忠诚于人民的教育事业。教师在教育教学中应当平等对待学生，关注学生的个体差异，因材施教，促进学生的充分发展。教师应当尊重学生的人格，不得歧视学生，不得对学生实施体罚、变相体罚或者其他侮辱人格尊严的行为，不得侵犯学生的合法权益。法律的这些规定，都是教师作为教育者在教育教学中应当履行的基本义务。除此之外，《教师法》第八条还对教师的义务做了具体规定，这些义务可以总结概括如下。

1. 遵守宪法、法律和职业道德，为人师表

宪法和法律是国家、社会组织和公民活动的基本行为准则，任何组织和公民都必须遵守。同时教师作为教育者，承担着教书育人的职责，肩负着培养社会主义事业的建设者和接班人的使命，因此国家对教师提出了比一般公民更高的职业要求，这些职业要求具体体现在教师的职业道德规范中。《中小学教师职业道德规范》规定了中小学教师应当遵守的职业道德规范，包括：爱国守法、敬业奉献、热爱学生、教书育人、为人师表、终身学习。这些职业道德是中小学教师必须遵守的。

2. 贯彻国家的教育方针，遵守规章制度，执行学校的教学计划，履行教师聘约，完成教育教学工作任务

教师在教育教学活动中，应当全面贯彻国家关于教育必须为社会主义现代化建设服务，必须与生产劳动相结合，培养德、智、体、美、劳等方面全面发展的社会主义事业的建设者和接班人的方针；自觉遵守教育行政部门、学校及其他教育机构制定的教育教学管理的各项规章制度；认真执行学校依据国家规定的教学大纲、教学计划或教学基本要求制订的具体教学计划；严格履行教师聘用合同中约定的教育教学职责，完成规定的教育教学任务，保证教育教学质量。

3. 对学生进行思想政治教育，组织、带领学生开展有益的社会活动

对学生进行宪法所确定的基本原则的教育和爱国主义、民族团结的教育，法制教育以及思想品德、文化、科学技术教育，组织、带领学生开展有益的社会活动，这是对教师教育教学工作内容方面的全面规范。作为教师，应结合自身教育教学业务特点，将政治思想品德教育贯穿教育教学过程之中。对学生进行政治思想品德教育，不仅是政治思想品德课教师的职责，还是每位教师的基本义务。教师应当有意识地对学生进行爱国主义教育、民族团结教育、法制教育、文化科学技术教育，弘扬中华民族优良传统，引导学生逐步树立科学的人生观和世界观，教育学生爱祖国、爱人民、爱劳动、爱科学、爱社会主义，把学生培养成为有理想、有道德、有文化、有纪律的社会主义新人。在德育教育的形式和方法上，应注意根据学生身心发展的特点，采用灵活生动的形式，注重实效，反对形式主义。

4. 关心、爱护全体学生，尊重学生人格，促进学生在品德、智力、体质等方面全面发展

《宪法》规定，中华人民共和国公民的人格尊严不受侵犯。由于学生在教育教学活动中居于受教育者的地位，故其人格尊严往往容易受到侵犯。教师要关心爱护全体学生，对学生一视同仁，不因民族、性别、残疾、学习成绩等因素歧视学生，尤其是对有缺点的学生，教师应给予特别关怀，要满腔热情地教育指导，绝不能采取简单粗暴的办法，不能侮辱、歧视学生，不能体罚或变相体罚学生，不能泄露学生隐私。因侮辱学生影响恶劣或体罚学生经教育不改的教师，应依法承担相应的法律责任。

5. 制止有害于学生的行为或者其他侵犯学生合法权益的行为，批评和抵制有害于学生健康成长的现象

小学生属于未成年人，心理等各方面还不够成熟，在对待事情的认识和处理上不一定完全正确，容易受到外界的错误诱导而误入歧途，因此，教师有义务制止有害于学生的行为或者其他侵犯学生合法权益的行为，批评和抵制有害于学生健康成长的现象。

6. 不断提高思想政治觉悟和教育教学业务水平

教育教学工作是一项专业性较强的工作，担负着提高民族素质的使命，这就要求教师具有较高的思想觉悟和业务水平。同时，这也是社会进步和科学技术发展对教师提出的要求。为此，教师应加强学习，调整知识结构，不断提高思想政治觉悟和教育教学业务水平，以适应教育教学的实际需要。

教师的基本权利和义务基于教育活动产生，由教育法律规范所设定，是一种职业特定的法律权利和特定的法律义务。他们之间是对立统一、相互依存的关系。没有无义务的权利，也没有无权利的义务。教师既是权利的享有者，又是义务的承担者，因此应正确行使自己的权利，严格履行自己的义务。

(四) 教师的惩戒

教师惩戒是指当教师出现违反法律或学校纪律时，由教育行政部门或学校对教师给予不利处分的措施，其中包括对教师的行政处罚、行政处分，以及与教师聘任(用)有关的人事处理，如解聘等。教师惩戒具有消极和积极两方面的目的，消极目的主要在于矫正教师的不当行为并表示警告，积极目的则在于维持学校的纪律和有利于教育活动的有序进行，以实现教育目标。

从我国现行法规看，教师惩戒的类型主要有以下三种。

1. 行政处罚

对教师的行政处罚是指教育行政机关对违反教育行政管理秩序的教师予以制裁的行政行为。从现行法规看，对教师行政处罚的种类主要是指撤销教师资格证书。对教师实行行政处罚的机关是县级以下人民政府的教育行政部门。

2. 行政处分

行政处分是实施行政管理的一种手段，由于学校属于事业单位，教师属于事业单位工作人员，因此对教师的管理适用事业单位人事管理的规定。根据《事业单位人事管理条例》，对教师行政处分的种类有：警告、记过、降低岗位等级或者撤职、开除。

3. 人事处理

人事处理的范围较广，涉及人事管理的方方面面，如人事关系确认，聘用合同的履行、解聘，工资报酬等。

《教师法》第三十七条规定，教师有下列情形之一的，由所在学校、其他教育机构或者教育行政部门给予行政处分或者解聘：①故意不完成教育教学任务给教育教学工作造成损失的；②体罚学生，经教育不改的；③品行不良、侮辱学生，影响恶劣的。

《事业单位人事管理条例》第二十八条规定，事业单位工作人员有下列行为之一的，给予处分：损害国家声誉和利益的；失职渎职的；利用工作之便谋取不正当利益的；挥霍、浪费国家资财的；严重违反职业道德、社会公德的；其他严重违反纪律的。

除以上法规对教师惩戒的事由做出规定外，教育行政部门和学校也会根据有关法律规定，结合实现教育目标的需要，制定教师纪律和工作规范，如教育部制定的《中小学教师职业道德规范》，学校制定的内部管理制度，包括教学事故界定与处理办法、考核办法、考勤管理办法等。教师如果违反了教师职业道德，违反了学校的管理制度，都会受到相应的惩戒。

需要指出的是，对教师的惩戒应当遵循程序正当原则，这是保证处分合法性的条件。《事业单位人事管理条例》第三十条规定，给予工作人员处分，应当事实清楚、证据确凿、定性准确、处理恰当、程序合法、手续完备。

(五) 教师的权利救济

教师的权利救济是指当教师受到不利处分或合法权益受到学校或政府有关部门侵害时，通过法定程序和途径请求特定部门裁决纠纷，使教师受到损害的权益获得补救的一种法律制度。教师在受到不利处分或合法权益受到侵害时，应当有适当的途径寻求法律救济。没有救济制度就没有权利，建立和完善教师权利救济制度，是维护教师权益的重要保证。

在我国，权利救济的途径还是比较多的，如调解、申诉、行政复议、行政诉讼、民事诉讼、刑事诉讼、国家赔偿、仲裁等。实践中，教师权利救济常见途径有申诉、行政复议、行政诉讼、人事仲裁等。

·本章小结·

通过本章的学习，读者可以掌握《中华人民共和国义务教育法》的立法宗旨，理解实施素质教育的意义，了解《中华人民共和国义务教育法》的实施过程；了解幼儿园的开办与管理，掌握幼儿权利保护的一般原则，了解幼儿园教师权益保护的基本内容；掌握小学生的权利与义务，了解学校事故中的侵权责任，掌握小学教师的权利与义务。

· 思考与练习 ·

1. 简述义务教育的特征。
2. 简述实施素质教育的意义。
3. 简述幼儿权利保护的一般原则。
4. 简述小学生的权利与义务。
5. 简述小学教师的权利与义务。

第七章　其他教育法律法规

· 案例导入 ·

2019年1月至2020年3月，未成年被告人贾某某因参加电竞比赛需要资金，采用化名，虚报年龄，谎称经营新媒体公司，以网上刷单返利等为幌子，诱骗多名被害人在网络平台购买京东E卡、乐花卡，或是诱骗被害人在支付宝等小额贷款平台借款后供其使用，骗得人民币共计30余万元。到案后，贾某某如实供述了上述犯罪事实。本案审理过程中，人民法院委托社工对被告人贾某某进行了详细社会调查。调查显示，贾某某幼时读书成绩优秀，曾获省奥数竞赛第四名和全国奥数竞赛铜奖，后因父母闹离婚而选择辍学，独自一人到外地生活，与家人缺乏沟通联络。父母监护的缺失、法律意识的淡薄，是贾某某走上违法犯罪道路的原因。法院经审理认为，贾某某系未成年人，到案后能如实供述犯罪事实，自愿认罪认罚，其父亲已代为退赔被害人经济损失，取得被害人谅解。经综合考量，对其依法从轻处罚，以诈骗罪判处贾某某有期徒刑三年，缓刑三年，并处罚金人民币3万元。

第一节　《中华人民共和国未成年人保护法》概述

《中华人民共和国未成年人保护法》(以下简称《未成年人保护法》)的颁布，使对未成年人的保护落到了实处。《未成年人保护法》中提到保护未成年人，应当坚持最有利于未成年人的原则，并主要从六个方面规范了对未成年人的保护：①家庭的保护职责；②学校的保护职责；③社会的保护职责；④网络保护的职责；⑤政府保护的职责；⑥对未成年人的司法保护。该法促使社会各个层面都尽到自己的义务，使未成年人的各种合法权益能够得到保障，未成年人能够健康成长。《未成年人保护法》的颁布，使我国对未成年人保护的法律体系更加完备，使未成年人这个数量巨大而又特殊的群体得到了更好的保护。

一、未成年人保护工作应当遵循的原则

(一) 给予未成年人特殊、优先保护

由于未成年人的生理和心理发育不完全，各方面都很不成熟，自我保护能力很弱，有的甚至缺乏自我保护的能力，因此，社会上有个别违法犯罪分子把侵害对象直接指向未成年人，侵害未成年人合法权益，所以这部分未成年人需要法律给予特殊、优先保护。

(二) 尊重未成年人的人格尊严

未成年人虽然在各方面不成熟，不具备完全民事行为能力，但他们拥有独立的人格，社会和成人应尊重他们的人格尊严。这就要求不仅要把未成年人当成小孩子、子女看待，还要把他们当作平等的主体看待。摒弃孩子是父母私有财产的旧观念，充分认识到未成年人的生命首先属于自己、属于社会。要培养自尊、自爱、自强、自信的下一代，就必须尊重他们的人格尊严。

(三) 保护未成年人隐私权和个人信息

未成年人享有的私人生活安宁与私人信息秘密依法受到保护，不被他人非法侵扰或知悉、收集、利用和公开，任何组织和个人不得披露未成年人的个人隐私。

(四) 适应未成年人身心发展的规律和特点

未成年人处于从不成熟到逐渐成熟的过程中。对于他们成长过程中的行为方式，不能用成年人的标准来要求和衡量，应根据他们控制自身能力的特点而因材施教，对他们严而有度、严而有情，才能达到教育的预期效果。

(五) 听取未成年人的意见

根据未成年人的年龄和智力发展状况，未成年人的父母或者其他监护人，在与孩子相处过程中，多听取孩子意见、与孩子协商，并加以合理的教育和引导，往往能更好地让孩子建立起正确的认知和分辨能力。

(六) 教育与保护相结合

未成年人发育过程中，感情脆弱，辨别是非的能力差，缺乏自我控制和自我保护的意识，但他们表现欲强，模仿能力强，因此其所作所为就难免不尽如人意，甚至有悖于常理，更为严重者会造成社会恶果，这些都是未成年人不成熟的表现。对未成年人的培养需要耐心，通过反复教育达到保护的目的，使他们在成功与挫折、经验与教训中逐渐成长。

二、家庭保护

《未成年人保护法》细化了家庭监护职责，具体列举了未成年人的父母或者其他监护人应当做的十类行为，包括：为未成年人提供生活、健康、安全等方面的照顾；教育和

引导未成年人遵纪守法、勤俭节约，养成良好的思想品德和行为习惯等。同时，该法具体列举了未成年人的父母或者其他监护人禁止的十一类行为，包括非法送养未成年人或者对未成年人实施家庭暴力；放任未成年人沉迷网络等。该法还指出了加强父母或者其他监护人在保障未成年人安全等方面的监护职责：应当为未成年人提供安全的家庭生活环境；采取配备儿童安全座椅、教育未成年人遵守交通规则等措施，防止未成年人受到交通事故的伤害。

《未成年人保护法》提出了未成年人的父母或者其他监护人的报告义务：未成年人的父母或者其他监护人发现未成年人身心健康受到侵害、疑似受到侵害或者其他合法权益受到侵犯的，应当及时了解情况并采取保护措施；情况严重的，应当立即向公安、民政、教育等部门报告。该法还指出，父母或者其他监护人不得使未满八周岁或者由于身体、心理原因需要特别照顾的未成年人处于无人看护状态，或者将其交由无民事行为能力、限制民事行为能力、患有严重传染性疾病及其他不适宜的人员临时照护；不得使未满十六周岁未成年人脱离监护单独生活。针对农村留守儿童等群体的监护缺失问题，完善了委托照护制度。明确委托照护"应当委托具有照护能力的完全民事行为能力人代为照护"，"听取有表达意愿能力未成年人的意见"，并规定未成年人的父母或者其他监护人应当"与未成年人、被委托人至少每周联系和交流一次"规定不得以抢夺、藏匿未成年子女等方式争夺抚养权。

三、学校保护

《未成年人保护法》完善了学校、幼儿园的教育、保育职责，并规定，学校不得因家庭、身体、心理、学习能力等情况歧视学生；学校不得违反国家规定开除、变相开除未成年学生；应当对尚未完成义务教育的辍学未成年学生进行登记并劝返复学。该法还规定，学校、幼儿园应当开展勤俭节约、反对浪费、珍惜粮食、文明饮食等宣传教育活动，帮助未成年人树立浪费可耻、节约为荣的意识，养成文明健康、绿色环保的生活习惯；学校不得占用国家法定节假日、休息日及寒暑假期，组织义务教育阶段的未成年学生集体补课，加重其学习负担；幼儿园、校外培训机构不得对学龄前未成年人进行小学课程教育。该法也规定了校园安全的保障制度及突发事件的处置措施，例如，使用校车的学校、幼儿园应当建立健全校车安全管理制度，配备安全管理人员，定期对校车进行安全检查；未成年人在校内、园内或者本校、本园组织的校外、园外活动中发生人身伤害事故的，学校、幼儿园应当立即救护，妥善处理，及时通知未成年人的父母或者其他监护人，并向有关部门报告；学校、幼儿园不得安排未成年人参加商业性活动，不得向未成年人及其父母或者其他监护人推销或者要求其购买指定的商品和服务。《未成年人保护法》还规定了学生欺凌的防控与处置措施，例如，对严重的欺凌行为，学校不得隐瞒，应当及时向公安机关、教育行政部门报告，并配合相关部门依法处理；学校、幼儿园应当建立预防性侵害、性骚扰未成年人工作制度；对性侵害、性骚扰未成年人等违法犯罪行为，学校、幼儿园不得隐瞒，应当及时向公安机关、教育行政部门报告，并配合相关部门依法处理；学校、幼儿园应当对未成年人开展适合其年龄的性教育；对遭受性侵害、性骚扰的未成年人，学校、幼儿园应当及时采取相关的保护措施。该法规定，婴幼儿照护服务机构、早期教育服务机构、校外培训机构、校外托管机构等应当参照《未成年人保护法》中"学校保护"一章的有关规定做好未成年人保护工作。

四、社会保护

《未成年人保护法》规定了城乡基层群众性自治组织的保护责任：居民委员会、村民委员会应当设置专人专岗负责未成年人保护工作；发现被委托人缺乏照护能力、怠于履行照护职责等情况，应当及时向政府有关部门报告，并告知未成年人的父母或者其他监护人。该法拓展了未成年人的福利范围：爱国主义教育基地、图书馆、青少年宫、儿童活动中心、儿童之家应当对未成年人免费开放；博物馆、纪念馆、科技馆、展览馆、美术馆、文化馆、社区公益性互联网上网服务场所以及影剧院、体育场馆、动物园、植物园、公园等场所，应当按照有关规定对未成年人免费或者优惠开放；国家鼓励爱国主义教育基地、博物馆、科技馆、美术馆等公共场馆开设未成年人专场，为未成年人提供有针对性的服务；国家鼓励国家机关、企业事业单位、部队等开发自身教育资源，设立未成年人开放日，为未成年人主题教育、社会实践、职业体验等提供支持；国家鼓励科研机构和科技类社会组织对未成年人开展科学普及活动；城市公共交通以及公路、铁路、水路、航空客运等应当按照有关规定对未成年人实施免费或者优惠票价。该法同时规定，国家鼓励大型公共场所、公共交通工具、旅游景区景点等设置母婴室、婴儿护理台以及方便幼儿使用的坐便器、洗手台等卫生设施；任何组织或者个人不得违反有关规定，限制未成年人应当享有的照顾或者优惠。该法还规定，新闻媒体应当加强未成年人保护方面的宣传，对侵犯未成年人合法权益的行为进行舆论监督；新闻媒体采访报道涉及未成年人事件应当客观、审慎、适度，不得侵犯未成年人的名誉、隐私和其他合法权益。《未成年人保护法》也对净化社会环境提出更高要求：任何组织或者个人出版、发布、传播的图书、报刊、电影、广播电视节目、舞台艺术作品、音像制品、电子出版物或者网络信息，包含可能影响未成年人身心健康内容的，应当以显著方式作出提示；任何组织或者个人不得刊登、播放、张贴或者散发含有危害未成年人身心健康内容的广告；不得利用校服、教材等发布或者变相发布商业广告；未成年人集中活动的公共场所应当符合国家或者行业安全标准，并采取相应安全保护措施；大型的商场、超市、医院、图书馆、博物馆、科技馆、游乐场、车站、码头、机场、旅游景区景点等场所运营单位应当设置搜寻走失未成年人的安全警报系统；旅馆、宾馆、酒店等住宿经营者接待未成年人入住，或者接待未成年人和成年人共同入住时，应当询问父母或者其他监护人的联系方式、入住人员的身份关系等有关情况，发现有违法犯罪嫌疑的，应当立即向公安机关报告，并及时联系未成年人的父母或者其他监护人；学校、幼儿园周边不得设置烟、酒、彩票销售网点；任何人不得在学校、幼儿园和其他未成年人集中活动的公共场所吸烟、饮酒；营业性娱乐场所、酒吧、互联网上网服务营业场所等不适宜未成年人活动的场所不得招用已满十六周岁的未成年人；任何组织或者个人不得组织未成年人进行危害其身心健康的表演等活动。《未成年人保护法》还创设密切接触未成年人行业的从业查询及禁止制度：密切接触未成年人的单位招聘工作人员时，应当向公安机关、人民检察院查询应聘者是否具有性侵害、虐待、拐卖、暴力伤害等违法犯罪记录；发现其具有前述行为记录的，不得录用。

五、网络保护

《未成年人保护法》规定，国家、社会、学校和家庭应当加强未成年人网络素养宣传教育，保障未成年人在网络空间的合法权益；网信部门会同公安、文化和旅游、新闻出版、电影、广播电视等部门根据保护不同年龄阶段未成年人的需要，确定可能影响未成年人身心健康网络信息的种类、范围和判断标准；学校应当合理使用网络开展教学活动，未经学校允许，未成年学生不得将手机等智能终端产品带入课堂，带入学校的应当统一管理；学校发现未成年学生沉迷网络的，应当及时告知其父母或者其他监护人，共同教育引导；未成年人的父母或者其他监护人应当提高网络素养，规范自身使用网络的行为；应当通过在智能终端产品上安装未成年人网络保护软件、选择适合未成年人的服务模式和管理功能等方式，避免未成年人接触危害或者可能影响其身心健康的网络信息，合理安排未成年人使用网络的时间，有效预防未成年人沉迷网络；处理不满十四周岁未成年人个人信息的，应当征得其父母或者其他监护人同意，但法律、行政法规另有规定的除外；国家建立统一的未成年人网络游戏电子身份认证系统；网络游戏服务提供者应当按照国家有关规定和标准，对游戏产品进行分类，做出适龄提示，并采取技术措施，不得让未成年人接触不适宜的游戏或者游戏功能；网络游戏服务提供者不得在每日二十二时至次日八时向未成年人提供网络游戏服务；网络直播服务提供者不得为未满十六周岁的未成年人提供网络直播发布者账号注册服务；遭受网络欺凌的未成年人及其父母或者其他监护人有权通知网络服务提供者采取删除、屏蔽、断开链接等措施，网络服务提供者接到通知后，应当及时采取必要的措施制止网络欺凌行为，防止信息扩散；网络服务提供者要对用户和信息加强管理，发现违法信息或者侵害未成年人的违法犯罪行为及时采取相应的处置措施；等等。《未成年人保护法》还针对网络服务提供者不依法履行预防沉迷网络、制止网络欺凌等义务的现象，规定了相应处罚。

六、政府保护

《未成年人保护法》细化了政府及其有关部门的职责：乡镇人民政府和街道办事处应当设立未成年人保护工作站或者指定专门人员，及时办理未成年人相关事务；对尚未完成义务教育的辍学未成年学生，教育行政部门应当责令父母或者其他监护人将其送入学校接受义务教育；教育行政部门应当加强未成年人的心理健康教育，建立未成年人心理问题的早期发现和及时干预机制。《未成年人保护法》对国家监护制度做出详细规定：明确应当由民政部门临时监护的七种情形，包括监护人因自身客观原因或者因发生自然灾害、事故灾难、公共卫生事件等突发事件不能履行监护职责，导致未成年人监护缺失；未成年人遭受监护人严重侵害或者面临人身安全威胁，需要被紧急安置等。临时监护期间，经民政部门评估，监护人重新具备履行监护职责条件的，民政部门可以将未成年人送回监护人抚养。该法明确了应当由民政部门长期监护的五种情形，包括查不到未成年人的父母或者其他监护人；人民法院判决撤销监护人资格并指定由民政部门担任监护人等。民政部门进行收养评估后，可以依法将其长期监护的未成年人交由符合条件的申请人收养。收养关系成立后，民政部门与未成年人的监护关系终止。县级以上人民政府应当开通全国统一的未成年人保护热线。国家建立性侵害、虐待、拐卖、暴力伤害等违法犯罪人员信息查询系统，向密切接触未成年人的单位提供免费查询服务。

七、司法保护

《未成年人保护法》规定，公安机关、人民检察院、人民法院和司法行政部门应当确定专门机构或者指定专门人员，负责办理涉及未成年人案件；专门机构或者专门人员中，应当有女性工作人员；法律援助机构应当指派熟悉未成年人身心特点的律师为未成年人提供法律援助服务；人民检察院通过行使检察权，对涉及未成年人的诉讼活动等依法进行监督；设立检察机关代为行使诉讼权利制度；未成年人合法权益受到侵犯，相关组织和个人未代为提起诉讼的，人民检察院可以督促、支持其提起诉讼，涉及公共利益的，人民检察院有权提起公益诉讼；未成年人的父母或者其他监护人不依法履行监护职责或者严重侵犯被监护的未成年人合法权益的，人民法院可以根据申请依法作出人身安全保护令或者撤销监护人资格；人民法院开庭审理涉及未成年人案件，未成年被害人、证人一般不出庭作证，必须出庭的，应当采取保护其隐私的技术手段和心理干预等保护措施；公安机关、人民检察院、人民法院办理未成年人遭受性侵害或者严重暴力伤害案件，在询问未成年被害人、证人时，应当采取同步录音录像等措施，尽量一次完成；未成年被害人、证人是女性的，应当由女性工作人员进行。

第二节 《中华人民共和国家庭教育促进法》概述

2021年10月23日，第十三届全国人民代表大会常务委员会第三十一次会议通过了《中华人民共和国家庭教育促进法》(以下简称《家庭教育促进法》)。《家庭教育促进法》于2022年1月1日起施行。家庭教育是教育的开端，关乎未成年人的健康成长和家庭的幸福安宁，也关乎国家发展、民族进步、社会稳定。《家庭教育促进法》的实施对于大力弘扬中华民族家庭美德，促进未成年人健康成长和全面发展具有重要意义。

一、立法宗旨

《家庭教育促进法》第一条明确说明，为了发扬中华民族重视家庭教育的优良传统，引导全社会注重家庭、家教、家风，增进家庭幸福与社会和谐，培养德智体美劳全面发展的社会主义建设者和接班人，制定本法。

二、《家庭教育促进法》的基本内容

(一) 家庭教育的概念

《家庭教育促进法》第二条明确规定，家庭教育是指父母或者其他监护人对未成年人实施的道德品质、身体素质、生活技能、文化修养、行为习惯等方面的培育、引导和影响。

(二) 父母或者其他监护人负责实施家庭教育，承担家庭教育的主体责任

父母或者其他监护人的责任包括：①遵循未成年人成长规律，树立正确的家庭教育理念；②应当与中小学校、幼儿园等婴幼儿照护服务机构、社区密切配合，积极参加家庭教育指导和实践活动；③父母分居或者离异，应当相互配合履行家庭教育责任，任何一方不得拒绝或者怠于履行；④依法委托他人照护未成年人，应当定期了解未成年人学习、生活情况和心理状况，与被委托人共同履行家庭教育责任；⑤合理安排未成年人的学习、休息、娱乐和体育锻炼时间等。

> **案例**
>
> 2020年8月，原告胡某和被告陈某协议离婚，约定女儿胡小某由其母即被告陈某抚养，原告每月支付抚养费。一个月后，被告因再婚，两三个星期未送胡小某去上学。自2020年12月10日起，原告为胡小某找来全托保姆单独居住，原告自己住在距胡小某住处20公里的乡下别墅内，由保姆单独照护胡小某，被告每周末去接孩子。原告胡某认为离婚后，被告陈某未能按约定履行抚养女儿的义务，遂将陈某诉至法院，请求法院判令将女儿胡小某的抚养权变更给原告。经法庭询问，胡小某表示更愿意和妈妈陈某在一起生活。法院经审理认为，原告胡某与被告陈某协议离婚后，对未成年女儿胡小某仍负有抚养、教育和保护的义务。本案原、被告双方都存在怠于履行抚养义务和承担监护职责的行为，忽视了胡小某的生理、心理与情感需求。鉴于胡小某表达出更愿意和其母亲即被告一起共同生活的主观意愿，法院判决驳回原告的诉讼请求。同时，法院认为，被告陈某在无正当理由的情况下同意由原告委托保姆单独照护年幼的女儿，属于怠于履行家庭教育责任的行为，根据家庭教育促进法的相关规定，应予以纠正。裁定要求陈某多关注胡小某的生理、心理状况和情感需求，与学校老师多联系、多沟通，了解胡小某的详细状况，并要求陈某与胡小某同住，由自己或近亲属亲自养育与陪伴胡小某，切实履行监护职责，承担起家庭教育的主体责任，不得让胡小某单独与保姆居住生活。

(三) 家庭教育的内容和方式

《家庭教育促进法》中关于家庭教育的内容主要包括：①培养中华民族共同体意识和家国情怀；②培养良好社会公德、家庭美德和个人品德；③培养科学探索精神和创新意识；④培养良好学习习惯和行为习惯；⑤培养自我保护意识和能力；⑥培养热爱劳动的观念等。家庭教育的方式主要包括：加强亲子陪伴，发挥父母双方的作用，言传身教，尊重差异，平等交流等。

(四) 家庭教育工作机制

家庭教育通过立法变为国事，就需要建立一套工作机制进行推动。这种机制包括如下两方面。一是各级人民政府指导家庭教育工作，县级以上人民政府妇女儿童工作机构组织、协调、指导、督促有关部门做好家庭教育工作；教育行政部门、妇女联合会按照职责分工承担家庭教育的日常事务；精神文明建设部门和公安、民政等有关部门在各自职责范围内做好家庭教育工作。二是司法机关、群团组织、基层群众自治组织结合自身工作，支持家庭教育工作。

(五) 国家支持家庭教育的举措

《家庭教育促进法》关于国家支持家庭教育的举措主要包括：①县级以上人民政府制定家庭教育工作专项规划，将家庭教育指导服务纳入城乡公共服务体系和政府购买服务目录，将相关经费列入财政预算；②国务院组织有关部门制定全国家庭教育指导大纲，省级人民政府或者有条件的设区的市级人民政府组织有关部门编写家庭教育指导读本，并制定相应的家庭教育工作规范；③省级以上人民政府统筹建设家庭教育信息化共享服务平台，县级以上人民政府确定家庭教育指导机构，组织建立家庭教育指导服务专业队伍，开展家庭教育服务工作，并对家庭教育存在一定困难的家庭，特别是留守未成年人和困境未成年人家庭，提供有针对性的家庭教育服务；④民政部门的婚姻登记机构、收养登记机构、儿童福利机构、未成年人救助保护机构等结合自身工作，提供家庭教育指导；⑤国家机关、企事业单位、群团组织、社会组织将家风建设纳入单位文化建设，支持职工参加家庭教育活动；⑥鼓励高等院校开设家庭教育课程，培养家庭教育专业人才，支持自然人、法人和非法人组织为家庭教育事业进行捐赠或者提供志愿服务，可以依法设立非营利性的家庭教育服务机构，对在家庭教育工作中有突出贡献的组织和个人按规定给予奖励等。

(六) 学校等社会力量对家庭教育的协同任务

学校和家庭配合是做好家庭教育的关键，其他社会力量的协助是家庭教育取得更好成效的保障。因此，《家庭教育促进法》关于学校等社会力量对家庭教育的协同任务的规定主要包括如下两方面。一是学校配合。中小学校、幼儿园要将家庭教育指导服务纳入工作计划和教师业务培训的内容；中小学校、幼儿园可以建立家长学校，组织公益性家庭教育指导服务和实践活动；中小学校发现未成年学生违反校纪校规，要及时制止管教，并告知其父母或者其他监护人，并为父母或者其他监护人提供有针对性的家庭教育指导服务等。二是社会力量协助。居民委员会、村民委员会可以设立社区家长学校或者家庭教育指导服务站点；婴幼儿照护服务机构、早期教育服务机构、医疗保健机构根据自身的工作，宣传家庭教育知识，提供家庭教育指导服务；图书馆、文化馆等公共文化服务机构和广播、电视等新闻媒体，传播科学的家庭教育理念，推动家庭教育服务和实践活动等。

(七) 国家机关、国家工作人员带头做好家庭教育工作

为发挥国家机关、国家工作人员的表率作用，《家庭教育促进法》专门规定，国家工作人员应当带头树立良好家风，履行家庭教育责任。国家机关、企业事业单位、群团组织、社会组织应当将家风建设纳入单位文化建设，支持职工参加相关的家庭教育服务活动。

· 本章小结 ·

通过本章的学习，读者可以掌握未成年人保护工作应当遵循的原则，了解《中华人民共和国未成年人保护法》的基本内容；理解家庭教育的概念，掌握《中华人民共和国家庭教育促进法》的基本内容。

· 思考与练习 ·

1. 简述未成年人保护工作应当遵循的原则。
2. 简述"网络保护"的具体内容。
3. 简述《家庭教育促进法》中关于家庭教育的内容。

参考文献

[1] 李晓燕. 教育法学[M]. 北京：高等教育出版社，2006.

[2] 张文显. 法理学[M]. 北京：北京大学出版社，1999.

[3] 袁振国. 教育政策学[M]. 南京：江苏教育出版社，1996.

[4] 赵世评，田平敏. 教育政策法规[M]. 天津：天津社会科学院出版社，1991.

[5] 黄明东. 教育政策与教育法规[M]. 武汉：武汉大学出版社，2007.

[6] 申素平. 教育法学：原理、规范与应用[M]. 北京：教育科学出版社，2009.

[7] 阮成武. 小学教育政策与法规[M]. 北京：高等教育出版社，2006.

[8] 余中根. 小学教育政策与法规[M]. 北京：教育科学出版社，2013.

[9] 褚宏启. 中小学法律问题分析[M]. 北京：红旗出版社，2003.

[10] 杨汉平. 教师与学校权益法律保护[M]. 北京：西苑出版社，2001.

[11] 檀传宝. 教师职业道德[M]. 北京：北京师范大学出版社，2015.

[12] 金忠明. 教师教育的历史、理论与实践[M]. 上海：上海教育出版社，2008.

[13] 陈永明，等. 教师教育研究[M]. 上海：华东师范大学出版社，2003.

[14] 叶澜. 教师角色与教师发展新探[M]. 北京：教育科学出版社，2001.

[15] 马卡连柯. 家庭和儿童教育[M]. 丽娃，译. 上海：上海人民出版社，2011.

[16] 钱焕琦. 教师职业道德[M]. 上海：华东师范大学出版社，2011.

[17] 赞可夫. 和教师的谈话[M]. 杜殿坤，译. 北京：教育科学出版社，1980.

[18] 黄蓉生. 教师职业道德新论[M]. 北京：人民教育出版社，2014.

[19] 段文阁，赵昆. 教师职业道德[M]. 济南：山东人民出版社，2012.